2015年经济专业技术资

财政税收

专业知识与实务

历年真题分章解析与考题预测

全国经济专业技术资格考试研究院 ◎ 编 著

清华大学出版社
北 京

内 容 简 介

本书以人力资源和社会保障部人事考试中心编写的《财政税收专业知识与实务(中级)》为依据,在多年研究考试命题特点及解题方法的基础上编写而成。针对每一章,都分为"重要考点分析""近三年题型及分值总结""思维导图""知识点测试""考题预测及强化训练"几部分,帮助考生在考前加深记忆,顺利通过考试。

本书结构清晰,知识点全面,语言通俗易懂,是考生参加经济师考试的必备复习材料,也是相关专业技术人员提高业务知识水平、查找相关专业知识信息的有效资料。

图书在版编目(CIP)数据

财政税收专业知识与实务(中级)历年真题分章解析与考题预测 / 全国经济专业技术资格考试研究院 编著.
—北京:清华大学出版社,2015
(2015年经济专业技术资格考试辅导教材)
ISBN 978-7-302-39583-6

Ⅰ.①财… Ⅱ.①全… Ⅲ.①财政管理—资格考试—题解②税收管理—资格考试—题解 Ⅳ.①F81-44

中国版本图书馆 CIP 数据核字(2015)第 049845 号

责任编辑:张　颖　高晓晴
封面设计:马筱琨
版式设计:方加青
责任校对:邱晓玉
责任印制:何　芊

出版发行:清华大学出版社
　　　　网　　　址:http://www.tup.com.cn,http://www.wqbook.com
　　　　地　　　址:北京清华大学学研大厦 A 座　　　邮　　编:100084
　　　　社 总 机:010-62770175　　　　　　　　　邮　　购:010-62786544
　　　　投稿与读者服务:010-62776969,c-service@tup.tsinghua.edu.cn
　　　　质 量 反 馈:010-62772015,zhiliang@tup.tsinghua.edu.cn
印 装 者:北京鑫海金澳胶印有限公司
经　销:全国新华书店
开　本:185mm×260mm　　　印　张:12　　　字　数:406 千字
　　　　(附光盘 1 张)
版　次:2015 年 5 月第 1 版　　　　　　　　印　次:2015 年 5 月第 1 次印刷
印　数:1～2500
定　价:29.80 元

产品编号:062338-01

丛书编委会

主　　编：索晓辉

编 委 会：晁　楠　　吴金艳　　雷　凤　　张　燕
　　　　　方文彬　　李　蓉　　林金松　　刘春云
　　　　　张增强　　刘晓翠　　路利娜　　邵永为
　　　　　邢铭强　　张剑锋　　赵桂芹　　张　昆
　　　　　孟春燕　　杜友丽

前　言

　　经济社会的发展对各行各业的人才提出了新的要求，为了顺应这一发展趋势，经济行业对经济师的要求正逐步提高，审核制度也日益完善。

　　为了满足广大考生的迫切需要，我们严格依据人力资源和社会保障部人事考试中心组织编写的《全国经济专业技术资格考试用书》(内含大纲)，结合我们多年来对命题规律的准确把握，精心编写了这套"2015年经济专业技术资格考试辅导教材"。

　　本着助考生一臂之力的初衷，并依据"读书、做题、分析、模考"分段学习法的一贯思路，本书在编写过程中力图体现如下几个特点。

紧扣大纲，突出重点

　　本书严格按照人力资源和社会保障部最新考试大纲编写，充分体现了教材的最新变化与要求。所选习题的题型、内容也均以此为依据。在为考生梳理基础知识的同时，结合历年考题深度讲解考点、难点，使考生能够"把握重点，迅速突破"。

同步演练，科学备考

　　本书按照分段学习法的一贯思路，相应设置了"重要考点分析""近三年题型及分值总结""思维导图""知识点测试"和"考题预测及强化训练"几个栏目，以全程辅导的形式帮助考生按照正确的方法复习备考。

命题规范，贴近实战

　　众所周知，历年真题是最好的练习题，本书在例题的选取上，以历年真题为主，让考生充分了解考试重点、难点，有的放矢，提高对考题的命中率。同时还配备了高保真模拟题，让考生以最接近真题的模拟自测题检验学习效果，提高自己的实战能力和应变能力。

解析详尽，便于自学

　　考虑到大部分考生是在职人士，主要依靠业余时间进行自学。本书对每道习题都进行了详尽、严谨的解析，有问有答，帮助考生快速掌握解题技巧，方便考生自学。如果考生在学习的过程中遇到问题，可加入本书的专用客服QQ群：339265757，将会有专业的老师为您答疑解惑。

思维导图，加深记忆

　　本系列习题集配有思维导图，在每章的开始帮助考生梳理重点，然后进行有针对性的训练，使复习效率更高。

模拟光盘，身临其境

　　为了帮助考生加深记忆，提高学习效率，本书专门提供了模拟考试系统光盘，针对各个章节进行练习。此外，光盘中还提供了5套模拟试卷，其中的考题不仅类型全面，而且有错题记录功能，方便后续的复习。

总而言之，通过凸显重点、辨析真题、同步自测、深度解析，希望能够使考生朋友们对考点烂熟于心，对考试游刃有余，对成绩胸有成竹。

本书由索晓辉组织编写，同时参与编写的还有晁楠、吴金艳、雷凤、张燕、方文彬、李蓉、林金松、刘春云、张增强、刘晓翠、路利娜、邵永为、邢铭强、张剑锋、赵桂芹、张昆、孟春燕、杜友丽，在此一并表示感谢。

最后，预祝广大考生顺利通过经济专业技术资格考试，在新的人生道路上续写辉煌。

目　　录

第一章 公共财政与财政职能

本章的主要内容是公共财政的理论基础及财政的职能。

从近年的考试情况来看，本章考查的重点内容是"公共产品"和"市场失灵"理论以及财政的职能，公共产品的概念及特征，另外，经济稳定职能的主要内容在历年考试中均有出现，需要考生重点掌握。

本章重要考点分析

本章的内容不多，涉及5个考点，但在历年考试中都有出现，需要掌握，考查形式主要以单项选择题和多项选择题为主，如图1-1所示。

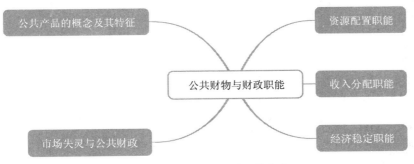

图1-1 公共财政与财政职能考点

本章近三年题型及分值总结

由于本章知识点多为概念、定义、性质等，因此近三年出现的题型以单项选择题和多项选择题为主，如表1-1所示。

表1-1 公共财政与财政职能题型及分值

年 份	单项选择题	多项选择题	案例分析题
2014年	3题	1题	0题
2013年	2题	1题	0题
2012年	2题	1题	0题

第一节 公共产品与公共财政理论

思维导图

本节涉及多个知识点和概念，如图1-2所示。

图1-2　公共产品与公共财政理论

现代市场经济理论通常将财政称为公共财政或公共部分经济、公共经济。公共财政的理论基础是"公共产品"和"市场失灵"理论。西方国家通常把经济部门分为私人部门和公共部门两部分，其中，私人部门提供的产品称为私人产品，公共部门提供的产品称为公共产品。

美国经济学家萨谬尔森是这样定义公共产品的：纯公共产品是指每个人消费这种产品不会导致他人对该产品消费的减少。

公共产品的特征是在同私人产品的特征相比较而得出的，相对于私人产品，公共产品具有如下特征：

(1) 效用的不可分割性；

(2) 受益的非排他性；

(3) 取得方式的非竞争性；

(4) 提供目的的非盈利性。

在市场经济条件下，社会资源的配置主体是市场，而不是政府。只有在"市场失灵"的领域才有必要由政府介入。市场失灵表现在以下几个方面：

(1) 公共产品缺失；

(2) 外部效应；

(3) 不完全竞争；

(4) 收入分配不公；

(5) 经济波动与失衡。

📖 知识点测试

【2013年单选题】关于公共产品的说法，正确的是(　　)。

A. 消费者增加，受益程度下降

B. 消费者增加，边际成本递减

C. 其效用不能分割为若干部分

D. 提供者着眼于经济效益和社会效益的最大化

【答案】C

【解析】公共产品的特征是在同私人产品的特

征相比较而得出的，相对于私人产品，公共产品具有如下特征：

(1) 效用的不可分割性；

(2) 受益的非排他性；

(3) 取得方式的非竞争性；

(4) 提供目的的非盈利性。

【2012年单选题】某个人或集团对公共产品的消费并不影响或妨碍其他个人或集团同时消费该公共产品，这是公共产品的特征之一，通常称为(　　)。

A. 效用的不可分割性

B. 受益的非排他性

C. 取得方式的非竞争性

D. 提供目的的非盈利性

【答案】B

【解析】(1) 效用的不可分割性。公共产品是向整个社会提供的，具有共同受益与消费的特点，其效用为整个社会的成员所共同享有，不能将其分割为若干部分，分别归个人或社会集团享有。

(2) 受益的非排他性。某个人或集团对公共产品的消费，并不影响或妨碍其他个人或集团同时消费该公共产品，也不会减少其他个人或集团消费该公共产品的数量和质量。也就是说，一个人不管是否付费，都会消费而且必须消费这种物品。

(3) 取得方式的非竞争性。某个人或经济组织对公共产品的享用，不排斥和妨碍其他人或组织同时享用，即增加一个消费者，其边际成本等于零，如国防、航海中的灯塔等。

(4) 提供目的的非盈利性。提供公共产品不以盈利为目的，而是追求社会效益和社会福利的最大化。

【2011年单选题】关于公共产品的说法，正确的是(　　)。

A. 公共产品的效用具有可分割性

B. 公共产品与私人产品的区别在于消费该产品的特征不同

C. 公共产品与私人产品的区别在于产品的所有制性质不同

D. 公共产品是市场经济条件下特有的产物

【答案】B

【解析】公共产品的效用具有不可分割性；公共产品与私人产品的区别主要是消费该产品的特征不同，并不是指产品的所有制性质。

【2010年多选题】公共产品的特征包括( )。

A. 效用的不可分割性

B. 取得方式的竞争性

C. 受益的排他性

D. 提供主体的市场性

E. 提供目的的非盈利性

【答案】AE

【解析】公共产品的特征：

(1) 效用的不可分割性；

(2) 受益的非排他性；

(3) 取得方式的非竞争性；

(4) 提供目的的非盈利性。

【例题 单选题】某些具有正外部效应的产品，如果没有政府的干预，在市场上的数量是( )。

A. 供过于求   B. 供不应求

C. 供求平衡   D. 时多时少

【答案】B

【解析】外部效应分为正的外部效应和负的外部效应。当存在正的外部效应时，如果政府不干预，会造成供不应求的现象。

【例题 单选题】在现代市场经济社会中，财政存在的前提是( )。

A. 社会产品   B. 社会再生产

C. 市场失灵   D. 货币流通

【答案】C

【解析】在市场经济条件下，社会资源的配置主体是市场，而不是政府。只有在"市场失灵"的领域，才有必要由政府介入。

【例题 单选题】在现代市场经济社会中，决定财政职能范围的是( )。

A. 政府意志   B. 价值观念

C. 市场失灵   D. 经济状况

【答案】C

【解析】在市场经济条件下，财政分配的范围是以"市场失灵"为标准的，以纠正和解决"市场失灵"来界定的。

第二节　财政的职能

思维导图

该节涉及多个知识点和概念，如图1-3所示。星号表示需重点掌握的内容。

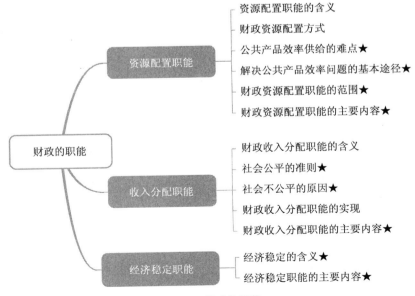

图1-3　财政的职能

3

财政职能是财政这一事物内在的功能，它体现了财政的本质要求。然而在不同的经济体制下，对财政职能的表述却存在着差异。财政职能体现出一定经济体制下财政运行的内在规律。按照社会主义市场经济体制的要求，财政职能可以概括为：资源配置职能、收入分配职能和经济稳定职能。

知识点测试

【2014年单选题】财政在调整投资结构时发挥的财政职能是(   )。

A. 收入分配职能　　　B. 资源配置职能
C. 经济稳定职能　　　D. 经济发展职能

【答案】B

【解析】资源配置是通过对现有的人力、物力、财力等社会经济资源的合理调配，实现资源结构的合理化，使其得到最有效的使用，获得最大的经济和社会效益。财政在调整投资结构时发挥的财政职能是资源的配置职能。

【2014年单选题】财政资源配置方式实际上是一种(   )。

A. 政治程序
B. 市场过程
C. 政府和市场共同参与的过程
D. 以上都不对

【答案】A

【解析】财政资源配置方式是政府提供公共产品的决定方式和资金供应方式，财政资源配置方式实际上是一种政治程序。

【2014年单选题】实现公共产品生产效率的基本途径是(   )。

A. 完善民主、科学的财政决策体制
B. 完善公共部门的组织制度和激励约束制度
C. 完善公共部门的效率评估制度
D. 改变公共部门的垄断性质

【答案】B

【解析】实现公共产品资源配置效率的基本途径是完善民主、科学的财政决策体制。实现公共产品生产效率的基本途径是完善公共部门的组织制度和激励约束制度。

【2014年多选题】调节居民个人收入水平的财政手段包括(   )。

A. 财产税　　　　　　B. 社会保障支出
C. 财政补贴支出　　　D. 违章罚款
E. 个人所得税

【答案】ABCE

【解析】财政调节居民的个人收入水平，既要合理拉开收入差距，又要防止贫富悬殊，逐步实现共同富裕。主要包括两方面的手段：一是通过税收进行调节，如通过征收个人所得税、社会保障税而缩小个人收入之间的差距，通过征收财产税、遗产税、赠与税而调节个人财产分布等；二是通过转移支付，如社会保障支出、财政补贴支出等，以维持居民最低的生活水平和福利水平。

【2013年单选题】财政资源配置采用的程序是(   )。

A. 政治程序　　　　　B. 审计程序
C. 经济程序　　　　　D. 社会程序

【答案】A

【解析】财政资源配置方式是指政府提供公共产品的决定方式和资金供应方式，实际上是一种政治程序。

【2012年单选题】征收遗产税所执行的财政职能是(   )。

A. 资源配置职能　　　B. 收入分配职能
C. 经济稳定职能　　　D. 经济发展职能

【答案】C

【解析】本题考查的是财政收入分配职能的主要内容。财政的分配职能主要是通过调节企业的利润水平和居民的个人收入水平来实现的。调节企业利润水平的方式有：通过包括税收、财政补贴等手段在内的各种财政手段来调节。调节居民个人收入水平的方式有：通过税收进行调节，如通过征收个人所得税、社会保障税而缩小个人收入之间的差距，通过征收财产税、遗产税、赠与税来调节个人财产分布；二是通过转移支付。

【2011年单选题】在市场经济条件下，在资源配置方面起主导作用的是(   )。

A. 政府　　B. 市场　　C. 计划　　D. 财政

【答案】B

【解析】资源配置职能是指在市场经济条件下，市场在资源配置中起主导作用。

【2011年单选题】财政履行收入分配职能的主要目标是(   )。

A. 实现资源配置高效率
B. 实现收入平均分配
C. 实现收入公平分配
D. 实现经济的稳定增长

【答案】C

【解析】从财政收入分配职能的定义和社会公

平准则中都可以发现，财政收入分配职能的目标是实现社会公平。

【2010年单选题】个人或经济组织的行为活动影响他人或其他经济组织，却没有为之承担应有的成本或没有获得应有的收益，称为(　　)。

A. 成本收益不协调　　B. 不完全竞争

C. 外部效应　　　　D. 经济失衡

【答案】C

【解析】外部效应是指个人或经济组织的行为活动影响他人或其他经济组织，却没有为之承担应有的成本或没有获得应有的收益。

【例题 单选题】实现公共产品资源配置效率的基本途径是(　　)。

A. 完善公共部门的组织制度

B. 完善民主、科学的财政决策机制

C. 完善所得税制度

D. 完善事业单位拨款制度

【答案】B

【解析】实现公共产品资源配置效率的基本途径是完善民主、科学的财政决策机制。

【例题 单选题】在现代市场经济社会中，决定财政职能范围的依据是(　　)。

A. 政府意志　　　　B. 价值观念

C. 市场失灵　　　　D. 经济状况

【答案】C

【解析】在市场经济条件下，社会资源的配置主体是市场。只有在"市场失灵"的领域，才有必要由政府介入。因此，"市场失灵"是财政存在的前提，从而也就决定了财政的职能范围。

【例题 单选题】下列措施中起到财政"内在稳定器"作用的是(　　)。

A. 对利息、股息、红利征收个人所得税

B. 对国有企业征收消费税

C. 对企业征收增值税

D. 对弱势群体发放困难补助

【答案】D

【解析】"内在稳定器"调节的最大特点在于无须借助于外力就可以直接产生调控的效果，使这种内在稳定性可以随社会经济的发展发挥调节作用，不用政府采取任何其他有意识的政策干预。"内在稳定器"的调节作用主要表现在财政收入和支出的两方面制度上。在收入方面，主要是实行累进所得税制；在财政支出方面，主要体现在转移性支出(社会保障、补贴、救济和福利支出等)的安排上。

【例题 单选题】财政"内在稳定器"在收入方面的调节，主要体现在(　　)。

A. 财政预算的调节

B. 累进税制的调节

C. 财政补贴的调节

D. 社会保障制度的调节

【答案】B

【解析】"内在稳定器"在收入方面的调节作用主要是实行累进所得税制。

【例题 单选题】一国在进行国际经济交往时，其国际收支比较理想的状态是(　　)。

A. 经常项目收大于支

B. 资本项目收大于支

C. 经常项目和资本项目的收支合计大体保持平衡

D. 经常项目和资本项目的收支合计收大于支

【答案】C

【解析】国际收支平衡是指一国在进行国际经济交往时，其经常项目和资本项目的收支合计大体保持平衡，在开放的经济条件下，国际收支平衡是经济稳定的一个重要内容和标志。

考题预测及强化训练

一、单项选择题

1. 公共产品的核心特征是受益的非排他性和(　　)。

A. 效用的不可分割性

B. 提供目的的非盈利性

C. 效用的可分割性

D. 取得方式的非竞争性

2. 某些具有负外部效应的产品，如果没有政府的干预，在市场上的数量是(　　)。

A. 供过于求　　　　B. 供不应求

C. 供求平衡　　　　D. 时多时少

3. 实现公共产品生产效率的基本途径是(　　)，确保公共部门的行为不偏离政府的意图。

A. 完善公共部门的组织制度和激励约束制度

B. 完善民主、科学的财政决策机制

C. 完善所得税制度

D. 完善事业单位拨款制度

4. 对于实行市场经济体制的国家来说，社会不公平首先来自(　　)。

A. 制度不完善

B. 市场经济初始条件的不公平

C. 个人状况的不同

D. 家庭状况的不同

5. 在市场经济条件下，社会资源配置的主体是( )。
   A. 企业　　　　　　　B. 政府
   C. 市场　　　　　　　D. 国家

6. 在市场经济条件下，财政分配的范围是以( )为标准。
   A. 外部效应　　　　　B. 公共产品
   C. 收入分配　　　　　D. 市场失灵

7. 公共产品消费中的"搭便车"行为是指( )。
   A. 公共产品的成本和收益外部化
   B. 消费者以隐瞒其偏好的方法来获得公共产品的消费
   C. 居民能正确地表达他们的需求
   D. 消费者按照他们的收益支付公共产品的成本

8. 社会资源在政府部门和非政府部门之间的分配比例，主要取决于( )。
   A. 市场经济
   B. 政府分配
   C. 公共产品需求
   D. 社会公共需要在社会整体需要中所占的比例

9. ( )是市场经济中个人经济行为的准则，也是产生生产效率的必要条件。
   A. 个人偏好　　　　　B. 个人生活条件
   C. 个人价值观念　　　D. 市场供求需求

10. 公共产品的特征是与( )相比较得出的。
    A. 非公有产品　　　　B. 私人产品
    C. 集体产品　　　　　D. 私有制产品

11. 财政资源配置职能的范围不包括( )。
    A. 私人物品
    B. 公共产品
    C. 准公共产品
    D. 天然垄断行业的产品

12. 公共产品的效率由( )组成。
    A. 生产效率和供给效率
    B. 社会公平效率和配置效率
    C. 资源配置效率和生产效率
    D. 资源配置效率和需求效率

13. 公共产品在实践中通常将其作为例子的是( )。
    A. 国防　　　　　　　B. 教育
    C. 卫生　　　　　　　D. 公共劳务

14. 充分就业是指( )。
    A. 在各种所有制和各行各业的就业率达到100%
    B. 在各种所有制和各行各业的就业率达到某一社会认可的比率

C. 由国家劳动部门分配形成的就业达到一定的比率

D. 在全民和集体所有制单位就业的人数达到一定的比率

15. 当社会总需求大于社会总供给时，国家预算应该实行的政策是( )。
    A. 收支相等的平衡政策
    B. 全面扩张政策
    C. 收大于支的结余政策
    D. 支大于收的赤字政策

16. 在社会主义市场经济体制下，社会公平的基本准则是( )。
    A. 效率优先、兼顾公平准则
    B. 共同富裕准则
    C. 公平与效率兼顾准则
    D. 保证生存权准则

17. 下列财税手段中，起"内在稳定器"作用的是( )。
    A. 对个人取得的股息征收个人所得税
    B. 对国有企业征收的企业所得税
    C. 对企业征收增值税
    D. 对弱势群体发放的困难补助

18. 下面关于公共产品的表述中，不正确的是( )。
    A. 公共产品的效用是不可分割的
    B. 公共产品的收益具有排他性
    C. 提供公共产品并不是为了盈利
    D. 公共产品的取得不具备竞争性

19. 提供公共产品不以盈利为目的，而是追求( )。
    A. 社会生产的最大化
    B. 产品利润的最大化
    C. 产品使用的最大化
    D. 社会效益和社会福利的最大化

20. 公共产品具有共同受益与消费的特点，其效用为整个社会的成员所共同享有，不能分割，这属于公共产品的( )。
    A. 效用的不可分割性
    B. 受益的非排他性
    C. 取得方式的非竞争性
    D. 提供目的的非盈利性

21. 财政资源配置方式实际上是一种( )。
    A. 政治程序
    B. 市场过程
    C. 政府和市场共同参与的过程
    D. 以上都不对

22. 根据经济学家萨缪尔森的定义，纯公共产品是指(　　)。
A. 效用不可分割的产品
B. 无法实现排他或排他成本太高以致在经济上不可行的产品
C. 每个人消费这种产品不会导致他人对该产品消费的减少
D. 产品的提供追求社会效益和社会福利的最大化

23. 下列不属于货币政策的松紧衡量指标的是(　　)。
A. 利率的上升与下降
B. 信贷规模的扩张
C. 信贷规模的收缩
D. 预算规模的扩张与收缩

24. 为剔除或减少价格对企业利润的影响,应采取的财政政策是(　　)。
A. 征收增值税　　　　　B. 征收消费税
C. 征收企业所得税　　　D. 征收资源税

25. 政府财政资源配置职能的主要内容不包括(　　)。
A. 调节资源在地区之间的配置
B. 调节资源在产业部门之间的配置
C. 调节资源在个人之间的配置
D. 调节资源在政府部门和非政府部门之间的配置

二、多项选择题

1. 财政收入分配职能的实现途径有(　　)。
A. 调节不同地区之间的收入水平
B. 调节不同产业部门之间的收入水平
C. 调节企业的利润水平
D. 调节个人收入水平
E. 充分利用"内在稳定器"的功能

2. 公共财政的理论基础是(　　)。
A. 公共产品理论　　　B. 市场失灵理论
C. 信息不对称理论　　D. 道德风险理论
E. 公共利益论

3. 社会公平的准则包括(　　)。
A. 保证生存权
B. 效率优先、兼顾公平
C. 允许先富
D. 共同富裕
E. 效率与公平并重

4. 按照社会主义市场经济体制的要求,财政职能被概括为(　　)。
A. 收入分配职能　　　B. 调节职能
C. 监督职能　　　　　D. 资源配置职能
E. 经济稳定职能

5. 市场失灵主要表现在(　　)。
A. 市场不能提供公共产品

B. 经济的完全竞争
C. 收入分配不公
D. 经济失衡
E. 外部效应

6. 在市场经济条件下,财政配置资源的主要原因是(　　)。
A. 市场不提供公共产品
B. 市场的竞争性
C. 市场的盲目性
D. 市场的效率低下
E. 人们对财政配置的偏好

7. 在市场经济条件下,财政所要解决的只能是通过市场不能解决或者通过市场不能解决的令人满意的事项,例如(　　)。
A. 提供公共产品
B. 纠正外部效应
C. 维持有效竞争
D. 供需平衡
E. 调节产品分配

8. 下列属于公共产品的核心特征的有(　　)。
A. 受益的非排他性
B. 效用的不可分割性
C. 提供目的的非盈利性
D. 取得方式的非竞争性
E. 取得方式的竞争性

9. 下列属于财政职能的有(　　)。
A. 资源配置职能
B. 解决公共产品缺失
C. 防止垄断现象
D. 收入分配职能
E. 经济稳定职能

10. 与私人产品相比,公共产品的特征包括(　　)。
A. 权属的社会性
B. 效用的可分割性
C. 受益的排他性
D. 取得方式的非竞争性
E. 提供目的的非盈利性

11. 反映经济稳定的指标有(　　)。
A. 充分就业　　　　　B. 物价稳定
C. 财政收支平衡　　　D. 信贷收支平衡
E. 国际收支平衡

12. 直接满足人们消费需求的公共劳务包括(　　)。
A. 安全　　　　　　　B. 教育
C. 卫生　　　　　　　D. 反垄断
E. 反商业欺诈

13. 在市场经济条件下，财政资源配置职能的主要
    内容包括（　　）。
    A. 调节资源在地区间的配置
    B. 调节资源在产业部门间的配置
    C. 调节资源在不同所有者间的配置
    D. 调节资源在政府与非政府部门间的配置
    E. 调节资源在国家之间的配置
14. 社会公平实施范围包括（　　）。
    A. 干预市场机制
    B. 改善初始条件的不公平
    C. 创造公平竞争环境
    D. 干预个人偏好
    E. 实施平均主义
15. 关于调节企业的利润水平，下列哪些说法是正
    确的（　　）。
    A. 通过征收消费税剔除或减少价格的影响
    B. 通过征收资源税、房产税、土地使用税等剔
       除或减少由于资源、房产、土地状况的不同
       而形成的级差收入的影响
    C. 通过征收土地增值税调节土地增值收益对企
       业利润水平的影响
    D. 通过税收、财政补贴等手段在内的各种货币
       政策手段来调节
    E. 进行调节是为了使企业的利润水平能够反映
       企业的经营管理水平和主观努力程度
16. 财政实施社会公平主要包括在（　　）方面。
    A. 组织财政收入
    B. 安排财政支出
    C. 实施社会保障
    D. 发行国债
    E. 实施财政体制
17. 在市场经济条件下，财政职能包括（　　）。
    A. 资源配置职能　　　B. 经济稳定职能
    C. 对外经济平衡职能　D. 充分就业职能
    E. 收入分配职能
18. 调节居民个人收入的手段有（　　）。
    A. 个人所得税　　　　B. 遗产税
    C. 财政补贴　　　　　D. 增值税
    E. 社会救济

参考答案及解析

一、单项选择题
1.【答案】D
【解析】公共产品的特征是在同私人产品的特征

相比较而得出的，相对于私人产品，公共产品具
有如下特征：
(1) 效用的不可分割性；
(2) 受益的非排他性；
(3) 取得方式的非竞争性；
(4) 提供目的的非盈利性。
公共产品的上述四个特征是密切联系的，其中核
心特征是非排他性和非竞争性，而效用的不可分
割性与提供目的的非盈利性是其自然延伸。
2.【答案】A
【解析】外部效应是指私人费用与社会费用之间
或私人收益与社会收益之间的非一致性，其关键
是指某个人或经济组织的行为活动影响了他人或
经济组织，却没有为之承担应有的成本或没有获
得应有的收益。这些外部效应的存在，决定了带
有外部效应的产品在市场上只能是过多或者过
少，从而导致社会资源配置的不合理。因此，政
府有责任纠正外部效应问题，其包括财政收支政
策在内的非市场调节方式，从而进一步确定财政
支出的范围。外部效应分为正外部效应和负外部
效应，当存在负外部效应时，如果政府不干预，
会造成供过于求的现象。
3.【答案】A
【解析】实现公共产品生产效率的基本途径是完
善公共部门的组织制度和激励约束制度，确保公
共部门的行为不偏离政府的意图。
4.【答案】B
【解析】对于实行市场经济体制的国家来说，社
会不公平首先来自市场经济初始条件的不公平，
即生产要素(土地、资本和劳动)占有的不公平。
5.【答案】C
【解析】在市场经济条件下，社会资源配置的主
体是市场，而不是政府。只有在"市场失灵"的
领域，才有必要由政府介入。
6.【答案】D
【解析】在市场经济条件下，财政分配的范围是
以"市场失灵"为标准，以纠正和解决"市场失
灵"来界定的。
7.【答案】B
【解析】"搭便车"的行为是指消费者采取隐瞒
其偏好的方法(少为政府提供资金)来获得公共产
品的消费。
8.【答案】D
【解析】社会资源在政府部门和非政府部门之间
的分配比例，主要取决于社会公共需要在社会整

体需要中所占的比例。

9.【答案】A

【解析】个人偏好是市场经济中个人经济行为的准则，也是产生生产效率的必要条件。

10.【答案】B

【解析】公共产品的特征是与私人产品相比较得出的。

11.【答案】A

【解析】财政资源配置职能的范围包括直接满足消费需求的公共产品和准公共产品，以及间接为生产和消费服务的法律设施等，包括：

(1) 公共产品；

(2) 准公共产品；

(3) 天然垄断行业的产品。

12.【答案】C

【解析】公共产品的效率由资源配置效率和生产效率组成。

13.【答案】A

【解析】公共产品是抽象的理论，在实践中通常作为例子的是国防。但通常把法律设施、环境保护、行政管理服务、基础科学研究等也视作公共产品。题目中的高等教育属于准公共产品，而住房、食品等则一般被视为私人物品。

14.【答案】B

【解析】充分就业是指有工作能力且愿意工作的劳动者能够找到工作。这里的"就业"即工作或劳动，是泛指一切用自己的劳动来维持自己生活的活动。这就是说，在各种所有制、各行各业的劳动，均属就业范畴。这里的"充分"就业，并不意味着就业人口100%的就业，而是指就业率(已就业人口占全部就业人口的比率)达到了某一社会认可的比率，比如95%、97%等。

15.【答案】C

【解析】当社会总需求大于社会总供给时，可以通过实行国家预算收入大于支出的结余政策进行调节；而当社会总供给大于社会总需求时，可以实行国家预算支出大于收入的赤字政策进行调节；当社会供求总量平衡时，国家预算应实行收支平衡的中性政策与之相平衡。

16.【答案】D

【解析】在社会主义市场经济体制下，社会公平的基本准则是保证生存权准则。

17.【答案】B

【解析】"内在稳定器"的调节作用主要表现

在财政收入和支出的两方面制度。在财政收入方面，主要是实行累进所得税制；在财政支出方面，主要体现在转移性支出(社会保障、补贴、救济和福利支出等)的安排上。因此正确答案是B。

18.【答案】B

【解析】公共产品最大的特征是收益的非排他性和消费的非竞争性，正是因为这两个特点使得公共产品无法像私人产品那样由市场有效地提供，所以大部分公共产品需要由政府介入生产。

19.【答案】D

【解析】提供公共产品不以盈利为目的，而是追求社会效益和社会福利的最大化。

20.【答案】A

【解析】不可分割性是指公共产品具有共同受益与消费的特点，其效用为整个社会的成员所共同享有，不能分割。

21.【答案】A

【解析】财政资源配置方式是政府提供公共产品的决定方式和资金供应方式，财政资源配置方式实际上是一种政治程序。

22.【答案】C

【解析】按照美国经济学家萨缪尔森给出的定义：纯公共产品是指每个人消费这种产品不会导致他人对该产品消费的减少。

23.【答案】D

【解析】货币政策的松紧主要以利率的下降与上升以及信贷规模的扩张与收缩等来衡量和判断。

24.【答案】B

【解析】通过征收消费税可以剔除或减少价格对企业利润的影响；征收资源税、房产税、土地使用税等剔除或减少由于资源、房产、土地状况的不同而形成的级差收入的影响；征收土地增值税，调节土地增值收益对企业利润水平的影响等。

25.【答案】C

【解析】财政资源配置职能的主要内容包括：

(1) 调节全社会的资源在政府部门和非政府部门之间的配置。

(2) 调解资源在不同地区之间的配置。

(3) 调节资源在国民经济各部门之间的配置。

二、多项选择题

1.【答案】CD

【解析】财政的收入分配职能主要是通过调节企

业的利润水平和居民的个人收入水平来实现的。

2. 【答案】AB
【解析】公共财政的理论基础是"公共产品"和"市场失灵"理论。

3. 【答案】ABD
【解析】社会公平准则包括：
(1) 保证生存权准则；
(2) 效率与公平兼顾准则；
(3) 共同富裕准则。

4. 【答案】ADE
【解析】按照社会主义市场经济体制的要求，财政职能可以概括为：资源配置职能、收入分配职能和经济稳定职能。

5. 【答案】ACDE
【解析】市场失灵表现在许多方面：
(1) 公共产品缺失；
(2) 外部效应；
(3) 不完全竞争；
(4) 收入分配不公；
(5) 经济波动与失衡。

6. 【答案】AC
【解析】在市场经济条件下，之所以必须进行财政配置资源，主要可以归纳为两个原因：一是许多社会公共需要和公共产品无法通过市场来提供和满足；二是市场配置有一定的盲目性，经济活动主体往往容易从当前自身的经济利益出发，产生短期行为，而市场提供的错误信息，往往又会使经济活动主体走入歧途，导致资源不能合理配置和有效使用。

7. 【答案】ABC
【解析】财政所要解决的只能是通过市场不能解决或者通过市场不能解决的令人满意的事项，例如提供公共产品、纠正外部效应、维持有效竞争、调节收入分配和稳定经济等。

8. 【答案】AD
【解析】公共产品的特征：
(1) 效用的不可分割性；
(2) 受益的非排他性；
(3) 取得方式的非竞争性；
(4) 提供目的的非盈利性。
这四个特征是密切联系的，其中核心特征是非排他性和非竞争性。

9. 【答案】ADE
【解析】财政职能可以概括为：资源配置职能、收入分配职能和经济稳定职能。

10. 【答案】DE
【解析】公共产品的特征是同私人产品的特征相比较而得出的，相对于私人产品，公共产品具有如下特征：效用的不可分割性；受益的非排他性；取得方式的非竞争性；提供目的的非盈利性。

11. 【答案】ABE
【解析】经济稳定通常是指：(1)充分就业；(2)物价稳定；(3)国际收支平衡。

12. 【答案】ABC
【解析】反垄断和反商业欺诈属于为市场机制和非市场机制间接服务的劳务。

13. 【答案】ABD
【解析】财政资源配置职能的主要内容包括：调节资源在地区之间的配置；调节资源在产业部门之间的配置；调节资源在政府与非政府部门之间的配置。

14. 【答案】BCD
【解析】社会公平实施范围包括三个方面：一是在效率基础上改善初始条件的不公平；二是完善市场机制、尽可能创造公平竞争的环境；三是在个人偏好方面进行适当的干预。

15. 【答案】ABCE
【解析】财政调节企业的利润水平，主要是通过税收、财政补贴等手段在内的各种财政手段来调节的。

16. 【答案】ABC
【解析】实施社会公平的途径主要有以下三个方面：一是在组织财政收入时要考虑社会公平；二是在安排财政支出时要考虑社会公平；三是要不断改善市场机制初始条件的不平等状况；最后，要实行社会保障，以利于社会公平的切实实现。

17. 【答案】ABE
【解析】按照社会主义市场经济体制的要求，财政职能可以概括为：资源配置职能、收入分配职能和经济稳定职能。

18. 【答案】ABCE
【解析】调节居民个人收入水平，既要合理拉开收入差距，又要防止贫富悬殊，逐步实现共同富裕。这主要有两方面的手段：一是通过税收进行调节；二是通过转移支付。个人所得税和遗产税属于税收调节，而财政补贴和社会救济属于转移支付。

第二章　财政支出理论与内容

　　本章的主要内容是财政支出的分类，财政支出对经济的影响，对财政支出规模及其经济效益的分析。

　　从近年的考试情况来看，不同标准下财政支出的分类、按照经济性质分类的购买性支出与转移性支出的经济影响以及财政支出的效益分析等内容是考查的重点，需要考生要加强记忆和理解，重点掌握。

本章重要考点分析

　　本章内容相对较多，涉及14个考点，在历年考试中主要以单项选择题和多项选择题的形式进行考查，如图2-1所示。

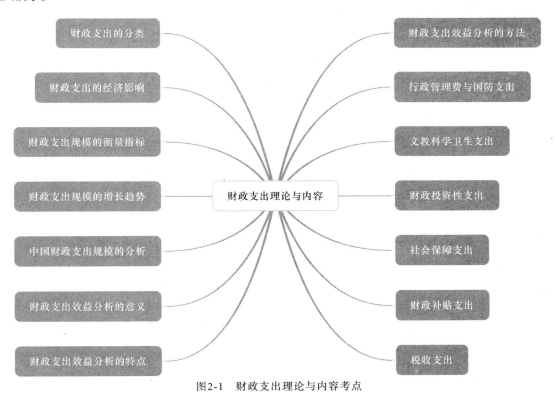

图2-1　财政支出理论与内容考点

本章近三年题型及分值总结

　　本章知识点多为概念、定义、性质等，需要记忆掌握的内容较多，近三年出现的题型以单项选择题和多项选择题为主，如表2-1所示。

表2-1 财政支出理论与内容题型及分值

年　份	单项选择题	多项选择题	案例分析题
2014年	5题	1题	0题
2013年	6题	2题	0题
2012年	9题	2题	0题

第一节　财政支出的分类及其经济影响

按照财政支出的经济性质分类，可以将财政支出分为购买性支出和转移性支出；按财政支出在社会再生产中的作用分类，可以将财政支出分为补偿性支出、消费性支出和积累性支出；按照财政支出的目的性来分类，财政支出可以分为预防性支出和创造性支出；按照政府对财政支出的控制能力划分，财政支出可以分为可控制性支出和不可控制性支出；按财政支出的受益范围分类，财政支出可以分为一般利益支出和特殊利益支出。

 思维导图

该节涉及多个知识点和概念，如图2-2所示。

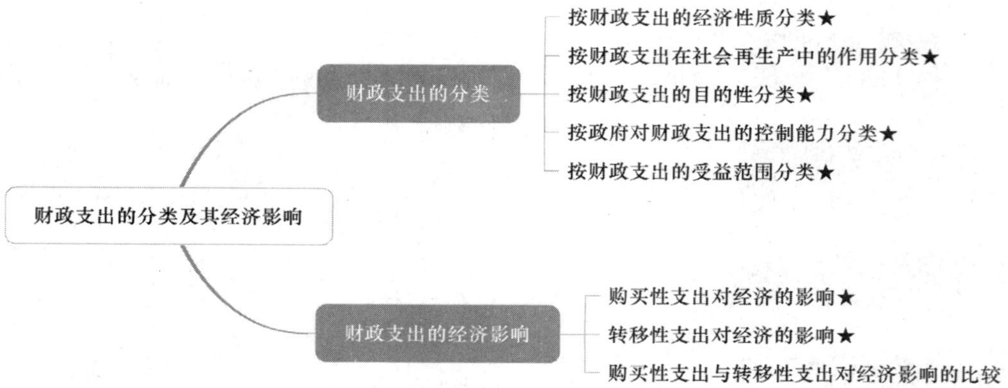

 知识点测试

【2014年单选题】下列关于购买性支出的选项，不正确的是(　　)。

A. 对国民收入分配的影响是直接的

B. 对政府形成较强的效益约束

C. 对企业的预算约束较强

D. 执行资源配置职能较强

【答案】A

【解析】购买性支出对国民收入分配的影响是间接的；而转移性支出对分配的影响是直接的。本题考察购买性支出和转移性支出对经济各方面的不同影响。

【2013年单选题】关于购买性支出与转移性支出对经济影响的说法，错误的是(　　)。

A. 转移性支出间接影响就业

B. 购买性支出直接影响生产

C. 转移性支出对政府的效益约束较强

D. 购买性支出侧重于执行资源配置职能

【答案】C

【解析】通过购买性支出体现出的财政分配活动对政府形成较强的效益约束。转移性支出体现出的财政分配活动对政府的效益约束是较弱的。

【2012年单选题】财政购买性支出减少会导致(　　)。

A. 市场价格上升

B. 所需生产资料增加

C. 充分就业

D. 社会生产萎缩

【答案】D

【解析】(1)当政府购买性支出增加，往往会通过直接或间接刺激社会总需求的增加，从而导致

图2-2　财政支出的分类及其经济影响

社会生产的膨胀,形成经济繁荣的局面。

(2) 政府购买性支出的减少,会出现相反的情况,往往会通过直接或间接减少社会总需求,从而导致社会生产的萎缩,减少国民收入,形成经济萎缩的局面。

【2012年单选题】国债利息支出属于(　　)。

A. 购买性支出

B. 一般利益性支出

C. 不可控制性支出

D. 预防性支出

【答案】C

【解析】按照政府对财政支出的控制能力进行划分,财政支出可以分为可控制性支出和不可控制性支出。可控制性支出,就是指政府可根据经济形势的变化和财政收入的可能而对财政支出进行调整(增减)的能力;不可控制性支出可解释为根据现行法律、法规所必须进行的支出,也就是说,在法律和法规的有效期内,必须按照规定准时如数支付,不得随意停付或逾期支付,也不得任意削减其数额,即表现为刚性很强的支出。不可控性财政支出一般包括两类:一类是国家法律已经明确规定的个人享受的最低收入保障和社会保障,如失业救济、养老金、食品补贴等;另一类是政府遗留义务和以前年度设置的固定支出项目,如债务利息支出、对地方政府的补贴等。

【2011年单选题】下列支出项目中,属于创造性支出的是(　　)。

A. 司法支出　　　　B. 行政支出

C. 国防支出　　　　D. 文教支出

【答案】D

【解析】在财政支出的分类中,创造性支出是指用于改善人民生活,使社会秩序更为良好,经济更快发展的支出。这类支出主要包括经济、文教、卫生和社会福利等支出项目。

【2011年多选题】在政府财政支出中,属于不可控制支出的有(　　)。

A. 养老金支出　　　B. 食品补贴支出

C. 基本建设支出　　D. 债务利息支出

E. 失业救济支出

【答案】ABDE

【解析】不可控制性支出可解释为根据现行法律、法规所必须进行的支出,也就是说,在法律和法规的有效期内,必须按照规定准时如数支付,

不得随意停付或逾期支付,也不得任意削减其数额,即表现为刚性很强的支出。主要包括失业救济、养老金、食品补贴、债务利息支出、对地方政府的补贴等。

【例题 单选题】在社会消费需求中,占主要地位的是(　　)。

A. 政府消费需求

B. 企业消费需求

C. 个人消费需求

D. 社会团体消费需求

【答案】C

【解析】在社会消费需求中,占主要地位的是个人消费需求。

【例题 多选题】下列财政支出项目中,属于积累性支出的有(　　)。

A. 大型基础设施建设支出

B. 国家行政机关的基本建设支出

C. 国防战备支出

D. 国家物资储备支出

E. 生产性支农支出

【答案】ABDE

【解析】积累性支出是财政直接增加社会物质财富及国家物资储备的支出,其中主要包括基本建设支出、流动资金支出、国家物资储备支出、生产性支农支出等项目。

第二节　财政支出的规模

财政支出规模通常表现为财政支出的总量,而表现财政支出总量的可以是财政支出数额的绝对量,也可以是财政支出占国民收入(或国民生产总值)的相对量。由于不同国家以及一个国家不同经济发展时期的经济发展水平存在很大的差异,所以虽然经常用财政支出的绝对量来分析财政支出的规模,但把它作为不同国家的衡量指标用以分析财政支出的规模显然是有困难的。所以,衡量和考察财政支出规模的指标通常是以财政支出的相对量来表示的。

思维导图

该节涉及多个知识点和概念,如图2-3所示。

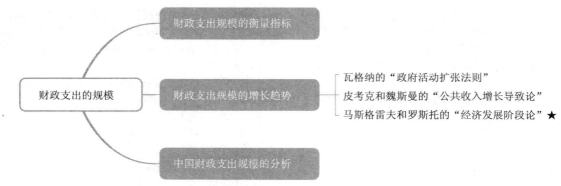

图2-3　财政支出的规模

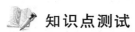 **知识点测试**

【2014年单选题】根据"经济发展阶段论"，在经济进入成熟阶段后，财政支出的重点是(　　)。

　　A.法律和秩序　　　　B.交通设施
　　C.社会福利　　　　　D.环境卫生

【答案】C

【解析】本题考查马斯格雷夫和罗斯托的"经济发展阶段论"。

(1)早期阶段：政府投资一般在社会总投资中占有较高的比重，在这一阶段公共部门需为经济发展提供必需的社会基础设施。(2)中期阶段：政府对经济的干预加强。(3)成熟阶段：公共支出逐步转向教育、保健和社会福利为主的支出结构。

【2012年单选题】按照"经济发展阶段论"的理论，在经济发展的中期阶段，政府支出的重点是(　　)。

　　A.基础设施建设
　　B.教育、保健等领域
　　C.社会福利
　　D.加强对经济的干预

【答案】D

【解析】马斯格雷夫和罗斯托的"经济发展阶段论"是历年考试的重点。他们将经济的发展划分为早期、中期、成熟期几个阶段，用经济发展阶段论解释公共支出增长的原因。

(1)早期阶段：政府投资一般在社会总投资中占有较高的比重。在这一阶段，公共部门须为经济发展提供必需的社会基础设施，如公路、铁路、桥梁、环境卫生、法律和秩序、电力、教育等。这些都是经济发展进入中期阶段必不可少的条件。

(2)中期阶段：政府对经济的干预加强。

(3)成熟阶段：公共支出逐步转向以教育、保健和社会福利为主的支出结构。使得公共支出增长速度加快，甚至快于国民生产总值的增长速度。

【2010年单选题】考核国防支出的效益时，应采用的方法是(　　)。

　　A.成本效益分析法
　　B.投入产出分析法
　　C.公共劳务收费法
　　D.最低费用选择法

【答案】D

【解析】最低费用选择法，是指对每个备选的财政支出方案进行经济分析时，只计算备选方案的有形成本，而不用货币计算备选方案支出的社会效益，并以成本最低为择优的标准。换言之，就是选择那些使用最少的费用就可以达到财政支出目的的方案。该方法主要适用于军事、政治、文化、卫生等支出项目。

【2010年单选题】美国著名经济学家马斯格雷夫解释财政支出增长的原因时，提出(　　)。

　　A.政府活动扩张法则
　　B.经济发展阶段论
　　C.公共收入增长导致论
　　D.非均衡增长模型

【答案】B

【解析】在西方财政经济理论界，对于财政支出增长现象的解释，值得重点提及的主要有以下几种：瓦格纳的"政府活动扩张法则"、皮考克和魏斯曼的"公共收入增长导致论"、马斯格雷夫和罗斯托的"经济发展阶段论"以及鲍莫尔的"非均衡增长模型"。

【例题 单选题】衡量财政分配规模应采用的指标是(　　)。

　　A.财政收入/国民收入
　　B.财政支出/国民收入

C.财政收入/国民生产总值

D.财政支出/国民生产总值

【答案】D

【解析】鉴于用国民生产总值表示经济的实力与发展水平更为合理，我们在衡量财政支出规模时，应逐渐地把指标从"财政支出占国民收入的比重"更换过来，因为用财政支出占国民生产总值的比重更科学一些。

【例题 单选题】从世界各国的情况看，财政支出总量及占GDP比重的变化趋势是( )。

A.绝对量增长，相对量也增长

B.绝对量下降，相对量也下降

C.绝对量增长，相对量下降

D.绝对量下降，相对量增长

【答案】A

【解析】财政支出无论是从绝对量上还是从相对量上来看，在世界各国都呈现出增长的趋势。

第三节 财政支出的效益分析

所谓效益，是指人们在有目的的实践活动中"所费"与"所得"的对比关系。所费越少，所得越多，则效益越高。

财政支出必须讲求效益，其根本原因在于社会经济资源的有限性。财政支出过程实质上是一个资源配置过程。在一定时期内，社会经济资源的总规模是确定的，也是有限的。有限的经济资源是由社会微观经济组织支配使用效益高，还是由政府集中支配使用效益高，是各国政府必须考虑的问题。

 思维导图

该节涉及多个知识点和概念，如图2-4所示。

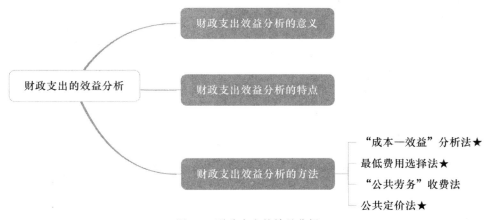

图2-4　财政支出的效益分析

 知识点测试

【2014年单选题】在对那些只有社会效益，且其产品不能进入市场的支出项目进行财政支出效益分析时，应采用的方法是( )。

A."成本—效益"分析法

B.最低费用选择法

C."公共劳务"收费法

D.投入产出分析法

【答案】B

【解析】对于那些有直接经济效益的支出项目(如基本建设投资支出)，采用"成本—效益"分析法；对于那些只有社会效益，且其产品不能进入市场的支出项目(如国防支出)，采用最低费用选择法；对于那些既有社会效益，又有经济效益，但其经济效益难以直接衡量，而其产品可以全部或部分进入市场的支出项目(如交通、教育等支出)，则采用"公共劳务"收费法来衡量和提高财政支出的效益。

【2013年单选题】按照不同时间段或时期的需求制定不同价格的公共定价方法是( )。

A.平均成本定价法

B.二部定价法

C.时限定价法

D.负荷定价法

【答案】D

【解析】平均成本定价法是指在提供公共物品的企业和事业单位对外保持收支平衡的情况下，采取尽可能使经济福利最大化的定价方式。二部定价法是由两种要素构成的定价体系：一是与使用量无关的按月或按年支付的"基本费"；二是按使用量支付的"从量费"。因此，二部定价法是定额定价和从量定价相结合的定价体系。负荷定价法是指按不同时间段或时期的需求制定不同的价格。

【2011年单选题】关于财政支出效益的说法，正确的是（　　）。

A. 要对项目的无形所费与所得进行分析

B. 项目必须能够带来直接的经济效益

C. 直接效益必须大于直接投入

D. 选择的项目必须具有很好的经济效益

【答案】A

【解析】所谓效益，是指人们在有目的的实践活动中"所费"与"所得"的对比关系。所费越少，所得越多，则效益就越高。

【2011年单选题】关于养老保险基金管理的说法，错误的是（　　）。

A. 养老保险基金管理应逐步向省级统筹过渡

B. 养老保险基金管理实行收支两条线

C. 养老保险基金支出要专款专用，并要经过严格的审批手续

D. 养老保险基金的个人缴费满10年，退休后可领取基本养老金

【答案】D

【解析】养老保险：公民在就业期间，个人及其所服务的单位或企业应履行缴纳保险费的义务，待年老退休后，按照法律规定有权享受国家给予的一定数额的收入帮助。

【2010年单选题】由于某项目的建设致使相关产品价格上升或下降，从而使某些单位或个人增加或减少了收入，由此所发生的成本效益称为（　　）。

A. 实际成本效益

B. 金融成本效益

C. 直接成本效益

D. 间接成本效益

【答案】B

【解析】金融成本效益是指由于该项目的建设，使得社会经济的某些方面受到影响，致使价格上升或下降，从而使某些单位或个人增加或减少收入。

【例题 单选题】考核基本建设投资支出的效益时，采用的办法是（　　）。

A. 最低费用选择法

B. "公共劳务"收费法

C. 最低成本考核法

D. "成本—效益"分析法

【答案】D

【解析】"成本—效益"分析的基本原理是，根据国家所确定的建设目标，提出实现该目标的各种方案，对这些可供选择的方案，用一定的方法计算出各方案的全部预期成本和全部预期效益，通过计算"成本—效益"的比率，来比较不同项目或方案的效益，选择最优的支出方案，据此支拨和使用财政资金。这种方法，特别适用于财政支出中有关投资性支出项目的分析。

【例题 多选题】在下列项目中，适宜用最低费用选择法衡量效益的是（　　）。

A. 军事设施　　　　　B. 水利设施

C. 文化设施　　　　　D. 卫生设施

E. 义务教育

【答案】ACD

【解析】最低费用选择法，是指对每个备选的财政支出方案进行经济分析时，只计算备选方案的有形成本，而不用货币计算备选方案支出的社会效益，并以成本最低为择优的标准。换言之，就是选择那些使用最低的费用就可以达到财政支出目的的方案。该方法主要适用于军事、政治、文化、卫生等支出项目。

第四节　购买性支出

购买性支出包括社会消费性支出和财政投资性支出，但两者之间存在着明显的不同，最大的区别在于前者是非生产的消费性支出，它的使用并不形成任何资产。然而两者又有共同之处，即在必要的限度内，它们都是为社会再生产的正常运行所必需的，而且，就其本质来说，社会消费性支出满足的是纯社会共同需要，正是这种支出构成了财政这一经济现象存在的主要依据。

 思维导图

该节涉及多个知识点和概念，如图2-5所示。

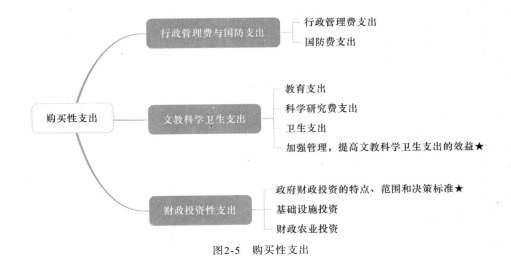

图2-5 购买性支出

知识点测试

【2014年单选题】下列关于资本—劳动力最大化标准的说法错误的是( )。

A. 使用该标准意味着政府投资应该选择使边际人均投资额最大化的投资项目

B. 该标准强调政府应投资于资本密集型项目

C. 资本—劳动力最大化标准是政府财政投资的决策标准之一

D. 资本—劳动力比率越高，说明资本技术构成越低，劳动生产率越低，经济增长越慢

【答案】D

【解析】资本—劳动力比率越高，说明资本技术构成越高，劳动生产率越高，经济增长越快。因此，这种标准是强调政府应投资于资本密集型项目。

【2014年单选题】文教科学卫生支出属于( )。

A. 积累性支出　　　B. 消费性支出

C. 补偿性支出　　　D. 转移性支出

【答案】B

【解析】社会消费性支出包括：行政管理费、国防费、文教、科学、卫生事业费以及工交商农等部门的事业费。

【2013年单选题】关于财政农业投资的说法，错误的是( )。

A. 国家对农业的财力支持是财政的一项基本职责

B. 农业投入的资金主要靠财政支持

C. 农业发展与财政有着十分密切的关系

D. 财政农业投资范围主要是以水利为核心的基础设施建设

【答案】B

【解析】农业投入的资金应当主要来自农业部门和农户自身的积累，国家投资只能发挥辅助作用。

【2013年单选题】在现行的事业单位财务制度体系中，最基本的法规是( )。

A. 事业单位财务规则

B. 行业事业单位财务管理制度

C. 事业单位内部财务管理具体规定

D. 事业单位财务管理考核制度

【答案】A

【解析】事业单位财务制度体系由三个层次组成，即事业单位财务管理、行业事业单位财务管理制度和事业单位内部财务管理具体规定。其中事业单位财务规则是整个事业财务制度体系中最基本、最高层次的法规，是所有国有事业单位必须遵守的行为规范。

【2012年单选题】我国事业单位财务制度体系中最基本的制度是( )。

A. 事业单位内部财务管理规定

B. 事业单位财务规划

C. 行业事业单位财务管理制度

D. 事业单位会计制度

【答案】B

【解析】自1997年开始，我国对事业单位实行新的财务制度。新的财务制度体系由三个层次组成，即事业单位财务规则、行业事业单位财务管理制度和事业单位内部财务管理具体规定。其中事业

单位财务规则是整个事业财务制度体系中最基本、最高层次的法规，是所有国有事业单位必须遵守的行为规范，该法规于2012年进行了修订。

【2012年单选题】财政投融资的资本金投入者是( )。

A. 政府　　　　　　　B. 中央银行

C. 商业银行　　　　　D. 邮政储蓄

【答案】A

【解析】财政投融资是政府为实现一定的产业政策和其他政策目标，通过国家信用方式筹集资金，由财政统一掌握管理，并根据国民经济和社会发展规划，以出资(入股或贷款)的方式，将资金投向急需发展的部门、企业或事业单位的一种资金融通活动，所以它也被称为"政策性金融"。

【2012年单选题】关于财政投资的说法，正确的是( )。

A. 财政投资中包括生产性投资

B. 财政性投资必须注重经济效益

C. 财政性投资的资金来源全部都是无偿的

D. 财政投资只能投资于周转快、见效快的短期性项目

【答案】A

【解析】在任何社会中，社会总投资都可以分为政府投资和非政府投资两部分。一般而言，财政投资即为政府投资，包括生产性投资和非生产性投资。

【2011年单选题】关于科学研究支出的说法，错误的是( )。

A. 基础科学的经费主要应由政府承担

B. 科技投入的主要渠道应该是财政拨款

C. 税收优惠、财政补贴也是财政对科学研究的投入形式

D. 我国科学研究投入增长很快，与发达国家基本没有太大差距

【答案】D

【解析】ABC三项说法均正确。

【2011年多选题】下列费用项目中，属于行政管理费的是( )。

A. 公安业务费　　　　B. 安全机关经费

C. 民兵建设费　　　　D. 司法检察业务费

E. 驻外机构经费

【答案】ABDE

【解析】按费用要素分类，行政管理费包括人员经费和公用经费两大类。人员经费主要包括工资、福利费、离退休人员费用及其他；公用经费包括公务费、修缮费、设备购置费和业务费。

【2010年单选题】政府将拟建高速公路项目转让给某一企业，由企业进行建设，建成后在一定时期内由企业进行经营，经营期满，项目产权收归政府，这种投资方式是( )。

A. 政府与民间共同投资的方式

B. 政府投资，法人团体经营运作的方式

C. BOT投资方式

D. 财政投融资方式

【答案】C

【解析】BOT投资方式是近年兴起和发展的一种基础设施的提供方式，是指政府将一些拟建基础设施建设项目通过招商转让给某一财团或公司，组建项目经营公司进行建设经营，并在双方协定的一定时期内，由项目经营公司通过经营偿还债务，收回投资并盈利，协议期满，项目产权收归政府。

【例题 单选题】当财政购买性支出增加时，给社会经济带来的影响是( )。

A. 社会总供给减少

B. 社会总需求减少

C. 促进经济繁荣

D. 造成经济萎缩

【答案】C

【解析】当财政购买性支出增加时，直接或间接刺激社会总需求增加，形成经济繁荣的局面。

【例题 单选题】财政用于文教、科学、卫生方面的支出属于( )。

A. 补偿性支出　　　　B. 购买性支出

C. 转移性支出　　　　D. 积累性支出

【答案】B

【解析】文教、科学、卫生方面的支出属于购买性支出。

第五节　转移性支出

转移性支出包括社会保障支出、财政补贴支出以及税收支出。社会保障是国家向丧失劳动能力、失去就业机会以及遇到其他事故而面临经济困难的公民提供的基本生活保障；财政补贴是国家为了实行特定的经济、政治和社会目标，将一部分财政资金无偿补助给企业和居民的一种再分配形式；税收支出是政府出于引导、扶持某些经济活动，刺激投资意愿或补助某些财务困难的集团而制定的各种税收优惠措施，其目的不在于取得收入，而是为了实现特定目标而放弃一些税收。

思维导图

该节涉及多个知识点和概念，如图2-6所示。

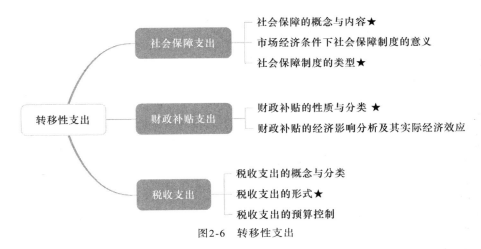

图2-6 转移性支出

 知识点测试

【2014年单选题】带有强制储蓄功能的社会保障制度类型是( )。

A. 社会保险型　　　　B. 社会救济型

C. 普遍津贴型　　　　D. 节俭基金型

【答案】D

【解析】社会保障制度的类型：(1)社会保险型，社会保险是政府按照"风险分担，互助互济"的保险原则举办的社会保险计划；(2)社会救济型，社会救济是保障计划的一种方式，用资金或物资帮助生活遇到困难的人称为救济，政府在全社会范围内向生活遇到困难的人提供的救济称为社会救济；(3)普遍津贴型，普遍津贴是政府按照"人人有份"的福利原则举办的一种社会保障计划；(4)节俭基金型，节俭基金是政府按照个人账户的方式举办的社会保障计划。这种保障计划虽然没有任何收入再分配功能，但却具有强制储蓄的功能，所以这种模式对于那些国民储蓄率较低并期望通过居民储蓄提高国民储蓄率的国家有很大的吸引力，它实际上是政府举办的一种强制储蓄计划。

【2013年多选题】关于社会保障制度的说法，正确的有( )。

A. 社会保障是现代社会保障制度的核心内容

B. 社会福利的资金来源大部分是国家预算拨款

C. 社会优抚是对革命军人及其家属提供的社会保障

D. 对"五保户"的生活保障属于社会救助的内容

E. 失业救济金的发放属于社会优抚的内容

【答案】ABCD

【解析】失业救济金的发放是属于社会保险的内容。

【2012年单选题】准许企业把一些合乎规定的特殊支出，以一定的比例或全部从应税所得中扣除，以减轻其税负，这种方式是( )。

A. 税收豁免　　　　B. 税收抵免

C. 纳税扣除　　　　D. 盈亏相抵

【答案】C

【解析】纳税扣除是指准许企业把一些合乎规定的特殊支出，以一定的比例或全部从应税所得中扣除，以减轻其税负。

【2012年单选题】社会保险费用完全靠代际间收入转移的筹资模式是( )。

A. 现收现付式　　　　B. 完全基金式

C. 部分基金式　　　　D. 个人账户式

【答案】A

【解析】现收现付式，社会保障完全靠当前的收入满足当前的支出，不为以后年度的社会保险支出做资金准备。现收现付的特点是：在社会保险开始实施时，保险费率比较低，但随着社会保险事业的不断发展，其收入要随支出水平的上升经常做调整。

【2010年单选题】在世界范围内，现代社会

保障制度创立的时间是(　　)。

　　A.19世纪80年代　　　B.20世纪20年代

　　C.20世纪30年代　　　D.20世纪50年代

　　【答案】A

　　【解析】社会保障制度由德国的俾斯麦政府于19世纪80年代首创。社会保障制度能起到促进社会稳定和经济发展的良好作用。

　　【2010年单选题】财政补贴的主要对象是(　　)。

　　A.国家机关　　　　B.主管部门

　　C.企业和居民　　　D.生活必需品

　　【答案】C

　　【解析】财政补贴是国家为了实行特定的经济、政治和社会目标，将一部分财政资金无偿补助给企业和居民的一种再分配形式。在这种分配形式中，财政补贴的主体是国家；补贴的对象是企业和居民，补贴的目的是为了贯彻一定的政策，满足某种特定的需要，实现特定的政治、经济和社会目标；补贴的性质是通过财政资金的无偿补助而进行的一种社会财富的再分配。

　　【2010年多选题】财政的转移性支出主要包括(　　)。

　　A.行政管理支出　　　B.国防支出

　　C.财政补贴支出　　　D.养老保险支出

　　E.国债利息支出

　　【答案】CDE

　　【解析】转移性支出主要包括政府部门用于补贴、债务利息、社会保障等方面的支出。

　　【例题　单选题】改革开放以来(1978—1996年)，我国财政支出占国内生产总值比重的变化趋势是(　　)。

　　A.上升

　　B.保持平稳，变化不大

　　C.下降

　　D.基本平稳，但个别年份上升较大

　　【答案】C

　　【解析】1978—1996年，我国财政支出占国内生产总值的比重逐年下降。改革开放以来，我国的行政管理支出在各项支出中增长得最快，占财政总支出的比重持续上升。

　　【例题　单选题】我国现行的社会保险运行模式是(　　)。

　　A.全部为社会统筹

　　B.社会统筹，企业分管

　　C.全部为个人账户

　　D.社会统筹与个人账户结合

　　【答案】D

　　【解析】我国现行的社会保险运行模式是社会统筹与个人账户相结合。

考题预测及强化训练

一、单项选择题

1.在社会总需求中，占主要地位的是(　　)。

　　A.个人消费需求　　　B.政府消费需求

　　C.企业消费需求　　　D.社会团体消费需求

2.文教科学卫生支出属于(　　)。

　　A.积累性支出　　　B.消费性支出

　　C.补偿性支出　　　D.转移性支出

3.当购买性支出减少时，给社会经济带来的影响是(　　)。

　　A.企业扩大生产

　　B.就业人数的增多

　　C.消费品的社会需求膨胀

　　D.形成经济萎缩的局面

4.一般来说，应付不幸事故的后备基金应属于(　　)。

　　A.消费基金　　　B.积累基金

　　C.补偿基金　　　D.生产性基金

5.(　　)可以促进社会成员最大限度地使用这些"公共劳务"，使之获得极大的社会效益。

　　A.免费和低价政策　　B.平价政策

　　C.高价政策　　　　　D.平均成本定价法

6.企业挖潜改造支出属于(　　)。

　　A.积累性支出　　　B.补偿性支出

　　C.消费性支出　　　D.非生产性支出

7.政府相关管理部门通过一定的程序和规则制定的提供公共物品的价格和收费标准的方法，这种方法属于(　　)。

　　A."公共劳务"收费法

　　B.公共定价法

　　C.最低费用选择法

　　D."成本—效益"分析法

8.在成本递减行业，为了使企业基本保持收支平衡，采用的公共定价方法是(　　)。

　　A.最低费用选择法　　B.二部定价法

　　C.平均成本定价法　　D.负荷定价法

9.按照政府对财政支出的控制能力，财政支出可分为可控性支出和不可控性支出，其中可控制性支出包括(　　)。
A. 失业救济　　　　　　B. 养老金食品补贴
C. 债务利息支出　　　　D. 政务消费

10. 下列支出中，属于预防性支出的有(　　)。
A. 国防支出　　　　　　B. 经济建设支出
C. 文教支出　　　　　　D. 社会福利支出

11. 当政府购买性支出减少时，产生的结果是(　　)。
A. 劳动力的工资提高
B. 直接减少社会总需求
C. 形成经济繁荣
D. 价格上升，利润提高

12. 转移性支出侧重执行的财政职能是(　　)。
A. 资源配置职能　　　　B. 收入分配职能
C. 经济稳定职能　　　　D. 经济发展职能

13. 根据"公共劳务"收费法，对繁华地段的机动车停车收费应采取的政策是(　　)。
A. 免费　　　　　　　　B. 平价政策
C. 高价政策　　　　　　D. 低价政策

14. 根据"公共劳务"收费法，对铁路收费应采取的政策是(　　)。
A. 免费　　　　　　　　B. 平价政策
C. 高价政策　　　　　　D. 低价政策

15. 下列关于购买性支出的选项，不正确的是(　　)。
A. 对国民收入分配的影响是直接的
B. 对政府形成较强的效益约束
C. 对企业的预算约束较强
D. 执行资源配置职能较强

16. 财政支出按目的性分类可分为预防性支出和创造性支出，社会福利、行政部门支出属于(　　)。
A. 预防性支出
B. 创造性支出
C. 社会福利属于预防性支出，行政部门支出属于创造性支出
D. 社会福利属于创造性支出，行政部门支出属于预防性支出

17. 考核基本建设投资支出的效益时，应采用的方法是(　　)。
A. "成本—效益"分析法　B. 投入产出分析法
C. "公共劳务"收费法　　D. 最低费用选择法

18. 下面属于鲍莫尔的"非均衡增长模型"的观点是(　　)。
A. 政府职能不断扩大以及政府活动持续增加导致公共支出增长
B. 政府所征得的税收收入必然呈现不断增长的趋势，政府支出也随之上升

C. 公共支出逐步转向以教育、保健和社会福利为主的支出结构，使公共支出增长速度加快
D. 公共部门平均劳动生产率偏低导致其规模越来越大，其支出水平越来越高

19. 财政支出必须讲求效益，根本原因是(　　)。
A. 具有资源配置职能
B. 具有经济稳定职能
C. 具有收入分配职能
D. 社会经济资源的有限性

20. "政府活动扩张法则"的提出者是(　　)。
A. 皮考克和魏斯曼
B. 瓦格纳
C. 马斯格雷夫和罗斯托
D. 鲍莫尔

21. 在受价格管制的行业，如电力、燃气、电话等自然垄断行业，普遍采用的定价方法是(　　)。
A. 最低费用选择法　　　B. 二部定价法
C. 平均成本定价法　　　D. 负荷定价法

22. 企业亏损补贴的补贴环节是(　　)。
A. 流通环节　　　　　　B. 分配环节
C. 生产环节　　　　　　D. 消费环节

23. 我国现行《失业保险条例》对于事业单位的职工个人缴费的规定是(　　)。
A. 不用缴费
B. 按照本人工资的1%缴纳失业保险费
C. 按照本人工资的2%缴纳失业保险费
D. 按照本人工资的3%缴纳失业保险费

24. 我国养老保险实行的是社会统筹和个人账户相结合的筹资模式，基本上属于(　　)。
A. 现收现付式　　　　　B. 完全基金式
C. 部分基金式　　　　　D. 储蓄分红式

25. 下列关于财政投资的表述正确的是(　　)。
A. 政府投资完全是无偿拨款
B. 财政投资应侧重于项目的经济效益
C. 政府可以投资大型项目
D. 政府投资的资金来源都是无偿取得的

26. 财政补贴的性质是(　　)。
A. 实现某种特定的政治目标
B. 实现某种特定的经济目标
C. 实现某种特定的社会目标
D. 进行一种社会财富的再分配

27. 在我国财政预算中，作为冲减收入处理的补贴项目是(　　)。
A. 价格补贴　　　　　　B. 企业亏损补贴
C. 职工生活补贴　　　　D. 财政贴息

28. 财政补贴与社会保障支出的区别主要体现在(　　)。
　　A. 所实施的对象
　　B. 主体不同
　　C. 性质不同
　　D. 同相对价格体系的关系

29. 转移性支出对经济的影响是直接的有(　　)。
　　A. 生活补贴　　　　B. 企业亏损补助
　　C. 养老保险　　　　D. 失业救济

30. 国家物资储备支出属于(　　)。
　　A. 补偿性支出　　　B. 消费性支出
　　C. 积累性支出　　　D. 转移性支出

31. 对于财政支出增长趋势的解释，(　　)提出了"非均衡增长模型"。
　　A. 皮考克和魏斯曼　B. 马斯格雷夫和罗斯托
　　C. 瓦格纳　　　　　D. 鲍莫尔

32. 在经济学家关于财政支出增长的解释中，提出"经济发展阶段论"的是(　　)。
　　A. 瓦格纳　　　　　B. 皮考克
　　C. 马斯格雷夫　　　D. 魏斯曼

33. 在对那些只有社会效益，且其产品不能进入市场的支出项目进行财政支出效益分析时，应采用的方法是(　　)。
　　A. "成本—效益"分析法
　　B. 最低费用选择法
　　C. "公共劳务"收费法
　　D. 投入产出分析法

34. 下面项目中，属于特殊利益支出的是(　　)。
　　A. 国防支出　　　　B. 司法支出
　　C. 教育支出　　　　D. 行政管理支出

35. 某些具有正外部效应的产品，如果没有政府的干预，在市场上的数量是(　　)。
　　A. 供不应求　　　　B. 供过于求
　　C. 供求平衡　　　　D. 时多时少

36. 对于交通、教育等支出项目，在衡量和提高财政支出效益时应采取的方法是(　　)。
　　A. "成本—效益"分析法
　　B. 投入产出评价法
　　C. 最低费用选择法
　　D. "公共劳务"收费法

二、多项选择题
1. 下列选项中，正确的有(　　)。
　　A. 转移性支出直接影响社会生产
　　B. 购买性支出对政府的效益约束是较弱的
　　C. 购买性支出对企业的预算约束是较强的
　　D. 转移性支出执行收入分配的职能较强
　　E. 转移性支出对政府的效益约束是较强的

2. 下列支出中，属于一般利益支出的有(　　)。
　　A. 国防支出　　　　B. 企业补贴支出
　　C. 司法支出　　　　D. 医疗卫生支出
　　E. 债务利息支出

3. "公共收入增长导致论"的提出者是(　　)。
　　A. 马斯格雷夫　　　B. 瓦格纳
　　C. 皮考克　　　　　D. 鲍莫尔
　　E. 魏斯曼

4. 下列项目中，适宜用公共劳务收费法衡量和提高财政支出效益的是(　　)。
　　A. 公园　　　　　　B. 公路
　　C. 医疗　　　　　　D. 国防支出
　　E. 教育

5. 按财政支出在社会再生产中的作用分类，可以把财政支出分为(　　)。
　　A. 生产性支出　　　B. 补偿性支出
　　C. 积累性支出　　　D. 消费性支出
　　E. 非生产性支出

6. 下列关于平价政策的说法，正确的有(　　)。
　　A. 可以促进社会成员节约使用相应的"公共劳务"
　　B. 适用于从全社会的利益来看，需要特别鼓励使用的"公共劳务"
　　C. 为政府进一步改进和提高"公共劳务"的水平提供费用
　　D. 可以通过收费弥补提供"公共劳务"的相应耗费
　　E. 适用于如公路、公园、铁路、医疗等"公共劳务"

7. 下列项目属于公共定价法的有(　　)。
　　A. 平均成本定价法
　　B. 最低费用选择法
　　C. "公共劳务"收费法
　　D. 二部定价法
　　E. 负荷定价法

8. 下列项目中，属于不可控性支出的有(　　)。
　　A. 失业救济　　　　B. 食品补贴
　　C. 教育支出　　　　D. 医疗卫生支出
　　E. 对地方政府的补贴

9. 下列关于购买性支出和转移性支出对经济影响的说法，正确的有(　　)。
　　A. 购买性支出对社会的就业有直接的影响
　　B. 转移性支出会对国民收入分配产生直接的影响
　　C. 转移性支出对政府形成较强的效益约束
　　D. 购买性支出对政府形成较强的效益约束

E. 购买性支出对微观经济主体的预算约束是软的

10. 关于财政支出"成本—效益"的分析方法，表述正确的是(　　)。

A. 选择使用最少的费用就可以达到财政支出目的的方案

B. 根据国家所确定的建设目标，提出实现该目标的各种方案

C. 计算出各种方案的全部预期成本和全部预期效益

D. 通过计算"成本—效益"的比率比较不同项目或方案的效益

E. 通过制定合理的价格与收费标准对公共劳务有效节约使用

11. 对于财政支出增长现象的解释，比较有影响的是(　　)。

A. 皮考克的"公共收入增长引致论"

B. 瓦格纳的"政府活动扩张法则"

C. 凯恩斯的"国家干预理论"

D. 鲍莫尔的"非均衡增长模型"

E. 马斯格雷夫的"经济发展阶段论"

12. 积累性支出包括(　　)。

A. 基本建设支出　　　B. 企业挖潜改造支出

C. 国家物资储备支出　D. 生产性支农支出

E. 国防支出

13. 按照财政支出的经济性质分类，可以分为(　　)。

A. 购买性支出　　　B. 补偿性支出

C. 转移性支出　　　D. 消费性支出

E. 积累性支出

14. 按照财政支出的控制能力分类，财政支出可分为(　　)。

A. 可控制性支出　　B. 预防性支出

C. 特殊利益支出　　D. 创造性支出

E. 不可控制性支出

15. 按照财政支出的受益范围来分类，财政支出可分为(　　)。

A. 可控制性支出　　B. 预防性支出

C. 特殊利益支出　　D. 一般利益支出

E. 不可控制性支出

16. 下列属于转移性支出的有(　　)。

A. 政府部门用于补贴

B. 政府部门用于债务利息

C. 政府部门用于行政管理费支出

D. 政府部门用于社会保障

E. 政府部门用于各项事业的经费支出

17. 购买性支出增加，转移性支出减少，导致的结果是(　　)。

A. 增加社会总需求　　B. 减少社会总需求

C. 社会生产膨胀　　　D. 社会生产萎缩

E. 经济繁荣

18. 财政的实物补贴主要体现在(　　)。

A. 职工副食品补贴

B. 农副产品价格补贴

C. 农业生产资料价格补贴

D. 财政贴息

E. 税收支出

19. 公用经费包括(　　)。

A. 设备购置费　　　B. 离退休人员费用

C. 业务费　　　　　D. 工作人员差旅费

E. 修缮费

20. 目前我国社会养老保险的覆盖范围包括(　　)。

A. 国有企业职工　　B. 集体企业职工

C. 私营企业职工　　D. 城镇个体户的帮工

E. 农村集体经济中的农民

21. 以下属于公共产品的是(　　)。

A. 住房　　　　　　B. 高等教育

C. 国防　　　　　　D. 食品

E. 法律设施

22. 调整产业结构的途径有(　　)。

A. 调整投资结构

B. 调整价格体系

C. 调整分配制度

D. 改变现有企业的生产方向

E. 调整预算结构

23. 下列项目中，属于不可控制性支出的有(　　)。

A. 社会保障支出

B. 债务利息支出

C. 基本建设支出

D. 对地方政府的补贴

E. 流动资金支出

参考答案及解析

一、单项选择题

1. **【答案】** A

【解析】 在社会总需求中，占主要地位的是个人消费需求。

2. **【答案】** B

【解析】 消费性支出是财政用于社会共同消费方面的支出。属于消费性支出的项目主要包括：文教科学卫生事业费、抚恤和社会救济费、行政管理费、国防费等项目。

3.【答案】D

【解析】当购买性支出减少时，导致社会生产的萎缩，形成经济萎缩的局面。

4.【答案】B

【解析】根据马克思在《哥达纲领批判》中阐述的共产主义第一阶段的社会产品分配原理——扣除用来扩大生产的追加部分形成积累基金，用来应付不幸事故、自然灾害等的后备基金或保险基金就属于积累基金。

5.【答案】A

【解析】免费和低价政策，可以促进社会成员最大限度地使用这些"公共劳务"，使之获得极大的社会效益。

6.【答案】B

【解析】补偿性支出是用于补偿生产过程中消耗掉的生产资料方面的支出。目前，属于补偿性支出的项目，只剩下企业挖潜改造支出一项。

7.【答案】B

【解析】公共定价法为市政府相关管理部门通过一定的程序和规则制定提供公共物品的价格和收费标准的方法，它是政府保证公共物品供给和实施公共物品管理的一项重要职责。

8.【答案】C

【解析】在成本递减行业，为了使企业基本保持收支平衡，采用的公共定价方法是平均成本定价法。

9.【答案】D

【解析】不可控制性支出可解释为根据现行法律、法规所必须进行的支出，也就是说，在法律和法规的有效期内，必须按规定准时如数支付，不得随意停付或逾期支付，也不得任意削减其数额，即表现为刚性很强的支出，主要包括失业救济、养老金食品补贴、债务利息支出、对地方政府的补贴等项支出。与此相反，可控制性支出可解释为不受法律和契约的约束，可由政府部门根据每个预算年度的需要分别决定或加以增减的支出，即弹性较大的支出。

10.【答案】A

【解析】预防性支出是指用于维持社会秩序和保卫国家安全，不使其受到国内外敌对力量的破坏和侵犯，以保障人民生命财产安全与生活稳定的支出。这类支出主要包括国防、司法、公安与政府行政部门的支出。

11.【答案】B

【解析】政府购买性支出的减少，往往会通过直接或间接减少社会总需求，从而导致社会生产的萎缩，减少国民收入，形成经济萎缩的局面。

12.【答案】B

【解析】以购买性支出占较大比重支出结构的财政活动，执行资源配置的职能较强；以转移性支出占较大比重的支出结构的财政活动，执行国民收入分配的职能较强。

13.【答案】C

【解析】根据"公共劳务"收费法，对繁华地段的机动车停车收费应采取的政策是高价政策。

14.【答案】B

【解析】根据"公共劳务"收费法，对铁路收费应采取的政策是平价政策。

15.【答案】A

【解析】购买性支出对于社会的生产和就业有直接的影响。

16.【答案】D

【解析】预防性支出主要包括国防、司法、公安与政府行政部门的支出。创造性支出则主要包括经济、文教、卫生和社会福利等项支出。因此，社会福利支出属于创造性支出，行政部门支出属于预防性支出。

17.【答案】A

【解析】"成本—效益"分析法的基本原理是：根据国家所确定的建设目标，提出实现该目标的各种方案，对这些可供选择的方案，用一定的方法计算出各方案的全部预期成本和全部预期效益，通过计算"成本—效益"的比率，来比较不同项目或方案的效益，选择最优的支出方案，据此支拨和使用财政资金。这种方法，特别适用于对财政支出中有关投资性支出项目的分析。

18.【答案】D

【解析】鲍莫尔的"非均衡增长模型"的观点包括：(1)生产率增加缓慢的部门，其产品的单位成本不断增加，而生产率不断提高的部门，其产品的单位成本或是维持不变，或是不断下降；(2)如果消费者对生产率增加缓慢部门的产品需求富有弹性，该部门的产品产量将越来越少，甚至可能停产；(3)如果要维持生产率较低部门的产品在整个国民经济中的比重，必须使生产力不断涌入该部门；(4)如果要维持两个部门的均衡增长，政府部门的支出只能增加，同时也会导致整个经济增长率的不断降低。根据以上观点，最后得出结论，生产率偏低的政府部门的规模必然越来越大，其支出水平也会越来越高。

19.【答案】D

【解析】财政支出必须讲求效益，其根本原因在于社会经济资源的有限性。

20.【答案】B

【解析】19世纪的德国经济学家瓦格纳认为，现代工业的发展会引起社会进步的要求，社会进步必然导致国家活动的增长，由此发现了"政府职能不断扩大以及政府活动持续增加的规律"并将其命名为"政府活动扩张法则"。瓦格纳得出结论：政府活动不断扩张所带来的公共支出不断增长，是社会经济发展的一个客观规律。

21.【答案】B

【解析】二部定价法是由两种要素构成的定价体系：一是与使用量无关的按月或按年支付的"基本费"；二是按使用量支付的"从量费"。因此，二部定价法是定额定价和从量定价相结合的定价体系。由于二部定价法具有以收支平衡为条件实现经济福利最大化的性质，所以现在几乎所有受价格管制的行业(电力、燃气、电话等自然垄断行业)都普遍采用这种定价方法。

22.【答案】C

【解析】企业亏损补贴是在生产环节上的补贴，而价格补贴则是在流通环节上的补贴。

23.【答案】B

【解析】按照规定，城镇企业、事业单位要按照单位工资总额的2%缴纳失业保险费；职工个人要按照本人工资的1%缴纳失业保险费，但城镇企业、事业单位招用的农民合同制工人本人不缴纳失业保险费。

24.【答案】A

【解析】目前，我国养老保险实行社会统筹和个人账户相结合的筹资模式，基本属于现收现付式。

25.【答案】C

【解析】政府投资并不意味着完全无偿拨款，国际经验表明，将财政融资的良好信誉与金融投资的高效运作有机结合起来，进行融资和投资，是发挥政府在基础产业部门投融资作用的最佳途径。政府投资要顾及经济的社会效益，可以从事社会效益好而经济效益一般的投资。政府投资资金来源多半是无偿的，可以投资于

大型项目和长期项目。

26.【答案】D

【解析】补贴的性质是通过财政资金的无偿补助而进行的一种社会财富的再分配。

27.【答案】B

【解析】价格补贴与企业亏损补贴在很长一个时期内不是作为支出项目列入财政支出的，而是直接冲减收入，1986年以后价格补贴改为在支出中列支，企业亏损补贴依然是直接冲减收入。

28.【答案】D

【解析】财政补贴与社会保障支出的区别主要体现在同相对价格体系的关系上。

29.【答案】B

【解析】转移性支出对经济的影响是直接的只有企业亏损补助，而生活补贴、养老保险、失业救济都是间接影响。

30.【答案】C

【解析】积累性支出主要包括：基本建设支出、流动资金支出、国家物资储备支出等。

31.【答案】D

【解析】财政支出增长趋势的解释包括瓦格纳的"政府活动扩张法则"、皮考克和魏斯曼的"公共收入增长导致论"、马斯格雷夫和罗斯托的"经济发展阶段论"、鲍莫尔的"非均衡增长模型"。

32.【答案】C

【解析】马斯格雷夫和罗斯托提出"经济发展阶段论"，用于解释公共支出增长的原因。

33.【答案】B

【解析】对于那些只有社会效益，且其产品不能进入市场的支出项目(国防支出)，采用最低费用选择法。

34.【答案】C

【解析】特殊利益支出包括教育支出、医疗卫生支出、企业补贴支出、债务利息支出等。

35.【答案】A

【解析】外部效应是某个人行为的个人成本不等于社会成本，个人收益不等于社会收益。外部效应有正、负之分。正外部性是指私人成本大于社会成本，私人收益小于社会收益，具有正外部效应的产品，人们都愿意享用。不愿意提供，所以最终导致该产品供不应求。

36.【答案】D

【解析】对于那些既有社会效益，又有经济效

益，但其经济效益又难以直接衡量，而其产品可以全部或部分进入市场的支出项目(交通、教育等支出)，应采用"公共劳务"收费法来衡量和提高财政支出的效益。

二、多项选择题

1.【答案】CD
【解析】购买性支出对于社会的生产和就业有直接的影响，但对国民收入分配的影响则是间接的，而转移性支出对生产和就业的影响是间接的。通过购买性支出体现出的财政分配活动对政府形成较强的效益约束，而转移性支出体现出的财政分配活动对政府的效益约束是较弱的。

2.【答案】AC
【解析】一般利益支出：全体社会成员均可享受其所提供的利益支出，如国防支出、司法支出、行政管理支出等。特殊利益支出：对社会中某些特定居民或企业给予特殊利益的支出，如教育支出、医疗卫生支出、企业补贴支出、债务利息支出。

3.【答案】CE
【解析】在西方财政经济理论界，对于财政支出增长现象的解释，值得作为重点提及的主要有以下几种：瓦格纳的"政府活动扩张法则"、皮考克和魏斯曼的"公共收入增长导致论"以及马斯格雷夫和罗斯托的"经济发展阶段论"。

4.【答案】ABCE
【解析】从全社会的利益来看，无须特别鼓励使用，又无必要特别加以限制使用的"公共劳务"，如公路、公园、铁路、医疗等，适宜用公共劳务收费法衡量和提高财政支出效益；另外教育也适宜用公共劳务收费法衡量和提高财政支出效益，因此选项ABCE正确。国防支出适宜用最低费用选择法衡量效益，因此排除选项D。

5.【答案】BCD
【解析】按财政支出在社会再生产中的作用分类，财政支出可以分为补偿性支出、消费性支出和积累性支出。

6.【答案】ACDE
【解析】平价政策，可以用收取的费用弥补该项"公共劳务"的人力、物力耗费。从消费方面来说，可以促进社会成员节约使用该项"公共劳务"；从提供方面来说，政府有了进一步改进和提高"公共劳务"水平的费用。平价政策一般适用于从全社会的利益来看，是无须特别鼓励使用，又无必要特别加以限制使用的"公共劳

务"，如公路、公园、铁路、医疗等。

7.【答案】ADE
【解析】公共定价法一般包括平均成本定价法、二部定价法和负荷定价法。

8.【答案】ABE
【解析】不可控性财政支出一般包括两类：一类是国家法律已经明确规定了的个人享受的最低收入保障和社会保障，如失业救济、养老金、食品补贴等；另一类是政府遗留义务和以前年度设置的固定支出项目，如债务利息支出、对地方政府的补贴等。

9.【答案】ABD
【解析】(1)购买性支出对社会的生产和就业有直接的影响，但对国民收入分配的影响是间接的；转移性支出对生产和就业的影响是间接的，对国民收入分配产生的影响则是直接的。
(2)通过购买性支出体现出的财政分配活动对政府形成较强的效益约束；转移性支出体现出的财政分配活动对政府的效益约束是较弱的。
(3)购买性支出对微观经济主体的预算约束是硬的；而转移支出对微观经济主体的预算约束是软的。
(4)以购买性支出占较大比重的支出结构的财政活动，执行资源配置的职能较强；以转移性支出占较大比重的支出结构的财政活动，执行国民收入分配的职能较强。

10.【答案】BCD
【解析】"成本—效益"分析的基本原理是：根据国家所确定的建设目标，提出实现该目标的各种方案，对这些可供选择的方案，用一定的方法计算出各方案的全部预期成本和全部预期效益，通过计算"成本—效益"的比率，来比较不同项目或方案的效益，选择最优的支出方案，据此支拨和使用财政资金，这种方法特别适用于对财政支出中的有关投资性支出项目进行分析。

11.【答案】ABE
【解析】在西方财政经济理论界，对于财政支出增长现象的解释，值得作为重点提及的主要有以下几种：瓦格纳的"政府活动扩张法则"、皮考克和魏斯曼的"公共收入增长导致论"以及马斯格雷夫和罗斯托的"经济发展阶段论"。

12.【答案】ACD
【解析】积累性支出是财政直接增加社会物质财富及国家物资储备的支出，其中，主要包括

基本建设支出、流动资金支出、国家物资储备支出、生产性支农支出等项。

13.【答案】AC

【解析】按照财政支出的经济性质分类，可以将财政支出分为购买性支出和转移性支出。

14.【答案】AE

【解析】按照政府对财政支出的控制能力划分，财政支出可以分为可控制性支出和不可控制性支出。

15.【答案】CD

【解析】按财政支出的受益范围分类，全部财政支出可以分为一般利益支出和特殊利益支出。

16.【答案】ABD

【解析】转移性支出包括政府部门用于补贴、债务利息、社会保障等方面的支出。

17.【答案】ACE

【解析】随着政府购买性支出的增加，此时相应的转移性支出减少，往往会通过直接或间接刺激社会总需求的增加，导致社会生产的膨胀，形成经济繁荣的局面。

18.【答案】BC

【解析】在我国的现实生活中，现金补贴主要有职工副食品补贴等；实物补贴则主要体现在对农副产品的价格补贴、农业生产资料价格补贴等方面。

19.【答案】ACDE

【解析】按费用要素分类，行政管理费包括人员经费和公用经费两大类。人员经费主要包括工资、福利费、离退休人员费用及其他。公用经费包括公务费、修缮费、设备购置费和业务费。

20.【答案】ABCD

【解析】社会养老保险的覆盖范围包括国有企业、城镇集体企业、私营企业、股份制企业、外商投资企业的职工以及城镇个体工商户的帮工，还有城镇个体工商户本人、私营企业主、自由职业者。

21.【答案】CE

【解析】公共产品的理论是抽象的，在实践中通常作为例子的是国防。但通常把法律设施、环境保护、行政管理服务、基础科学研究等也视作公共产品。题目中的高等教育属于准公共产品，而住房、食品等则一般被视为私人物品。

22.【答案】AD

【解析】调整产业结构有两条途径：一是调整投资结构；二是改变现有企业的生产方向，即调整资产的存量结构，进行资产重组，来调整产业结构。

23.【答案】ABD

【解析】不可控制性财政支出一般包括两类：一类是国家法律已经明确规定的个人享受的最低收入保障和社会保障，如失业救济、养老金、食品补贴等；另一类是政府遗留义务和以前年度设置的固定支出项目，如债务利息支出、对地方政府的补贴等等。

第三章　税收理论

　　本章的主要内容包括税收概述、税收原则、税法与税制、税收负担以及国际税收，其中税收原则的内容需要重点掌握。

　　分析近年来的考试情况，税收的概念及含义、税收的本质和职能，制定税收原则的依据、古典税收原则以及现代税收原则是考查的重点。

📖 本章重要考点分析

　　本章涉及16个考点，在历年考试中主要是以单项选择题和多项选择题的形式进行考查，如图3-1所示。

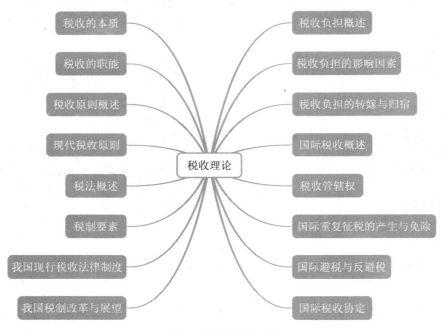

图3-1　税收理论考点

 本章近三年题型及分值总结

　　本章内容在近三年的考试中以单项选择题和多项选择题的考查形式为主，如表3-1所示。

表3-1　税收理论题型及分值

年　份	单项选择题	多项选择题	案例分析题
2014年	4题	1题	0题
2013年	5题	2题	0题
2012年	5题	2题	0题

第一节 税收概述

税收表现了国家与纳税人在征税、纳税和利益分配上的一种特殊关系。税收的本质体现着作为权利主体的国家，在取得财政收入的分配活动中，同社会集团、社会成员之间所形成的一种特定分配关系，它是整个社会产品分配关系的有机组成部分，也是整个社会生产关系的有机组成部分。

 思维导图

该节涉及多个知识点和概念，如图3-2所示。

图3-2 税收概述

 知识点测试

【2014年单选题】税收分配的主要目的是（ ）。

A. 满足企业发展需要

B. 满足社会公共需要

C. 调节经济结构

D. 满足人民生活需要

【答案】B

【解析】税收是为满足社会公共需要，依据其社会职能，按照法律规定参与国民收入中剩余产品分配的一种规范形式。税收分配的主要目的是满足社会公共需要。

【例题 单选题】税收的本质是（ ）。

A. 税收仅仅是一种取得财政收入的工具

B. 税收能调节国民经济分配格局

C. 税收体现了国家同社会集团、社会成员之间的特定分配关系

D. 税收能监督国民经济运行

【答案】C

【解析】税收的本质体现着作为权力主体的国家，在取得财政收入的分配活动中，同社会集团、社会成员之间形成的一种特定分配关系。

【例题 单选题】税收的首要职能是（ ）。

A. 财政职能　　　　　B. 经济职能

C. 监督职能　　　　　D. 调控职能

【答案】A

【解析】财政职能是税收的首要职能和基本职能。

第二节 税收原则

税收原则是政府制定税收制度，执行税收职能应遵循的基本指导思想和基本规则，是税务行政和管理应遵循的理论标准和准则，是一定社会经济关系在税制建设中的反映，其核心是如何使得税收关系适应一定的生产关系的要求，它体现了政府征税的基本思想。

税收原则理论是税收理论的重要组成部分和核心问题。要实现税收分配的目的必须有税收原则作保证，或者说必须在税收原则的指导下，税收才能真正发挥其职能，实现其目的，而这一过程是通过税收制度的制定和执行来完成的，所以，税收原则是建立科学的税收制度的依据，也是评价税收制度优劣以及考核税务行政管理状况好坏的理论标准。

 思维导图

该节涉及多个知识点和概念，如图3-3所示。

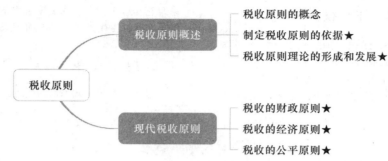

图3-3　税收原则

知识点测试

【2014年单选题】税收的纵向公平是指(　　)。

A. 排除特权阶层免税

B. 自然人和法人均需纳税

C. 公私经济均等征税

D. 对不同境遇的人课征不同的税收

【答案】D

【解析】(1)横向公平(水平公平)，即对相同境遇的纳税人课征相同的税收；(2)纵向公平(垂直公平)，即对不同境遇的纳税人课征不同的税收。

【2013年多选题】税收的经济原则包括(　　)。

A. 财政原则　　　　　B. 配置原则

C. 效率原则　　　　　D. 公平原则

E. 弹性原则

【答案】BC

【解析】税收的经济原则包括配置原则和效率原则。

【2013年单选题】通过征税获得的收入要能满足一定时期财政支出的需要，体现的税收原则是(　　)。

A. 弹性原则　　　　　B. 充裕原则

C. 便利原则　　　　　D. 节约原则

【答案】B

【解析】充裕原则是指通过征税获得的收入要充分，能满足一定时期财政支出的需要。

【2012年单选题】关于税收效率原则的说法，错误的是(　　)。

A. 税收要有利于资源的有效配置

B. 税收要有利于经济机制的有效运行

C. 税收负担要公平合理地分配

D. 征收费用要节省

【答案】C

【解析】税收效率原则就是要求国家征税要有利于资源的有效配置和经济机制的有效运行，提高税务行政的管理效率。税收效率原则可分为：(1)税收的经济效率原则，税收应有利于资源的有效配置和经济的有效运行，检验税收经济效率原则的标准是税收额外负担最小化和额外收益最大化；表现在税收上，就是国家税收不应对经济行为产生干预；(2)税收本身的效率原则，是指节约税收的行政费用的原则，其基本要求是以最小的税收成本取得最大的税收收入。

【2010年单选题】下列征税行为中，体现了税收横向公平原则的是(　　)。

A. 对经济条件相同的纳税人同等征税

B. 对经济条件不同的纳税人区别征税

C. 对经济条件相同的纳税人区别征税

D. 对经济条件不同的纳税人同等征税

【答案】A

【解析】横向公平，又称"水平公平"，是指对相同境遇的人课征相同的税收。

【2010年多选题】税收的公平原则包括(　　)。

A. 普遍原则　　　　　B. 效率原则

C. 平等原则　　　　　D. 确定原则

E. 节约原则

【答案】AC

【解析】税收的公平原则是指税收负担应公平合理地分配于全体社会成员之间。该原则被瓦格纳称为"社会正义原则"。税收公平原则应包括两方面内容：普遍原则和平等原则。

【例题 多选题】19世纪德国经济学家瓦格纳提出的税收原则包括(　　)。

A. 财政政策原则　　　B. 国民经济原则

C. 社会公平原则　　　D. 税务行政原则

E. 适应国家本质的原则

【答案】ABCD

【解析】瓦格纳提出的税收原则包括财政政策

原则、国民经济原则、社会公平原则、税务行政原则。

【例题 单选题】 税收收入应能随着财政支出的需要进行调整，体现了税收的(　)。

A. 便利原则　　　B. 配置原则
C. 经济原则　　　D. 弹性原则

【答案】 D

【解析】 税收收入应能随着财政支出的需要进行调整，体现了税收的弹性原则。

【例题 多选题】 财政原则是税制建设的重要原则，其内容有(　)。

A. 充裕原则　　　B. 弹性原则
C. 便利原则　　　D. 效率原则
E. 节约原则

【答案】 ABCE

【解析】 财政原则是税制建设的重要原则，其内容有充裕原则、弹性原则、便利原则和节约原则。

【例题 单选题】 在当代西方税收学界看来，设计和实施税收制度的最重要的原则是(　)。

A. 公平原则　　　B. 经济原则
C. 效率原则　　　D. 财政原则

【答案】 A

【解析】 税收的公平原则指税收负担应公平合理地分配于全体社会成员之间。该原则被瓦格纳称为“社会正义原则”。在当代西方税收学界看来，税收公平原则是设计和实施税收制度的最重要的原则，该原则指国家征税要使各个纳税人承受的负担与其经济状况相适宜，并使各个纳税人之间的负担水平保持均衡。

【例题 单选题】 历史上第一次提出税收原则的是(　)。

A. 威廉·配第　　　B. 攸士第
C. 亚当·斯密　　　D. 瓦格纳

【答案】 A

【解析】 威廉·配第在其所著的《赋税论》和《政治算数》中，较为深入地研究了税收问题并第一次提出了税收原则的理论，他将这一理论称为“税收标准”，并提出了“公平”、“简便”、“节省”三条标准。

第三节　税法与税制

税和法历来是不可分割的，有税必有法，无法便无税，税法是税收的表现形式，税收必须以税法为依据和保障。

税法是由国家权力机关或其授权的行政机关制定的调整税收关系的法律规范的总称，是国家税务征管机关和纳税人从事税收征收管理与缴纳活动的法律依据。

 思维导图

该节涉及多个知识点和概念，如图3-4所示。

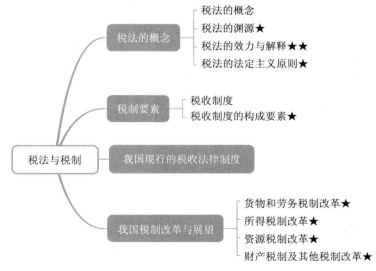

图3-4　税法与税制

知识点测试

【2014年多选题】税法的正式渊源包括(　　)。

A. 税收法律　　　　　B. 税收法规

C. 国际税收条约　　　D. 税收判例

E. 税收习惯

【答案】ABC

【解析】税法的正式渊源：宪法、税收法律、税收法规、部委规章和有关规范性文件、地方性法规、地方政府规章和有关规范性文件、自治条例和单行条例、国际税收条约或协定，因此ABC选项正确。税法的非正式渊源主要是指习惯、判例、税收通告等，DE属于非正式渊源。

【2012年单选题】关于税法解释的说法，正确的是(　　)。

A. 税法立法解释不具有法律效力

B. 税法司法解释的主体是国家税务总局

C. 税法行政解释的主体是最高人民法院

D. 税法行政解释不能作为法庭判案的直接依据

【答案】D

【解析】(1) 立法解释。税收立法机关对所设立税法的正式解释。税收立法解释包括事前解释和事后解释。税收立法解释与被解释的税法具有同等法律效力。

(2) 行政解释。税法行政解释也称税法执法解释，是指国家税务行政执法机关按照法律的授权，在执法过程中对税收法律、法规、规章如何具体应用所作的解释。税法的行政解释在行政执法中一般具有普遍的约束力，但是不具备与被解释的税收法律、法规相同的效力，不能作为法庭判案的直接依据。

(3) 司法解释。税法的司法解释是指最高司法机关对如何具体办理税务刑事案件和税务行政诉讼案件所作的具体解释或正式规定。在我国，司法解释的主体职能是最高人民法院和最高人民检察院。它们的解释具有法的效力，可以作为办案和适用法律、法规的依据。

【2012年单选题】关于累进税率的说法，错误的是(　　)。

A. 在全额累进税率下，一定征税对象的数额只适用一个等级的税率

B. 在超额累进税率下，征税对象数额越大，适用税率越高

C. 对同一征税对象采用同一税率，按超额累进税率计算的应纳税额大于按全额累进税率计算的应纳税额

D. 按全额累进税率计算的应纳税额与按超额累进税率计算的应纳税额的差额为速算扣除数

【答案】C

【解析】累进税率是指随征税对象数额或相对比例的增大而逐级提高税率的一种递增等级税率，即按征税对象或相对比例的大小，划分为若干不同的征税级距，规定若干高低不同的等级税率。累进税率又可分为全额累进税率、超额累进税率、全率累进税率、超率累进税率、超倍累进税率等几种。其中使用时间较长和应用较多的是超额累进税率。

【2011年单选题】下列税法解释中，与被解释的税法具有同等法律效力的是(　　)。

A. 某市税务稽查局对《税务稽查工作规范》所作的解释

B. 某省地方税务局对《税务登记管理办法》所作的解释

C. 全国人大对《中华人民共和国个人所得税法》所作的解释

D. 某市国家税务局对《发票管理办法》所作的解释

【答案】C

【解析】立法解释是税收立法机关对所设立税法的正式解释。税收立法解释包括事前解释和事后解释。税收立法解释与被解释的税法具有同等法律效力。

【2011年单选题】关于税率的说法，错误的是(　　)。

A. 在比例税率下，纳税人均适用同一税率

B. 在累进税率下，征税对象数额越大，适用税率越高

C. 在定额税率下，应纳税额与商品销售价格无关

D. 按超额累进税率计算的应纳税额大于按全额累进税率计算的应纳税额

【答案】D

【解析】本题考查税率的基本形式。按超额累进税率计算的应纳税额小于按全额累进税率计算的应纳税额。

【2011年单选题】《税务登记管理办法》属于(　　)。

A. 税收法律

B. 税收法规

C. 部委规章和规范性文件

D. 地方性法规

【答案】C

【解析】部署规章和有关规范性文件，主要是指国务院所属的财政部、国家税务总局根据法律和国务院的行政法规，单独或联合发布的有关税收的规章和规范性文件，如国家税务总局发布的《税务登记管理办法》。

【2010年单选题】通过直接缩小计税依据的方式实现的减税免税属于(　　)。

A. 税率式减免

B. 税额式减免

C. 税基式减免

D. 税源式减免

【答案】C

【解析】税基式减免，是通过直接缩小计税依据的方式实现的减税免税，具体包括起征点、免征额、项目扣除以及跨期结转等。其中起征点是征税对象达到一定数额开始征税的起点；免征额是在征税对象的全部数额中免予征税的数额。起征点与免征额同为征税与否的界限，对纳税人来说，在其收入没有达到起征点或没有超过免征额的情况下，都不征税。

【2010年单选题】随着征税对象数额或相对比例的增大而逐级提高的税率基本形式是(　　)。

A. 比例税率　　　B. 累进税率

C. 定额税率　　　D. 累退税率

【答案】B

【解析】累进税率是指随征税对象数额或相对比例的增大而逐级提高税率的一种递增等级税率，即按征税对象或相对比例的大小，划分为若干不同的征税级距，规定若干高低不同的等级税率。累进税率又可分为全额累进税率、超额累进税率、全率累进税率、超率累进税率、超倍累进税率等几种。其中，使用时间较长和应用较多的是超额累进税率。

【2010年单选题】下列税种中，属于财产和行为税类的是(　　)。

A. 增值税　　　B. 营业税

C. 关税　　　D. 印花税

【答案】D

【解析】(1) 财产和行为税类，包括房产税、车船税、印花税、契税。主要是对某些财产和行为发挥调节作用。

(2) 货物和劳务税类，包括增值税、消费税、营业税。主要在生产、流通或者服务业中发挥调节作用。

(3) 特定目的税类，包括固定资产投资方向调节税(现已停征)、城市维护建设税、土地增值税、车辆购置税、耕地占用税、烟叶税。主要是为了达到特定目的，对特定对象和特定行为发挥调节作用。

【例题 多选题】在我国，税法的正式渊源包括(　　)。

A. 宪法

B. 税收法律

C. 税收通告

D. 税收法规

E. 习惯

【答案】ABD

【解析】税法的渊源即税法的法律渊源，一般是指税法的效力来源，即税收法律规范的存在和表现形式。税法的渊源主要就是成文法，包括宪法、法律、法规、规范性文件等国内法渊源和税收双边协定、国际公约等国际法渊源。

【例题 单选题】《中华人民共和国增值税暂行条例》是由(　　)制定的。

A. 全国人民代表大会

B. 财政部

C. 国务院

D. 国家税务总局

【答案】C

【解析】全国人大或人大常委会授权立法，如国务院经授权立法所制定的增值税、营业税、消费税、资源税等暂行条例。

第四节　税收负担

税收负担是指一定时期内纳税人因国家征税而承受的经济负担。税收负担可从两个方面来考察：从绝对的角度来看，它是指纳税人应支付给国家的税款额；从相对的角度来看，它是指税收负担率，即纳税人的应纳税额与其计税依据价值的比率。

税收负担是税收制度和税收政策的核心。从一定意义上来说，税收制度和税收政策制定的目的归根结底是为了解决两个问题：一是如何确定税收负担的总量；二是如何将税收负担总量进行合理的分配。

思维导图

该节涉及多个知识点和概念，如图3-5所示。

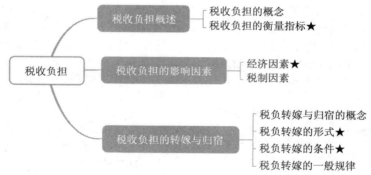

图3-5 税收负担

知识点测试

【2013年单选题】某企业年度收入总额为1000万元，利润总额为200万元，缴纳企业所得税30万元，该企业所得税税负率为( )。

A. 3%　　　　　　　B. 15%

C. 25%　　　　　　D. 30%

【答案】B

【解析】企业所得税负担率=实际缴纳的所得税额/同期实现的利润总额×100%=30/200=15%。

【2013年多选题】宏观税收负担的衡量指标包括( )。

A. 国民生产总值负担率

B. 国民收入负担率

C. 企业综合税收负担率

D. 企业流转税税负率

E. 纯收入直接税负率

【答案】AB

【解析】宏观税收负担的衡量指标是从宏观即全社会的角度来衡量税收负担的，综合、全面地反映一个国家税收负担的总体状况。具体是指全社会税收总额与社会产出总量或总经济规模的对比关系。衡量全社会经济活动总量比较通行的国际比较指标有两个：一是国民生产总值(GNP)或国内生产总值(GDP)；二是国民收入(NI)。

【例题 单选题】税收负担的最终归着点被称为( )。

A. 税负转嫁　　　　B. 税负归宿

C. 税收负担　　　　D. 税源

【答案】B

【解析】所谓税负归宿，是指税收负担的最终归着点。税收经过转嫁过程最终会把负担落在纳税人身上，这时税收的转嫁过程结束，税收负担也找到了其最终的归宿。

【例题 单选题】纳税人在进行商品交易时，通过提高价格的方式将其应负担的税款转移给最终消费者的税负转嫁形式称为( )。

A. 前转

B. 后转

C. 消转

D. 税收价格化

【答案】A

【解析】前转是指纳税人在进行商品交易时，通过提高价格的方法将其应负担的税款转移给最终消费者的税负转嫁形式。

【例题 多选题】影响税收负担的经济因素包括( )。

A. 经济发展水平

B. 税率

C. 一国的政治经济体制

D. 一定时期的宏观经济政策

E. 税收的减免政策

【答案】ACD

【解析】影响税收负担的经济因素包括经济发展水平、一国的政治经济体制和一定时期的宏观经济政策。

【例题 单选题】并未将税收负担转移给他人的税负转嫁形式是( )。

A. 前转

B. 后转

C. 消转

D. 税收价格化

【答案】C

【解析】消转，亦称"税收转化"，即纳税人对其所纳的税款既不向前转嫁也不向后转嫁，而是通过改善经营管理或改进生产技术等方法，自行消化税收负担。严格地说，消转并未将税收负担转移给他人，这是一种较为特殊的税负转嫁形式。

第五节　国际税收

国际税收是指两个或两个以上国家政府，因行使各自的征税权力，在对跨国纳税人进行分别征税而形成的征纳关系中所发生的国家之间的税收分配关系。这一概念包括以下几重含义：

(1) 国际税收不是一种独立的税种；
(2) 国际税收不能离开跨国纳税人。

 思维导图

该节涉及多个知识点和概念，如图3-6所示。

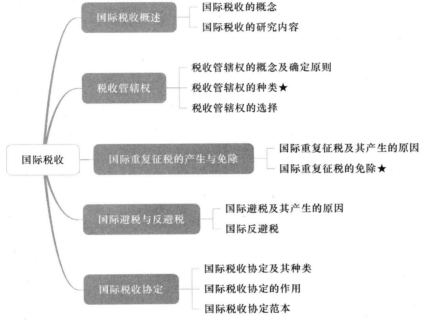

图3-6　国际税收

知识点测试

【2014年单选题】允许纳税人从其某种合乎奖励规定的支出中，以一定比率从其应纳税额中扣除，以减轻其税负的做法称为(　　)。

A. 税收豁免　　　　　　B. 税收抵免
C. 纳税扣除　　　　　　D. 盈亏相抵

【答案】B

【解析】税收豁免是指在一定期间内，对纳税人的某些所得项目或所得来源不予课税，或对其某些活动不列入课税范围等，以减轻其税收负担。税收抵免是指允许纳税人从其某种合乎奖励规定的支出中，以一定比率从其应纳税额中扣除，以减轻其税负。纳税扣除是指准许企业把一些合乎规定的特殊支出，以一定的比例或全部从应税所得中扣除，以减轻其税负。盈亏相抵是指准许企业以某一年度的亏损抵消以后年度的盈余，以减少以后年度的应纳税款或冲抵以前年度的盈余，申请退还以前年度已纳的部分税款。

【2013年单选题】A公司为甲国居民纳税人，2012年度来自甲国的所得为50万元，来自乙国所得为50万元，甲乙两国的税率分别为20%和30%。A公司已在乙国缴纳税款，甲国对本国居民来自境外的所得实行的免除重复征税方法为扣除法，A公司2012年度应向甲国缴纳所得税(　　)万元。

A. 10　　　　　　　　　B. 15
C. 17　　　　　　　　　D. 20

【答案】C

【解析】应向甲国缴纳所得税=50×20%+(50-50×30%)×20%=17万元。

【2012年单选题】李小姐为A国居民，2011年度在A国取得所得200万元，在B国取得所得100万元。已知A国税率为30%，对本国居民来自境外所得实行免税法；B国税率为20%。则李小姐应在A

国纳税(　　)万元。

    A. 10   B. 24   C. 60   D. 90

【答案】C

【解析】李小姐在A国应纳税=200×30%=60万元。

【2011年单选题】关于税收管辖权的说法，正确的是(　　)。

    A. 实行居民管辖权的国家有权对非本国居民来自于本国境内的所得征税

    B. 实行地域管辖权的国家有权对本国居民取得的境外所得征税

    C. 税收管辖权的交叉会产生国际重复征税

    D. 一国政府不能同时行使居民管辖权和地域管辖权

【答案】C

【解析】产生国际重复征税的根本原因是各国税收管辖权的交叉。

【2010年单选题】按照纳税人的国籍和住所为标准确定国家行使税收管辖权范围的原则称为(　　)。

    A. 属地主义原则

    B. 属人主义原则

    C. 属地兼属人主义原则

    D. 属人兼属地主义原则

【答案】B

【解析】属人主义原则是以纳税人的国籍和住所为标准确定国家行使税收管辖权范围的原则，即对该国的居民(自然人和法人)行使征税权力的原则。

【例题　单选题】A国居民王先生在B国取得所得100 000元，已知A国实行收入来源地管辖权，A国税率为20%；B国实行居民管辖权，B国税率为10%。A、B两国没有税收抵免的税收协定，则王先生这笔所得应纳税款为(　　)元。

    A. 0   B. 10 000

    C. 20 000   D. 30 000

【答案】A

【解析】A国居民王先生在B国取得所得，A国实行收入来源地管辖权，因此，该笔收入在A国不用交税；B国实行居民管辖权，王先生属于A国居民，在B国也不用交税。

【例题　单选题】国际税收研究涉及的主要税种是(　　)。

    A. 流转税和所得税

    B. 流转税和资源税

    C. 所得税和资源税

    D. 所得税和资本收益税

【答案】D

【解析】国际税收涉及的主要税种是所得税和资本收益税。

【例题　单选题】产生国际重复征税的根本原因在于各国(　　)。

    A. 政体的不同

    B. 主体税种的不同

    C. 关税税率的不同

    D. 税收管辖权的交叉

【答案】D

【解析】首先，产生国际重复征税的前提是纳税人在其居住国以外的其他国家获取收入，并且各国均征收所得税；其次，产生国际重复征税的根本原因是各国税收管辖权的交叉。此外，在各国都实行单一的税收管辖权时，由于各国对居民或收入来源地的认定标准不同，也会出现居民管辖权的交叉，或地域管辖权的交叉，从而会产生国际重复征税的情况。

考题预测及强化训练

一、单项选择题

1. 税收由国家征收，行使征收权的主体是(　　)。

    A. 税务机关   B. 国家

    C. 海关   D. 财政部

2. (　　)是税收首要的和基本的职能。

    A. 财政职能   B. 经济职能

    C. 监督职能   D. 实现公平分配

3. 税收的首要和基本目的是(　　)。

    A. 取得财政收入

    B. 实现公平分配

    C. 优化资源配置

    D. 满足社会公共需要

4. 最常见的税法失效方式是(　　)。

    A. 新法代替旧法

    B. 直接宣布废止

    C. 税法本身规定废止日期

    D. 授权地方政府自行确定失效日期

5. 在税法的解释中，不可以作为判案依据的是(　　)。

    A. 立法解释   B. 司法解释

    C. 行政解释   D. 事后解释

6. ( )是一种税区别于另一种税的主要标志。
   A. 税率　　　　　　　 B. 征税对象
   C. 征税范围　　　　　 D. 税目
7. ( )是税负转嫁最典型和最普遍的形式，多发生在商品和劳务课税上。
   A. 前转　　　　　　　 B. 后转
   C. 消转　　　　　　　 D. 税收资本化
8. 各国行使税收管辖权的最基本的原则是( )。
   A. 地域管辖权　　　　 B. 居民管辖权
   C. 属人主义原则　　　 D. 属地主义原则
9. 产生国际重复征税的根本原因是( )。
   A. 跨国所得的存在
   B. 各国对居民或收入来源地的认定标准不同
   C. 各国税收管辖权的交叉
   D. 各国对所得税的开征
10. ( )是国际避税产生的内在动机。
    A. 税收管辖权的重叠
    B. 跨国纳税人对利润的追求
    C. 各国税收制度的差别
    D. 税法的缺陷
11. 生产要素购买者将购买的生产要素未来应纳税款通过从购入价格中扣除的办法，向后转移给生产要素的出售者的一种形式属于( )。
    A. 前转　　　　　　　 B. 后转
    C. 消转　　　　　　　 D. 税收资本化
12. 在税收制度的基本要素中，能体现征税程度的是( )。
    A. 纳税人　　　　　　 B. 征税对象
    C. 税率　　　　　　　 D. 计税依据
13. 《中华人民共和国个人所得税法》是由( )制定的。
    A. 全国人民代表大会　 B. 财政部
    C. 国务院　　　　　　 D. 国家税务总局
14. 目前多数国家对税收管辖权的选择是( )。
    A. 只行使地域管辖权
    B. 只行使公民管辖权
    C. 同时行使地域管辖权和居民管辖权
    D. 只行使居民管辖权
15. "抵免法"是以承认( )为前提来消除国际重复征税的。
    A. 地域管辖权的独占地位
    B. 居民管辖权的独占地位
    C. 居民管辖权优于地域管辖权
    D. 地域管辖权优于居民管辖权
16. 甲国居民有来源于乙国的所得100万元，甲乙两

国的所得税率分别为33%，35%，甲国采用限额抵免法来消除国际重复征税，则这一抵免限额应为( )万元。
   A. 35　　　　　　　　 B. 33
   C. 34　　　　　　　　 D. 2
17. 下列关于税收本质的说法中错误的是( )。
    A. 税收体现了国家与纳税人的一种分配关系
    B. 税收的主体是国家
    C. 税收的客体是商品
    D. 税收的目的是为实现国家职能服务
18. 社会主义市场经济条件下的税收原则是( )。
    A. 财政、中性、稳定
    B. 财政、公平、经济
    C. 公平、效率、节约
    D. 确实、便利、省费
19. 国家税收不应对经济行为产生干扰，体现了税收的( )。
    A. 经济原则　　　　　 B. 资源配置原则
    C. 公平原则　　　　　 D. 稳定原则
20. 造成纳税人与负税人不一致的经济现象的原因有( )。
    A. 税负归宿　　　　　 B. 税负转嫁
    C. 减免税　　　　　　 D. 税收扣除
21. 下列关于税收原则的表述中正确的是( )。
    A. 税收的经济效率原则是指节约税收的行政费用
    B. 税收本身的效率原则是指税收应有利于资源的有效配置和经济的有效运行
    C. 税收的财政原则是税收的共同原则，在不同的社会制度下为不同阶级服务
    D. 税收的横向公平是对社会经济条件不同的纳税人区别征税
22. 下列关于税负转嫁的表述中正确的是( )。
    A. 前转是纳税人通过压低生产要素的进价从而将应缴纳的税款转嫁给生产要素的销售者或生产者负担的形式
    B. 后转是纳税人在进行商品或劳务的交易时通过提高价格的方法将其应负担的税款向后转移给商品或劳务的购买者或者最终消费者负担的形式
    C. 前转的发生一般是因为市场供求关系不允许纳税人提高商品价格所致
    D. 税收资本化主要发生在某些资本品的交易中
23. 关于国际避税产生的原因说法错误的是( )。
    A. 国际避税产生的具体原因有两个方面，即内在动机和外在条件

B. 跨国纳税人对利润的追求是国际避税产生的内在动机

C. 各国税收制度的差别和税法的缺陷是产生国际避税的外部条件

D. 税法的差异是国际避税产生的内在动机

24. 甲国居民有来源于乙国的所得100万元、丙国所得40万元，甲、乙、丙三国的所得税税率分别为50%，40%，30%。在分国抵免法下，甲国应对上述所得征收所得税为(　　)万元。

    A. 70　　　　　　　　B. 52

    C. 18　　　　　　　　D. 0

25. 下列关于税收抵免的说法不正确的是(　　)。

A. 对于同一经济实体的跨国纳税人所采用的解决重复征税的方法是直接抵免法

B. 直接抵免法适用于跨国母子公司之间的税收抵免

C. 税收抵免是处理国际重复征税问题的方法之一

D. 税收抵免分为直接抵免和间接抵免两种方法

二、多项选择题

1. 以下说法正确的有(　　)。

A. 在其他要素不变的情况下，征税对象的范围越大，税负水平越高

B. 在其他要素不变的情况下，税率越高，税负水平越高

C. 税收的附加是使税收负担减轻的因素

D. 减免税是减轻纳税人税收负担的因素

E. 以上都正确

2. 税收转嫁的形式有(　　)。

A. 提高产品价格转嫁给消费者

B. 压低原材料价格转嫁给供应者

C. 提高生产效率以自行消化税收负担

D. 税收的资本化

E. 提高原材料价格转嫁给供应者

3. 税负转嫁实现的条件是(　　)。

    A. 商品经济的存在　　　B. 剩余产品的出现

    C. 私有制的存在　　　　D. 自由的价格体制

    E. 市场经济体制的建立

4. 下列项目中，属于税收财政原则的有(　　)。

    A. 充裕原则　　　　　　B. 配置原则

    C. 节约原则　　　　　　D. 弹性原则

    E. 便利原则

5. 下列项目中，属于税法的非正式渊源的有(　　)。

    A. 习惯　　　　　　　　B. 判例

    C. 税收法规　　　　　　D. 国际税收条约或协定

    E. 税收通告

6. 税收管辖权的种类包括(　　)。

    A. 地域管辖权　　　　　B. 居民管辖权

    C. 属人主义原则　　　　D. 属地主义原则

    E. 跨国税收管辖

7. 税收制度的基本要素包括(　　)。

    A. 纳税人　　　　　　　B. 税率

    C. 征税对象　　　　　　D. 纳税期限

    E. 纳税环节

8. 税率的基本形式有(　　)。

    A. 比例税率　　　　　　B. 累进税率

    C. 定额税率　　　　　　D. 名义税率

    E. 实际税率

9. 下列项目中，属于税法的法定主义原则的有(　　)。

A. 课税要素法定原则

B. 课税要素明确原则

C. 课税程序合法原则

D. 经济效率原则

E. 国民经济原则

10. 下列属于国际反避税措施的有(　　)。

A. 禁止设立避税地

B. 税法的完善

C. 加强税务管理

D. 加强国际多边合作

E. 实施税收饶让制度

11. 下列关于税收本质的表述中正确的有(　　)。

A. 税收是国家、社会、集团、社会成员之间形成的特定分配关系

B. 税收分配的主体是国家

C. 税收分配的客体是税收收入

D. 税收分配的目的是为实现国家职能服务

E. 税收分配关系是社会整个生产关系的有机组成部分

12. 制定税收原则的依据主要包括(　　)。

    A. 政府支出水平　　　　B. 政府公共职能

    C. 社会生产力水平　　　D. 人均国民收入

    E. 生产关系状况

13. 甲国居民孟先生在乙国取得了劳务报酬所得100 000元，利息所得20 000元。已知甲国劳务报酬所得税率为20%，利息所得税率为10%；乙国劳务报酬所得税率为30%，利息所得税率为5%；甲、乙两国均实行居民管辖权兼收入来源地管辖权，两国之间签订了税收抵免协定，并实行分项抵免限额法，则下列表述中正确的为(　　)。

A. 上述所得在甲国不用缴纳所得税

B. 劳务报酬所得在甲国不用缴纳所得税, 利息所得需要在甲国缴纳所得税

C. 孟先生应在甲国补缴所得税1000元

D. 孟先生应在甲国补缴所得税11 000元

E. 孟先生应在甲国补缴所得税22 000元

14. 采用抵免法解决重复征税时, 对抵免限额规定的具体方法包括( )。

A. 分国抵免限额　　B. 综合抵免限额

C. 分项抵免限额　　D. 单一抵免限额

E. 分步抵免限额

15. 下列项目属于税负转嫁条件的有( )。

A. 社会分工的存在

B. 流转税交易转嫁

C. 商品经济的存在

D. 需求弹性较小商品的存在

E. 自由的价格体制

16. 解决国际重复征税的方法有( )。

A. 低税法　　　　B. 免税法

C. 扣除法　　　　D. 抵免法

E. 抵消法

参考答案及解析

一、单项选择题

1. 【答案】B

【解析】税收由国家征收, 行使征收权的主体是国家。

2. 【答案】A

【解析】财政职能也称为收入职能, 是指税收通过参与社会产品和国民收入的分配和再分配, 为国家取得财政收入的功能。从历史上来看, 税收自产生以来一直是国家组织财政收入的工具; 从当今世界各国来看, 税收都是各国取得财政收入的最主要形式, 许多国家税收收入已达到财政收入比重的90%以上, 可以说, 财政职能是税收首要的和基本的职能。

3. 【答案】D

【解析】税收原则是税收目的实现的保证, 而税收的首要和基本目的是为满足社会公共需要。

4. 【答案】A

【解析】最常见的税法失效方式是以新法代替旧法。

5. 【答案】C

【解析】税法行政解释也称税法执法解释, 是指国家税务行政执法机关按照法律的授权, 在执法过程中对税收法律、法规、规章如何具体应用所

作的解释。税法的行政解释在行政执法中一般具有普遍的约束力, 但是不具备与被解释的税收法律、法规相同的效力, 不能作为法庭判案的直接依据。

6. 【答案】B

【解析】征税对象也称征税客体, 是指对什么征税, 即国家征税的标的物。它规定了每一种税的征税界限, 是一种税区别于另一种税的主要标志。

7. 【答案】A

【解析】前转亦称"顺转", 是指纳税人在进行商品或劳务的交易时通过提高价格的方法将其应负担的税款向前转移给商品或劳务的购买者或最终消费者负担的形式。一般认为, 前转是税负转嫁的最典型和最普遍的形式, 多发生在商品和劳务课税上。

8. 【答案】D

【解析】属地主义原则是指以纳税人的收入来源地或经济活动所在地为标准确定国家行使管辖权的范围, 这是各国行使税收管辖权的最基本原则。

9. 【答案】C

【解析】首先, 产生国际重复征税的前提是纳税人在其居住国以外的其他国家获取收入, 并且各国均征收所得税。其次, 产生国际重复征税的根本原因是各国税收管辖权的交叉。此外, 在各国都实行单一的税收管辖权时, 由于各国对居民或收入来源地的认定标准不同, 也会出现居民管辖权或地域管辖权的交叉, 从而会产生国际重复征税问题。

10. 【答案】B

【解析】探究国际避税产生的具体原因主要有两个方面:

(1) 跨国纳税人对利润的追求是国际避税产生的内在动机;

(2) 各国税收制度的差别和税法的缺陷是产生国际避税的外部条件。

11. 【答案】D

【解析】税收资本化亦称"资本还原", 即生产要素购买者将购买的生产要素未来应纳税款, 通过从购入价格中扣除的方法, 向后转移给生产要素的出售者的一种形式。

12. 【答案】C

【解析】税率是应纳税额与征税对象数额(量)之间的法定比例, 是计算税额和税收负担的尺

度，体现征税的程度，是税收制度的中心环节，是税收制度中最活跃、最有力的因素。

13.【答案】A

【解析】全国人民代表大会和全国人大常委会负责制定税收法律，如《中华人民共和国企业所得税法》、《中华人民共和国个人所得税法》、《中华人民共和国税收征收管理法》等。

14.【答案】C

【解析】许多国家都认为收入来源地国家并不能独占征税权利，对于本国居民在他国取得的收入的征税权利并不想放弃，于是，在实行收入来源地管辖权的同时也实行居民管辖权。目前多数国家包括我国，都是同时实行属人和属地两类税收管辖权。

15.【答案】D

【解析】抵免法是指居住国政府对其居民的国外所得在国外已纳的所得税，允许从其应汇总缴纳的本国所得税税款中抵扣，税收抵免是承认收入来源地管辖权优先于居民管辖权的，是目前解决国际重复征税最有效的方法。

16.【答案】B

【解析】抵免限额=某一外国应税所得额×本国税率=100×33%=33万元。

17.【答案】C

【解析】税收的客体是社会产品。

18.【答案】B

【解析】社会主义市场经济条件下的税收原则包括财政原则、经济原则、公平原则。

19.【答案】A

【解析】税收的经济原则是指税制的建立应有利于保护国民经济，避免税收妨碍生产的消极作用，进而促进国民经济持续、均衡的发展，也就是说，国家税收不应该对经济行为产生干扰。

20.【答案】B

【解析】由于在微观层次上，存在商品劳务税的税负转嫁问题，纳税人缴纳的税收并不一定等于其承担的税负。

21.【答案】C

【解析】税收的经济效率原则，是指税收应有利于资源的有效配置和经济的有效运行。税收本身的效率原则，是指应节约税收的行政费用的原则。税收的财政原则是税收的共同原则，在不同的社会制度下为不同阶级服务。横向公平，又称"水平公平"，是指对社会经济条件相同的纳税人同等征税，即对支付能力相同的

人同等征税。

22.【答案】D

【解析】前转，亦称"顺转"，指纳税人在进行商品或劳务的交易时通过提高价格的方法将其应负担的税款向前转移给商品或劳务的购买者或最终消费者负担的形式。后转，亦称"逆转"，是指纳税人通过压低生产要素的进价从而将应缴纳的税款转嫁给生产要素的销售者或生产者负担的形式。后转的发生一般是因为市场供求条件不允许纳税人提高商品价格，使之不能采取前转的方式转移税收负担所致。税收资本化主要发生在某些资本品的交易中。

23.【答案】D

【解析】国际避税产生的具体原因主要有两个方面：一是内在动机；二是外在条件。其中，跨国纳税人对利润的追求是国际避税产生的内在动机；各国税收制度的差别和税法的缺陷是产生国际避税的外部条件。

24.【答案】C

【解析】在不考虑抵免的情况下，该居民需要向甲国缴纳的税款为(100+40)×50%=70万元。在分国抵免法下，该居民需要向甲国缴纳的所得税为70-100×40%-40×30%=18万元。

25.【答案】B

【解析】间接抵免适用于跨国母子公司之间的税收抵免，是指居住国政府对其母公司来自外国子公司股息的相应利润所缴纳的外国政府所得税，允许母公司在应缴本国政府所得税内进行抵免。

二、多项选择题

1.【答案】ABD

【解析】在其他因素既定的情况下，征税对象的范围和数额越大，税负水平越高；其他要素不变时，税率直接决定税负的高低，即税率越高，税收负担越重；税收的附加是使纳税人税收负担加重的税制因素；减免税是使纳税人税收负担减轻的因素。

2.【答案】ABCD

【解析】税负转嫁，也有经济学家称之为税收辗转，其基本形式有如下四种。

(1) 前转，亦称"顺转"，指纳税人在进行商品或劳务的交易时通过提高价格的方法将其应负担的税款向前转移给商品或劳务的购买者或最终消费者负担的形式。一般认为，前转是税负转嫁的最典型和最普遍的形式，多发生在商品和劳务课

税上。

(2) 后转，亦称"逆转"，指纳税人通过压低生产要素的进价从而将应缴纳的税款转嫁给生产要素的销售者或生产者负担的形式。

(3) 消转，亦称"税收转化"，即纳税人对其所纳的税款既不向前转嫁也不向后转嫁，而是通过改善经营管理或改进生产技术等方法，自行消化税收负担。严格地说，消转并未将税收负担转移给他人，这是一种较为特殊的形式。

(4) 税收资本化，亦称"资本还原"，即生产要素购买者将购买的生产要素未来应纳税款，通过从购入价格中扣除的方法，向后转移给生产要素的出售者的一种形式。

3. 【答案】AD

【解析】税负转嫁的条件是：

(1) 商品经济的存在；

(2) 自由的价格体制。

4. 【答案】ACDE

【解析】税收财政原则包括四个：(1)充裕原则；(2)弹性原则；(3)便利原则；(4)节约原则。

5. 【答案】ABE

【解析】税法的非正式渊源不能作为税收执法和司法的直接依据，但也对税收执法和司法具有一定的参考价值。在我国，税法的非正式渊源主要是指习惯、判例、税收通告等。

6. 【答案】AB

【解析】对应税收管辖权确立的属地主义和属人主义的不同原则，税收管辖权可分为收入来源地管辖权和居民管辖权。收入来源地管辖权亦称"地域管辖权"。

7. 【答案】ABC

【解析】税收制度的基本要素包括纳税人、税率和征税对象。

8. 【答案】ABC

【解析】税率的基本形式包括比例税率、累进税率和定额税率。

9. 【答案】ABC

【解析】税收法定主义的三个原则：(1)课税要素法定原则；(2)课税要素明确原则；(3)课税程序合法原则。

10. 【答案】BCD

【解析】国际反避税措施包括：(1)税法的完善；(2)加强税务管理；(3)加强国际多边合作。

11. 【答案】ABDE

【解析】税收表现了国家与纳税人在征税、纳税和利益分配上的一种特殊关系。税收的本质是：

(1) 税收的主体是国家；

(2) 税收的客体是社会产品；

(3) 税收是国家、社会、集团、社会成员之间形成的特定分配关系；

(4) 税收的目的是为实现国家职能服务；

(5) 税收分配关系是社会整个生产关系的有机组成部分。

12. 【答案】BCE

【解析】制定税收原则的依据包括：(1)政府公共职能。(2)社会生产力水平。(3)生产关系状况。

13. 【答案】BC

【解析】劳务报酬所得抵免限额=100 000×20%=20 000元；在乙国已纳税额30 000元，在甲国无须纳税。利息所得抵免限额=20 000×10%=2000元；在乙国已纳税额1000元，在甲国补税1000元。因此，正确答案是BC。

14. 【答案】ABC

【解析】抵免限额的规定具体有三种方法，即分国抵免限额、综合抵免限额、分项抵免限额。

15. 【答案】CE

【解析】税负转嫁的条件为：(1)商品经济的存在；(2)自由的价格体制。

16. 【答案】ABCD

【解析】解决国际重复征税的方法有低税法、免税法、扣除法、抵免法。

第四章　货物和劳务税制度

　　本章内容较多，包括增值税制、消费税制、营业税制、关税制，其中关税制是新增加的内容。另外，在增值税制一节中，交通运输业和部分现代服务业营业税改征增值税试点改革也是新增加的内容，考生需特别关注。

本章重要考点分析

　　本章涉及33个考点，在历年考试中多以单项选择题、多项选择题和案例分析题的形式出现，如图4-1和图4-2所示。

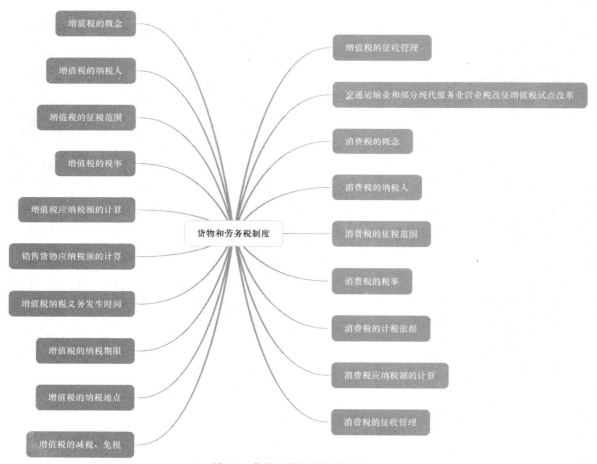

图4-1　货物和劳务税制度考点(1)

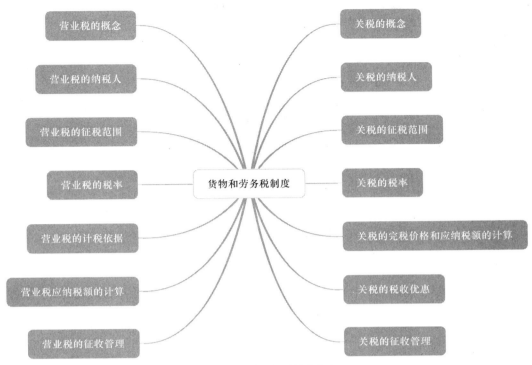

图4-2　货物和劳务税制度考点(2)

 本章近三年题型及分值总结

本章内容为历年考试的重点，近三年出现的题型包括单项选择题、多项选择题和案例分析题，如表4-1所示。

表4-1　货物和劳务税制度题型及分值

年　份	单项选择题	多项选择题	案例分析题
2014年	6题	2题	3题
2013年	7题	3题	4题
2012年	7题	2题	5题

第一节　增值税制

增值税是以从事销售货物或者提供加工、修理修配劳务以及进口货物的单位和个人取得的增值额为征税对象征收的一种税。

中华人民共和国境内销售货物或者提供加工、修理修配劳务以及进口货物的单位和个人，为增值税的纳税义务人，应当依法缴纳增值税。

增值税的征税范围是指在中华人民共和国境内销售的货物，提供加工、修理修配劳务以及进口的货物。

 思维导图

该节涉及多个知识点和概念，如图4-3、图4-4所示。

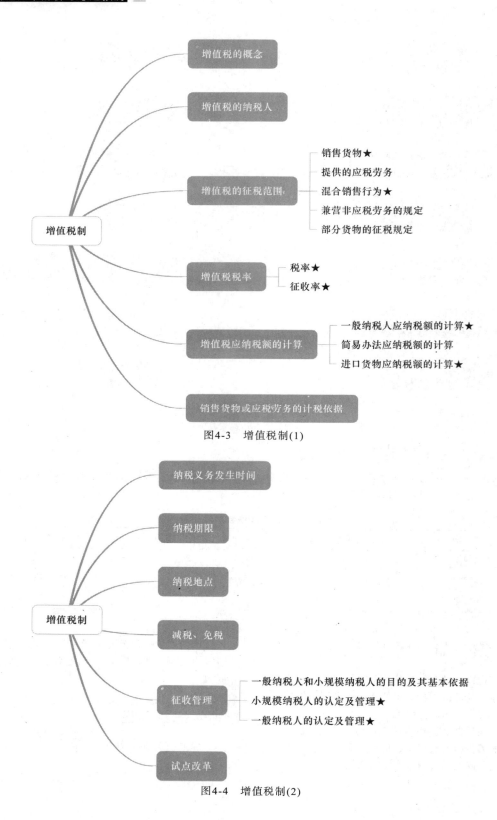

图4-3　增值税制(1)

图4-4　增值税制(2)

知识点测试

【2013年单选题】某制药厂为增值税一般纳税人，2013年7月销售抗生素药品，取得含税收入117万元，销售免税药品取得收入50万元，当月购进生产用原材料一批，取得增值税专用发票上注明的税款6.8万元，抗生素药品与免税药品无法划分耗料情况，则该药厂当月应纳增值税( )万元。

A. 10.20　　　　B. 12.47
C. 14.73　　　　D. 17.86

【答案】B
【解析】可以抵扣的增值税=6.8×(100/150)=4.53万元，17-4.53=12.47万元。

【2013年单选题】根据营业税改征增值税试点实施办法，提供下列情形的服务属于在境内提供应税服务的是( )。

A. 境外单位或者个人向境内单位或者个人提供完全发生在境外消费的应税服务
B. 境外单位或者个人向境内单位或者个人出租完全在境外使用的有形动产
C. 境内单位或者个人向境内单位或者个人出租完全在境外使用的不动产
D. 境内单位或者个人向境内单位或者个人出租完全在境内使用的有形动产

【答案】D
【解析】在境内提供应税服务，是指应税服务提供方或者接收方在境内。下列情形不属于境内提供应税服务：

(1) 境外单位或者个人向境内单位或者个人提供完全在境外消费的应税服务；
(2) 境外单位或者个人向境内单位或者个人出租完全在境外使用的有形动产；
(3) 财政部和国家税务总局规定的其他情形。

【2013年单选题】"营改增"试点纳税人兼有不同税率或者征收率的销售货物，提供加工修理修配劳务或者应税服务，应当分别核算使用不同税率或征收率的销售额，若未分别核算销售额，则( )。

A. 对于兼有不同税率的销售货物、提供加工修理修配劳务或者应税服务的，从低适用税率
B. 对于兼有不同征收率的销售货物、提供加工修理修配劳务或者应税服务的，从低适用征收率
C. 对于兼有不同税率和征收率的销售货物、提供加工修理修配劳务或者应税服务的，从高适用征收率
D. 对于兼有不同税率和征收率的销售货物、提供加工修理修配劳务或者应税服务的，从高适用税率

【答案】D
【解析】纳税人兼有不同税目的应当缴纳营业税的劳务、转让无形资产或者销售不动产，应当分别核算不同税目的营业额、转让额、销售额；未分别核算营业额的，从高适用税率。

【2012年单选题】下列行为中，不得从销项税额中抵扣进项税额的是( )。

A. 将外购的货物用于本单位集体福利
B. 将外购的货物无偿赠送给其他人
C. 将外购的货物分配给股东和投资者
D. 将外购的货物作为投资提供给其他单位

【答案】A
【解析】不准抵扣进项税额的项目包括：(1)购进的货物或者应税劳务未按规定取得并保存增值税扣税凭证的；(2)购进货物或者应税劳务的增值税扣税凭证上未按规定注明增值税额及其他有关事项，或者虽有注明，但不符合规定的；(3)用于非应税项目的购进货物或者应税劳务的所属增值税税额；(4)用于免税项目的购进货物或者应税劳务的所属增值税税额；(5)用于集体福利或者个人消费的购进货物或者应税劳务的所属增值税税额；(6)非正常损失的购进货物的所属增值税税额；(7)非正常损失的在产品、产成品所用的购进货物或者应税劳务的所属增值税税额。

【2012年单选题】王先生某月取得劳务收入为5000元，假设当地规定的起征点为2000元，则王先生本月应税收入为( )元。

A. 2000　　　　B. 3000
C. 5000　　　　D. 7000

【答案】C
【解析】起征点是征税数额达到一定数额开始征税的起点。免征额是在征税对象的全部数额中免予征税的数额。

【2011年单选题】某建材商店销售并提供安装实木地板，其正确的税务处理是( )。

A. 无论是否分开核算，一并征收营业税
B. 无论是否分开核算，一并征收增值税
C. 如果能分开核算，销售和提供安装实木地板分别缴纳增值税和营业税

D. 如果能分开核算,销售和提供安装实木地板分别缴纳消费税和营业税

【答案】B

【解析】从事货物的生产、批发或者零售的企业、企业性单位和个体工商户的混合销售行为,应视为销售货物,应当缴纳增值税。

【2011年案例分析题】某工业企业(增值税一般纳税人)主要生产销售各种型号的发电机组。2011年9月发生以下经济业务:

(1) 本月发出7月份以预收货款方式销售给某机电设备销售公司的发电机组3台,每台不含税售价30 000元;另向购买方收取装卸费3510元。

(2) 企业采取分期收款方式销售给某单位大型发电机组1台,开具普通发票,金额为245 700元。书面合同规定9月、10月、11月三个月每月付款81 900元。

(3) 委托某商场代销10台小型发电机组,协议规定,商场按每台含税售价25 000元对外销售,并按该价格与企业结算,手续费按每台500元计算,在结算货款时抵扣。产品已发给商场,商场本月无销售。

(4) 为本企业专门自制发电机组1台,本月移送并开始安装。该设备账面成本为35 000元,无同类型产品销售价。

(5) 外购原材料一批,增值税专用发票上注明的进项税额为2000元,货款已经支付,材料已验收入库。

(6) 外购原材料一批,关税完税价折合人民币120 000元,假设进口关税税率为50%;另外从报关地运到企业,支付运费5000元、建设基金100元、装卸费500元,取得运费发票。原材料已验收入库。

已知取得的作为增值税扣除依据的相关凭证均在本月认证并申报抵扣。

根据以上资料,回答下列问题:

1. 该企业采用预收货款方式销售发电机组的销项税额是( )元。

A. 0　　　　　　　　B. 15 300

C. 15 810　　　　　D. 15 896.7

【答案】C

【解析】采取预收货款方式销售货物,纳税义务发生时间为货物发出的当天。向购买方收取装卸费3510元为价外费用,要计入销售额。销项税额=(3×30 000)×17%+3510/1.17×17%=15 810元。

2. 该企业采取分期收款方式销售发电机组的销项税额是( )元。

A. 11 900　　　　　B. 13 923

C. 35 700　　　　　D. 41 769

【答案】A

【解析】采取分期预收货款方式销售货物,生产销售生产工期超过12个月的大型机械设备、船舶、飞机等货物,在收到预收款或书面合同约定的收款日期当天确定销售。因为这里用的是普通发票,因此要算出销售金额。销项税额=81 900/1.17×17%=11 900元。

3. 该企业委托代销发电机组的销项税额是( )元。

A. 0　　　　　　　　B. 35 598.29

C. 36 324.79　　　　D. 37 051.28

【答案】A

【解析】将货物交付他人代销,纳税义务发生时间为收到代销清单,收到全部或者部分货款,发出代销货物满180天的当天,三者中较早者。商场本月无销售,所以企业委托代销发电机组的销项税额为0。

4. 进口原材料的进项税额是( )元。

A. 30 600　　　　　B. 30 950

C. 30 957　　　　　D. 30 992

【答案】C

【解析】组成计税价格=关税完税价格+关税+消费税,应纳税额=组成计税价格×税率。组成计税价格=120 000+120 000×50%=180 000元,运输费用金额=5000+100=5100元。进项税额=180 000×17%+5100×7%=30 600+357=30 957元。

5. 该企业当月应纳增值税税额是( )元。

A. 1298　　　　　　B. 3145

C. 5328　　　　　　D. 32 664

【答案】A

【解析】为本企业专门自制发电机组视同销售,由于没有市场价格,因此,销项税=35 000×(1+10%)×17%=6545元。当月销项税=15 810+11 900+0+6454=34 255,当月进项税额=2000+30 957=32 957,当月应纳增值税税额=34 255−32 957=1298元。

【2011年多选题】甲企业销售给乙企业一批货物,约定在当月支付货款,至月底乙企业因资金紧张无法支付,经双方协商,乙企业用自产的产品抵顶货款,双方按规定互开专用发票,则下列税务处理中,错误的有( )。

A. 甲企业应作购销处理,核算销售额和购进额,并计算销项税额和进项税额

B. 乙企业应作购销处理,核算销售额和购进额,并计算销项税额和进项税额

C. 甲企业收到乙企业的抵顶货物不应作购货处理

D. 乙企业发出抵顶货款的货物不应作销售处理，不应计算销项税额

E. 甲、乙双方发出货物都作销售处理，但收到货物所含增值税额一律不能计入进项税额

【答案】CDE

【解析】采取以物易物方式销售的，双方均作购销处理，各自以发出的货物核算销售额并计算销项税额，各自以收到的货物核算购货额并计算进项税额。

【2010年多选题】下列业务中，应当征收增值税的有( )。

A. 货物期货交易

B. 银行销售金银

C. 印刷图书、报纸、杂志

D. 邮政部门销售集邮商品

E. 专营烧卤熟制食品的个体工商户生产销售的烧卤熟制食品

【答案】ABCE

【解析】邮政部门销售集邮商品应征收营业税。

【2010年案例分析题】某百货大楼为增值税一般纳税人，购销货物的增值税税率为17%。2010年1月发生以下经济业务：

(1) 购进货物取得的增值税专用发票上注明的货物金额为400万元，增值税为68万元，同时支付货物运费4万元，建设基金1000元，装卸费200元，运输途中保险费2000元，取得运费发票。

(2) 销售货物取得不含增值税价款800万元，向消费者个人销售货物价款为58.5万元。

(3) 上年购进的货物用于职工福利，进价1万元，售价1.2万元(进价、售价均不含增值税，下同)。

(4) 上年购进的货物发生损失，进价4000元，售价5000元。

根据以上资料，回答下列问题：

1. 当月允许抵扣的增值税进项税额为( )元。

A. 684 100　　　　B. 684 230

C. 680 490　　　　D. 687 344

【答案】C

【解析】允许抵扣的进项税额=680 000+(40 000+1000)×7%-10 000×17%-4000×17%=680 490元。

2. 当月的增值税销项税额为( )元。

A. 1 466 250　　　　B. 1 454 180

C. 1 445 400　　　　D. 1 445 000

【答案】D

【解析】销项税额=800×17%+58.5/(1+17%)×17%=144.5万元。

3. 当月应纳增值税额为( )元。

A. 767 700　　　　B. 769 860

C. 764 510　　　　D. 784 530

【答案】C

【解析】应纳增值税=1 445 000-680 490=764 510元。

【例题 单选题】下列行为中属于视同货物销售的是( )。

A. 将购买的货物用于集体福利

B. 将购买的货物用于个人消费

C. 将购买的货物用于在建工程

D. 将购买的货物作为投资

【答案】D

【解析】单位或个体工商户的下列行为，视同销售货物，征收增值税：

(1) 委托他人代销货物；

(2) 销售代销货物；

(3) 有两个以上机构并实行统一核算的纳税人，将货物从一个机构移送到其他机构用于销售，但机关机构在同一县(市)的除外；

(4) 将资产或委托加工的货物用于非应税项目；

(5) 将资产、委托加工或购买的货物作为投资，提供给其他单位或个体工商户；

(6) 将资产、委托加工或购买的货物分配给股东或投资者；

(7) 将资产、委托加工或购买的货物用于集体福利或个人消费；

(8) 将资产、委托加工或购买的货物无偿赠送其他单位或个人。

【例题 单选题】下列货物中，适用增值税税率为17%的是( )。

A. 杂志　　　　B. 农机

C. 暖气　　　　D. 服装

【答案】D

【解析】纳税人销售或者进口下列货物，税率为13%：

(1) 粮食、使用植物油；

(2) 自来水、暖气、冷气、热水、煤气、石油液化气、天热气、沼气、居民用煤炭制品；

(3) 图书、报纸、杂志；

(4) 饲料、化肥、农药、农机、农膜；

(5) 农产品；

(6) 音像制品、电子出版物；

(7) 二甲醚；

(8) 国务院规定的其他货物。

【例题 多选题】增值税的销售额为纳税人销售货物或提供应税劳务向购买方取得的全部价款和价外费用。但下列费用中不属于价外费用的为（　　）。

A. 向购买方收取的增值税税款

B. 向购买方收取的手续费

C. 向购买方收取的包装费

D. 向购买方收取的储备费

E. 同时符合两个条件的代垫运费：承运部门将运费发票开具给购买方的；纳税人将该项发票转交给购买方

【答案】AE

【解析】向购买方收取的手续费、包装费和储备费都属于价外费用。

【例题 单选题】根据现行增值税的规定，下列混合销售应当征收增值税的是（　　）。

A. 某建筑安装公司提供辅助材料为客户进行安装服务

B. 某宾馆在提供餐饮服务的同时销售烟酒饮料

C. 批发企业销售货物并送货上门

D. 电信部门销售移动电话并为客户提供电信服务

【答案】C

【解析】一项销售行为如果既涉及货物又涉及非增值税应税劳务，应视为混合销售行为。除《中华人民共和国增值税暂行条例实施细则》第六条的规定外，从事货物的生产、批发或者零售的企业、企业性单位和个体工商户的混合销售行为，均视为销售货物，应当缴纳增值税；其他单位和个人的混合销售行为，均被视为销售非增值税应税劳务，不缴纳增值税。

【例题 单选题】某日用百货商店(小规模纳税人)2009年5月采用"以旧换新"方式销售彩电，开出普通发票28张，收到货款80 000元，并注明已扣除旧货折价30 000元，则该日用百货商店当月应缴纳的增值税为（　　）元。

A. 2330.10　　　　B. 3076.92

C. 3203.88　　　　D. 4230.77

【答案】C

【解析】应纳税额=(80 000+30 000)/1.03×0.03=3203.88元。

【例题 单选题】关于增值税征收范围的说法，正确的是（　　）。

A. 将购买的货物分配给股东，应征收增值税

B. 集邮商品的生产、调拨和销售，不征收增值税

C. 经营单位购入执法部门查处并拍卖的商品再销售的，不征收增值税

D. 银行销售金银的，不征收增值税

【答案】A

【解析】将自产、委托加工或购买的货物分配给股东属于视同销售，应征收增值税。

【例题 单选题】在下列情形中，纳税人所支付的增值税不得抵扣进项税额的是（　　）。

A. 购进燃料所支付的增值税

B. 生产过程中的废品所耗材料支付的增值税

C. 保管不善造成材料毁损支付的增值税

D. 购进生产用水所支付的增值税

【答案】C

【解析】非正常损失的购进货物及相关的应税劳务，其进项税额不得从销项税额中抵扣。非正常损失，是指因管理不善造成被盗、丢失、霉烂变质的损失。

【例题 单选题】一般纳税人因退货而收回的增值税税额，应从发生进货的当期进项税额中扣减，如不按规定扣减，造成虚增进项税额，不纳或少纳增值税的，规定的处理方法是（　　）。

A. 属欠税行为，补缴税款

B. 进项税额转出，不收取滞纳金

C. 属偷税行为，按偷税处罚

D. 进项税额转出，以后年度补缴

【答案】C

【解析】如不按规定扣减，造成虚增进项税额，不纳或少纳增值税的，属于偷税行为，需要按偷税进行处罚。进项税应转出而未转出的，也视为偷税行为，同样需要按照偷税行为进行处罚。

第二节　消费税制

消费税是对我国境内从事生产、委托加工和进口应税消费品的单位和个人，就其销售额或销售数量，在特定环节征收的一种税。

根据《中华人民共和国消费税暂行条例》(以下简称《消费税暂行条例》)的规定，消费税的纳税人为在中华人民共和国境内生产、委托加工和进口应税消费品的单位和个人。

思维导图

该节涉及多个知识点和概念，如图4-5所示。

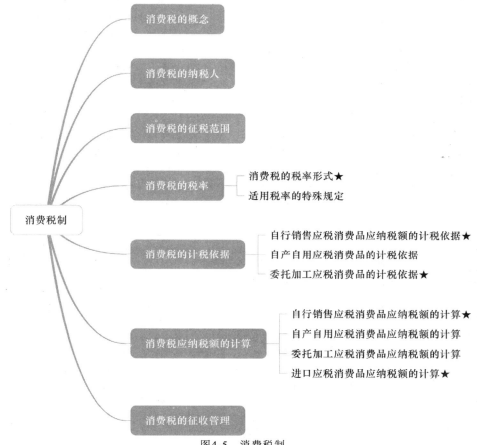

图4-5　消费税制

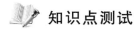 知识点测试

【2014年单选题】纳税人委托加工应税消费品，如果没有同类消费品销售价格的，应按照组成计税价格计算应纳税额，计算公式为(　　)。

A. 组成计税价格=(成本+利润)/(1-消费税税率)

B. 组成计税价格=(材料成本+加工费)/(1-消费税税率)

C. 组成计税价格=(成本+利润)/(1+消费税税率)

D. 组成计税价格=(材料成本+加工费)/(1+消费税税率)

【答案】B

【解析】委托加工的应税消费品，按照受托方的同类消费品的销售价格计算纳税；没有同类消费品销售价格的，按照组成计税价格计算纳税。计算公式为：组成计税价格=(材料成本+加工费)/(1-消费税税率)。

【2014年多选题】根据消费税条例，以纳税人同类应税消费品的最高销售价格作为计税依据计算消费税的有(　　)。

A. 用于馈赠的应税消费品

B. 用于抵债的应税消费品

C. 用于换取生产资料的应税消费品

D. 用于换取消费的应税消费品

E. 用于投资入股的应税消费品

【答案】BCDE

【解析】纳税人自产的应税消费品，用于换取生产资料和消费资料、投资入股和抵偿债务等方面，应当按照纳税人同类应税消费品的最高销售价格作为计税依据。

【2013年单选题】企业生产的下列消费品，无须缴纳消费税的是(　　)。

A. 卷烟企业生产用于连续生产卷烟的烟丝

B. 化妆品企业生产用于交易会样品的化妆品

C. 汽车企业生产用于本企业管理部门的轿车

D. 地板企业生产的用于装修本企业办公室的实木地板

【答案】A

【解析】用于连续生产应税消费品的，不纳税；用于其他方面的，于移送使用时纳税。

【2013年单选题】某公司2013年6月进口10箱卷烟(5万支/箱)，经海关审定，关税完税价格为22万元/箱，关税税率为50%，消费税税率为56%，定额税率为150元/箱，2013年6月该公司进口环节应纳消费税(　　)万元。

A. 1183.64　　　　B. 420.34

C. 288.88　　　　D. 100.80

【答案】B

【解析】进口卷烟消费税组成计税价格=(关税完税价格+关税+消费税定额税)/(1-进口卷烟消费税适用比例税率)

从价税=[22×10×(1+50%)+150×10/10 000]/(1-56%)×56%=420.19万元。

从量税=10×(150/10 000)=0.15万元。

该公司进口环节应纳消费税=420.19+0.15=420.34万元。

【2011年单选题】纳税人因销售应税消费品而出租出借包装物收取的押金，其正确的计税方法是(　　)。

A. 啤酒的包装物收取押金时就应征收增值税

B. 啤酒的包装物押金征收消费税

C. 黄酒的包装物押金征收消费税

D. 白酒的包装物押金既征收增值税，又征收消费税

【答案】D

【解析】纳税人为销售货物而出租出借包装物收取的押金，单独记账核算的，不并入销售额征税。对销售除啤酒、黄酒外的其他酒类产品而收取的包装物押金，无论是否返还均应并入当期销售额征税。

【2011年单选题】关于消费税的说法，错误的是(　　)。

A. 酒类生产企业向商业销售单位收取"品牌使用费"应缴纳消费税

B. 用于投资入股的应税消费品，按同类产品的平均销售价格作为消费税计税依据

C. 用于抵偿债务的应税消费品，按同类产品的最高销售价格作为消费税计税依据

D. 自产自用应税消费品的计税依据为应税消费品的同类商品的销售价格或组成计税价格

【答案】B

【解析】纳税人自产的应税消费品，用于换取生产资料和消费资料、投资入股和抵偿债务等方面的，应当按纳税人同类应税消费品的最高销售价格作为计税依据。

【2011年多选题】关于消费税的纳税义务发生时间的说法，正确的有(　　)。

A. 自产自用的应税消费品，为该货物生产的当天

B. 进口的应税消费品，为报关进口的当天

C. 委托加工的应税消费品，为纳税人提货的当天

D. 采取分期收款结算方式的应税消费品，为发出货物的当天

E. 采取预收货款结算方式的，为发出应税消费品的当天

【答案】BCE

【解析】(1) 纳税人销售应税消费品的，纳税义务发生时间按不同的销售结算方式分别为：

① 采取赊销和分期收款结算方式的，为书面合同约定的收款日期的当天，书面合同没有约定收款日期或者无书面合同的，为发出应税消费品的当天；

② 采取预收货款结算方式的，为发出应税消费品的当天；

③ 采取托收承付和委托银行收款方式的，为发出应税消费品并办妥托收手续的当天；

④ 采取其他结算方式的，为收讫销售款或者取得索取销售款凭据的当天。

(2) 纳税人自产自用应税消费品的，为移送使用的当天。

(3) 纳税人委托加工应税消费品的，为纳税人提货的当天。

(4) 纳税人进口应税消费品的，为报关进口的当天。

【2010年单选题】根据现行税法，应同时征收增值税和消费税的是(　　)。

A. 批发环节销售的白酒

B. 生产环节销售的实木地板

C. 生产环节销售的普通护肤护发品

D. 进口环节取得外国政府捐赠的小汽车

【答案】B

【解析】A选项白酒消费税在生产销售环节征收；C选项普通护肤护发产品不征收消费税；D选项外国政府、国际组织无偿援助的进口物资和设备免征增值税。因此答案选B。

【例题　单选题】下列纳税人自产自用的应税消费品行为中，不缴纳消费税的是（　　）。

A. 炼油厂用于本企业基建部门车辆的自产汽油

B. 汽车厂用于管理部门的自产汽车

C. 日化厂用于交易会样品的自产化妆品

D. 卷烟厂用于生产卷烟的自制烟丝

【答案】D

【解析】纳税人用于生产非应税消费品和在建工程、管理部门、非生产机构提供劳务以及用于馈赠、赞助、集资、广告、样品、职工福利、奖励等方面的应税品，于移送使用时纳税。卷烟厂用于生产卷烟的自制烟丝不缴纳消费税。

【例题　多选题】下列情形的应税消费品，按照现行消费税法的有关规定，应以纳税人同类应税消费品的最高销售价格作为计税依据计算消费税的有（　　）。

A. 用于抵债的应税消费品

B. 用于馈赠的应税消费品

C. 用于对外投资入股的应税消费品

D. 用于换取消费资料的应税消费品

E. 用于换取生产资料的应税消费品

【答案】ACDE

【解析】纳税人自产的应税消费品，用于换取生产资料和消费资料、投资入股和抵偿债务等方面，应按纳税人同类应税消费品的最高销售价格作为计税依据。

【例题　单选题】下列商品中，属于消费税征收范围的是（　　）。

A. 高尔夫球具　　　　B. 竹制筷子

C. 护肤护发品　　　　D. 电动自行车

【答案】A

【解析】高尔夫球及球具属于消费税征收的范围。

【例题　单选题】某化妆品厂销售一批化妆品，取得含税收入5850元，已知化妆品的消费税税率为30%，则该笔收入应纳消费税为（　　）元。

A. 2507.14　　　　B. 1755

C. 1500　　　　D. 850

【答案】C

【解析】应纳税额=5850/(1+17%)×30%=1500元。

第三节　营业税制

营业税是对在我国境内提供应税劳务、转让无形资产或销售不动产的单位和个人所取得的营业额征收的一种商品与劳务税。

在中华人民共和国境内提供应税劳务、转让无形资产或者销售不动产的单位和个人，为营业税的纳税人。

企业租赁或承包给他人经营的，以承租人或承包人为纳税人。单位和个体户的员工、雇工在为本单位或雇主提供劳务时，不是纳税人。

 思维导图

该节涉及多个知识点和概念，如图4-6所示。

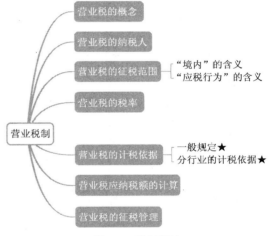

图4-6　营业税制

知识点测试

【2013年单选题】某企业2013年6月销售已使用过的自建厂房，取得收入14 000万元，该厂房建造后最初入账原值8000万元，应纳营业税为（　　）万元。

A. 200　　　B. 300　　　C. 325　　　D. 700

【答案】D

【解析】应纳营业税=14 000×5%=700万元。

【2012年单选题】可以作为营业税计税依据的是（　　）。

A. 融资租赁业务中的租赁费

B. 国际联运企业向客户收取的运费

C. 股票转让时的卖出价减去买入价后的差额

D. 以不动产投资入股共担经营风险时的评估价值

【答案】C

【解析】金融业计征营业税的营业额有两种方法：一是对一般贷款、典当、金融经纪业等中介服务，以取得的利息收入全额或手续费收入全额确定为营业额；二是对外汇、证券、期货等金融商品转让，以卖出价减去买入价后的差额作为营业额。

【2012年单选题】M公司以房屋作抵押，向某银行贷款100万元，到期后本息合计125万元。因M公司逾期无力偿还贷款本息，银行将其所抵押的房屋进行拍卖，收回房屋价款107万元，M公司将其余的18万元支付给该银行，则M公司应纳营业税为( )万元。

A. 5.35　　B. 6.25　　C. 8.56　　D. 10.00

【答案】A

【解析】应纳营业税=107×5%=5.35万元。

【2011年单选题】下列经营活动中，不属于营业税征税范围的是( )。

A. 境外企业销售在境内的不动产

B. 境外企业向境内企业转让某项专利

C. 保险公司在境内提供保险服务

D. 单位或者个体经营者聘用的员工为本单位或者雇主提供劳务

【答案】D

【解析】单位和个体户的员工、雇工为本单位或雇主提供劳务，不属于营业税的征收范围。

【2010年单选题】某建筑安装公司以包工不包料的方式完成一项建筑工程，该公司申报用于计征营业税的工程价款为1358万元；另外，建设单位提供建筑材料600万元，提前竣工奖42万元。则该公司应纳营业税的营业额为( )万元。

A. 2000　　　　B. 1942

C. 1400　　　　D. 1358

【答案】A

【解析】提供建筑材料和提前竣工奖都应计入营业额征收营业税。

应纳营业税的营业额为：1358+600+42=2000万元。

【2010年案例分析题】甲建筑工程公司(具备建筑行政部门批准的建筑业施工资质)下辖3个施工队、1个金属结构件工厂、一个招待所(均为非独立核算单位)，2009年其经营业务如下：

(1) 承包某建筑工程项目，并与建筑方签订了建筑工程总承包合同，总承包合同明确工程总造价3000万元，其中，建筑工人劳务价款1000万元；由甲建筑工程公司提供并按市场价确定的金属结构件金额500万元(购进金属结构件时取得相关的增值税专用发票，支付价款300万元)，建设方采购建筑材料等1500万元。工程当年完工并进行了价款结算。

(2) 甲建筑工程公司将其中200万元的建筑工程项目分包给B建筑工程公司(B建筑工程公司为只提供建筑业劳务的单位)。

(3) 甲建筑工程公司向C建筑工程公司转让闲置办公用房一栋(购置原价700万元)，取得转让收入1300万元。

(4) 甲建筑工程公司提供招待服务所取得客房收入30万元，餐厅、歌厅、舞厅收入共计55万元。

该地主管税务机关确定的娱乐业营业税税率为20%。

根据以上资料，回答下列问题：

1. 甲建筑工程公司总承包建筑工程应缴纳的营业税为( )万元。

A. 60　　B. 84　　C. 90　　D. 149

【答案】B

【解析】应纳税额=(3000-200)×3%=84万元。

2. 甲建筑工程公司转让办公用房应缴纳的营业税为( )万元。

A. 65　　B. 35　　C. 30　　D. 0

【答案】C

【解析】应纳税额=(1300-700)×5%=30万元。

3. 甲建筑工程公司提供招待服务所取得的收入总和应缴纳的营业税为( )万元。

A. 4.25　　B. 11.9　　C. 12.5　　D. 17

【答案】C

【解析】招待所收入应缴纳的营业税=30×5%+55×20%=12.5万元。

4. 甲建筑工程公司应缴纳的增值税为( )万元。

A. 0　　B. 19.23　　C. 28.3　　D. 34

【答案】A

【解析】题目中的建筑工程公司不缴纳增值税，所以为0万元。

【例题 单选题】下列关于营业税计税依据的表述，正确的是( )。

A. 旅游企业以收取的全部旅游费为营业额

B. 买卖外汇业务以卖出价减去买入价后的余额为营业额

C. 广告代理业以向委托方收取的全部价款为营业额

D. 期货业务以卖出价为营业额

【答案】B

【解析】金融业计征营业税的营业额有两种方法：一是对一般贷款、典当、金融经纪业等中介服务，以取得的利息收入全额或手续费收入全额确定为营业额；二是对外汇、证券、期货等金融商品转让，以卖出价减去买入价后的差额为营业额。

【例题 单选题】下列关于营业税纳税义务发生时间及纳税地点的表述，正确的是(　　)。

A. 纳税人销售不动产采取预收款方式的，其纳税义务发生时间为不动产交付使用的当天

B. 纳税人出售自建建筑物的，其自建行为的纳税义务发生时间为建筑物交付使用的当天

C. 纳税人将不动产无偿赠与他人，其纳税义务发生时间为不动产所有权转移的当天

D. 纳税人销售不动产，应当向机构所在地主管税务机关申报纳税

【答案】C

【解析】将不动产或土地使用权无偿赠送其他单位或个人的，其纳税义务发生时间为不动产所有权、土地使用权转移的当天。

【例题 多选题】下列关于金融保险业营业税的表述中正确的有(　　)。

A. 对金融机构的出纳长款收入不征营业税

B. 融资租赁业务以向承租方收取的全部价款和价外费用为营业额计算征收营业税

C. 银行吸收的存款不征营业税

D. 对金融机构转贴现业务收入征收营业税

E. 银行办理结算业务以销售账单凭证取得的收入缴纳营业税

【答案】ACE

【解析】金融业计征营业税的营业额有两种方法：一是对一般贷款、典当、金融经纪业等中介服务，以取得的利息收入全额或手续费收入全额确定为营业额；二是对外汇、证券、期货等金融商品转让，以卖出价减去买入价后的差额为营业额。对金融机构当期实际收到的结算罚款、罚息、加息等收入应并入营业额中征税。对金融机构的出纳长期收入，不征收营业税。银行吸收的存款不征营业税，办理结算业务的手续费收入、销售账单凭证、支票收入、办理贴现收入应纳营业税，转贴现业务收入，暂不征收营业税。

【例题 单选题】某企业以厂房作抵押向银行贷款，取得贷款后将一房产交给银行使用，以厂房租金抵交贷款利息，则该企业取得的厂房租金收入应按(　　)税目征收营业税。

A. 金融保险业　　　　B. 服务业

C. 销售不动产　　　　D. 转让无形资产

【答案】B

【解析】租赁业、代理业、旅店业、饮食业、旅游业、仓储业、广告业和其他服务业都按服务业税目征收营业税。

【例题 案例分析题】某房地产公司2008年7月发生如下业务：

(1) 采用直接收款方式销售现房取得价款收入500万元，以预收款方式销售商品房，合同规定的价款150万元，本月取得预收款90万元；

(2) 销售配套基础设施收入40万元；

(3) 以一栋写字楼投资入股某贸易公司，评估作价400万元；

(4) 将空置商品房出租取得租金收入15万元；

(5) 将新建的商品房10套无偿赠送给关系单位，已知其建筑成本共计为500万元，按同类产品计算的市场价值为850万元；

(6) 自建经济适用房若干栋，建造成本5000万元，9月份把其中的90%出售，取得销售收入8000万元，10%作为办公用房(建筑业成本利润率为10%)。

根据以上资料，回答下列问题：

1. 第一笔业务中，销售商品房应纳营业税为(　　)万元。

A. 29.5　　　　B. 25

C. 20　　　　D. 4.5

【答案】A

【解析】销售商品房应纳营业税＝(500+90)×5%=29.5万元。

2. 该房地产公司需要缴纳营业税的行为有(　　)。(多选题)

A. 自建自用行为

B. 以写字楼投资入股

C. 将空置商品房出租

D. 销售配套基础设施

【答案】CD

【解析】自建自用行为、以写字楼投资入股不缴纳营业税。

3. 自建自售行为应纳的营业税为(　　)万元。

A. 400　　　　B. 553.09

C. 570.10　　　　D. 650

【答案】B

【解析】建筑业计税价格=5000×90%×(1+10%)/(1−3%)=5103.09万元，建筑业应纳营业税=5103.09×3%=153.09万元；销售不动产应纳营业税=8000×5%=400万元；自建自售行为应纳的营业税=153.09+400=553.09万元。

4. 无偿赠送行为应纳营业税(   )万元。

A. 0　　　　　　　　　B. 25

C. 27.5　　　　　　　　D. 42.5

【答案】D

【解析】应纳营业税=850×5%=42.5万元。

5. 本月应纳的营业税为(   )万元。

A. 627.84　　　　　　　B. 625.84

C. 620.84　　　　　　　D. 467.75

【答案】A

【解析】应纳营业税=29.5+40×5%+15×5%+850×5%+553.09=627.84万元。

【例题 单选题】关于营业税计税依据的说法，正确的是(   )。

A. 企业销售不动产，因买方违约而取得的赔偿金不征收营业税

B. 个人销售不动产，价款与折扣额在同一张发票上注明的，仍按全额征收营业税

C. 自开票纳税人发生的联营运输业务，以实际取得的营业收入计征营业税

D. 单位销售不动产发生退款，不允许退还已征税款

【答案】C

【解析】企业销售不动产，因买方违约而取得的赔偿金，也要征收营业税，因此选项A错误；个人销售不动产，价款与折扣额在同一张发票上注明的，应按扣除折扣后的余额征收营业税，因此选项B错误；单位和个人提供营业税应税劳务、转让无形资产和销售不动产发生退款时，凡该项退款已征收过营业税的，允许退还已征税款，也可以从纳税人以后的营业额中扣除。因此选项D描述错误。正确答案选C。

第四节　关　税　制

 思维导图

该节涉及多个知识点和概念，如图4-7所示。

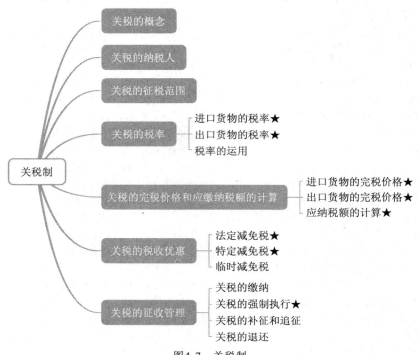

图4-7　关税制

知识点测试

【2013年单选题】根据现行关税政策，下列进口货物中享受法定减免税的是(　　)。

A. 关税税额在人民币500元以下的边境小额贸易进口的货物

B. 从关税区运往非保税区的货物

C. 国际组织无偿赠送的物资

D. 从国外进口用于生产保健品的生产设备

【答案】C

【解析】下列进出口货物，免征关税：

(1) 关税税额在人民币50元以下的一票货物，可免征关税；

(2) 无商业价格的广告品和货样，可免征关税；

(3) 外国政府、国际组织无偿赠送的物资，可免征关税(不包括国有企业、个人)；

(4) 海关放行前损失的货物；

(5) 进出境运输工具装载途中必须的燃料、物料和饮食用品。

【例题 单选题】某企业经批准免税进口一台设备用于高新技术研发，设备进口时经海关审定的关税完税价格折合人民币100万元，海关规定的监管年限为5年。18个月后，研发项目完成，企业将该设备转售给国内另一家企业。已知该设备进口关税税率为20%，该企业上述业务应缴纳关税(　　)万元。

A. 20　　　　　　　　B. 14

C. 6　　　　　　　　D. 0

【答案】B

【解析】减税或免税进口的货物需予补税时，应当以海关审定的该货物原进口时的价格，扣除折旧部分的价值作为关税完税价格，其计算公式为：完税价格=海关审定的该货物原进口时的价格×[1-申请补税时实际已使用的时间(月)/(监管年限×12)]。因此，该企业应补缴关税=100×[1-18/(5×12)]×20%=14万元。

考题预测及强化训练

一、单项选择题

1. 关于增值税纳税义务发生时间，下列说法错误的是(　　)。

A. 采取预收款方式销售货物的，为货物发出的当天

B. 自2009年1月1日起，先开具发票的，增值税纳税义务发生时间为开具发票的当天

C. 进口货物为报关进口的当天

D. 将货物交付给他人代销，为发出代销货物的当天

2. 某企业为增值税一般纳税人，于2009年12月将一辆自己使用过的小轿车(原价16万元，已计提折旧5万元)，以10万元的价格售出，其正确的税务处理方法是(　　)。

A. 按6%简易办法计算应纳增值税

B. 按4%简易办法计算应纳增值税

C. 按4%简易办法减半计算应纳增值税

D. 不缴增值税

3. 目前，我国增值税的应税劳务限定为(　　)。

A. 从事生产和委托加工

B. 从事进口货物

C. 提供加工、修理修配劳务

D. 销售货物

4. 纳税人兼营的非应税劳务是否应当一并征收增值税，由(　　)所属征收机关确定。

A. 地方税务局

B. 工商行政管理局

C. 国家税务总局

D. 人民法院

5. 下列关于固定资产处理的说法，正确的是(　　)。

A. 小规模纳税人销售自己使用过的固定资产的，应按3%的征收率征收增值税

B. 小规模纳税人销售自己使用过的除固定资产以外的物品，应减按2%的征收率征收增值税

C. 增值税一般纳税人销售自己使用过的2009年1月1日以后购进的固定资产，按照4%征收率减半征收增值税

D. 自2009年1月1日起，增值税一般纳税人购进固定资产发生的进项税额可以从销项税额中抵扣

6. 纳税人的下列行为中，属于混合销售行为，应征收增值税的有(　　)。

A. 饭店附设门市部对外销售货物

B. 某邮局函件、包件传递业务收入20万元，邮售物品销售收入0.5万元

C. 某铝合金生产企业，销售铝合金产品负责安装，取得销售额800万元

D. 某照相馆在拍照的同时销售镜框，月收入1.2万元

7. 邮政部门销售集邮商品，征收(　　)。

A. 增值税　　　　　　B. 营业税

C. 消费税　　　　　　　D. 邮政税

8. 某外贸进出口公司进口一批小汽车,关税完税价格为1500万元,关税税额为1000万元,消费税税率为5%,则该公司应纳增值税为(　　)万元。
   A. 425　　　　　　　　B. 375.79
   C. 395.79　　　　　　　D. 447.37

9. 根据增值税法律制度的有关规定,下列各项中,不缴纳增值税的是(　　)。
   A. 邮局销售信封　　　　B. 货物期货
   C. 银行销售金银　　　　D. 对外缝纫

10. 纳税人销售自己使用过的摩托车,售价超过原值的,在增值税方面的规定是(　　)。
    A. 视同销售货物,按17%征收增值税
    B. 属于销售旧货行为,按13%的低税率征收增值税
    C. 按4%的征收率减半征收增值税
    D. 销售自己使用过的物品,免征增值税

11. 纳税人提供加工、修理修配劳务,税率为(　　)。
    A. 5%　　　　　　　　B. 10%
    C. 13%　　　　　　　D. 17%

12. 某企业为增值税一般纳税人,2008年6月直接向农业生产者购进免税农产品90 000元,该企业当期准予扣除的进项税额是(　　)元。
    A. 15 300　　　　　　B. 6300
    C. 11 700　　　　　　D. 5400

13. 某化妆品生产企业为增值税一般纳税人,2010年10月上旬从国外进口一批散装化妆品,关税完税价格为150万元,进口关税60万元,进口消费税90万元,进口增值税51万元。本月内企业将进口的散装化妆品的80%生产加工为成套化妆品7800件,对外批发销售6000件,取得不含税销售额290万元;向消费者零售800件,取得含税销售额51.48万元。 该企业国内生产缴纳的消费税为(　　)万元。
    A. 28.2　　　　　　　B. 72
    C. 5.78　　　　　　　D. 0

14. 依据消费税的有关规定,下列消费品中,准予扣除已纳消费税的是(　　)。
    A. 以委托加工的汽车轮胎为原料生产的乘用车
    B. 以委托加工的化妆品为原料生产的护肤护发品
    C. 以委托加工的已税石脑油为原料生产的应税消费品
    D. 以委托加工的已税酒和酒精为原料生产的粮食白酒

15. 小规模纳税人销售自己使用过的除固定资产以

外的物品,增值税的征收率为(　　)。
   A. 1%　　　　　　　　B. 3%
   C. 4%　　　　　　　　D. 6%

16. 按增值税法规定,采取预收货款方式销售货物,纳税义务发生时间为(　　)。
    A. 货物发出的当天
    B. 合同约定收款日期的当天
    C. 收到货款的当天
    D. 办妥相关手续的当天

17. 下列按照简易办法依照4%征收率计算缴纳增值税的是(　　)。
    A. 销售自来水
    B. 典当业销售死当物品
    C. 小规模纳税人销售农产品
    D. 提供加工修理修配劳务

18. 纳税人委托加工应税消费品,如果没有同类消费品销售价格的,应按照组成计税价格计算应纳税额,计算公式为(　　)。
    A. 组成计税价格=(成本+利润)/(1-消费税税率)
    B. 组成计税价格=(材料成本+加工费)/(1-消费税税率)
    C. 组成计税价格=(成本+利润)/(1+消费税税率)
    D. 组成计税价格=(材料成本+加工费)/(1+消费税税率)

19. 纳税人销售的应税消费品,采取赊销和分期收款结算方式的,其纳税义务的发生时间为(　　)。
    A. 发出应税消费品的当天
    B. 取得全部价款的当天
    C. 每一期收取货款的当天
    D. 销售合同规定的收款日期的当天

20. 纳税人进口货物,按照组成计税价格和规定的税率计算应纳税额,不得抵扣任何税额。其中,组成计税价格的计算公式为(　　)。
    A. 组成计税价格=关税完税价格-关税-消费税
    B. 组成计税价格=关税完税价格-关税+消费税
    C. 组成计税价格=关税完税价格+关税+消费税
    D. 组成计税价格=关税完税价格+关税-消费税

21. 某旅游公司组织20人到北京旅游,每人收取旅游费5000元,旅游中由公司支付每人长城景点费350元,租车费100元,游故宫费用270元,其他住宿、餐饮费用350元,则旅游公司应纳营业税为(　　)元。
    A. 2000　　　　　　　B. 3200
    C. 3600　　　　　　　D. 3930

22. 按照规定,当纳税人的销售额无法确定时,可

按组成计税价格计算，组成计税价格的计算公式是(　　)。

A. 成本×(1+成本利润率)

B. 成本×(1-成本利润率)

C. 成本+(1+成本利润率)

D. 成本÷(1-成本利润率)

23. 进口货物由进口人或其代理人向(　　)申报纳税。

A. 所在地工商管理局

B. 所在地主管税务机关

C. 销售地主管税务机关

D. 报关进口地海关

24. 下列关于消费税的说法正确的是(　　)。

A. 现行消费税设计的税率共分为18档

B. 现行消费税采用的比例税率分为10档，最低为3%

C. 现行消费税采用的定额税率分为8档，最低为每征税单位0.1元

D. 现行消费税采用的定额税率分为8档，最高为每征税单位250元

25. 在计算缴纳营业税时，下列营业收入属于差额纳税收入的是(　　)。

A. 旅游企业组织旅游团到境外旅游，在境外改由其他旅游企业接团取得的收入

B. 银行的手续费收入

C. 装潢公司为客户包工包料装饰房屋的工程收入

D. 典当业收取的劳务收入

26. 根据营业税规定，下列有关营业税纳税地点的说法错误的是(　　)。

A. 销售不动产，向不动产所在地主管税务机关申报纳税

B. 从事运输业务，向运输劳务发生地主管税务机关申报纳税

C. 单位出租物品、设备等动产的营业税纳税地点为出租单位机构所在地

D. 转让土地使用权，向土地所在地主管税务机关申报纳税

27. 某单位将一座写字楼无偿赠予他人，视同销售不动产征收营业税。其纳税义务发生时间为(　　)。

A. 将写字楼交付对方使用的当天

B. 写字楼所有权转移的当天

C. 签订写字楼赠予文书的当天

D. 承租写字楼人缴纳契税的当天

28. 某生产企业属于增值税小规模纳税人，2013年7月对部分资产盘点后进行处理：销售边角材料，由税务机关代开增值税专用发票，取得不

含税收入80 000元；销售自己使用过的小汽车1辆，取得含税收入52 000元(小汽车原值为110 000元)。该企业上述业务应纳增值税(　　)元。

A. 5800.00　　　　B. 4800.25

C. 4200.00　　　　D. 3409.71

29. 委托加工消费品，按照受托方的同类消费品的销售价格计算纳税，没有同类消费品销售价格的，按组成计税价格计算，其公式为(　　)。

A. (材料成本+加工费)/(1-消费税税率)

B. (材料成本-加工费)/(1-消费税税率)

C. (材料成本×加工费)/(1-消费税税率)

D. (材料成本+加工费)/(1+消费税税率)

30. 2011年3月，甲房地产公司采用预收款方式将一栋自建写字楼出售给乙公司。合同规定销售价格为3000万元，当月乙公司预付了1600万元，余款在以后两个月内结清。已知销售不动产营业税税率为5%。甲公司3月应缴纳的营业税额为(　　)万元。

A. 150　　　　B. 80

C. 70　　　　D. 0

31. 某企业转让一座库房，已知其购置原价100万元，已提折旧80万元，转让价格110万元，并收取支票一张。下列说法中正确的有(　　)。

A. 该笔转让业务应计算缴纳营业税5000元

B. 该笔转让业务应计算缴纳营业税3000元

C. 该笔转让业务应计算缴纳增值税17 000元

D. 该笔转让业务应计算缴纳增值税14 529.9元

32. 银行、财务公司、信托投资公司的纳税期限为(　　)。

A. 1个季度　　　　B. 1个月

C. 15日　　　　D. 5日

二、多项选择题

1. 依据增值税的有关规定，下列增值税一般纳税人，可按6%征收率计算纳税的有(　　)。

A. 县以下小型水力发电单位生产的电力

B. 发电部门供应的电力

C. 建筑用和生产建筑材料所用的沙、土、石料

D. 用微生物制成的生物制品

E. 原材料中掺有煤矸石等生产的墙体材料

2. 依据消费税的规定，下列应税消费品中，准予扣除外购已纳消费税的有(　　)。

A. 以已税烟丝为原料生产的卷烟

B. 以已税珠宝玉石为原料生产的贵重珠宝首饰

C. 以已税汽车轮胎连续生产的小汽车

D. 以已税润滑油为原料生产的润滑油

E. 以已税杆头、杆身和握把为原料生产的高尔夫球杆

3. 下列属于视同销售货物的是（　　）。
　A. 委托他人代销货物
　B. 将购买的货物用于非应税项目
　C. 将自产、委托加工的货物用于集体福利或个人消费
　D. 将货物从一个机构移送到其他机构用于销售，但相关机构在同一县（市）的除外
　E. 将自产、委托加工或购买的货物分配给股东或投资者

4. 计算增值税时允许作为进项税额抵扣的是（　　）。
　A. 从销售方取得增值税专用发票注明的税额
　B. 从海关取得的完税凭证上注明的增值税额
　C. 运输单位开具的发票上注明的运费按规定扣除率计算的进项税额
　D. 工业企业收购废旧原料开具的普通发票上注明的金额按规定扣除率计算的进项税税额
　E. 从小规模纳税人处取得的普通发票上注明的金额按规定税率计算出的进项税额

5. 下列关于增值税的纳税义务发生时间的陈述，正确的有（　　）。
　A. 采取直接收款方式销售货物，不论货物是否发出，均为收到销售额或取得索取销售额的凭据的当天
　B. 采取托收承付和委托银行收款方式销售货物，为发出货物并办妥托收手续的当天
　C. 采取预收货款方式销售货物，为收到货款的当天
　D. 委托其他纳税人代销货物，为收到代销单位销售的代销清单或者收到全部或者部分货款或发出货物满180天的当天
　E. 纳税人发生视同销售货物行为，为收讫销售款或者取得索取销售款的凭据的当天

6. 消费税的征税范围包括（　　）。
　A. 烟　　　　　　　B. 酒及酒精
　C. 汽车轮胎　　　　D. 图书、报纸
　E. 成品油

7. 我国消费税分别采用（　　）的计征方法。
　A. 从价定率
　B. 从量定额
　C. 从价定额
　D. 从量定额和从价定率相结合
　E. 定额征收率

8. 以下项目需要征收消费税的有（　　）。
　A. 服装　　　　　　B. 游艇

C. 高尔夫球　　　　D. 护肤护发品
E. 实木地板

9. 下列关于消费税纳税义务发生时间的表述中正确的是（　　）。
　A. 纳税人采取赊销和分期收款结算方式的，其纳税义务发生时间为销售合同规定的收款日期当天
　B. 纳税人采取预收货款结算方式的，其纳税义务发生时间为收到预收款的当天
　C. 纳税人自产自用的应税消费品，其纳税义务发生时间为移送使用的当天
　D. 纳税人委托加工的应税消费品，其纳税义务发生时间为纳税人提货的当天
　E. 纳税人进口的应税消费品，其纳税义务发生时间为报关进口的当天

10. 下列情形中不征收营业税的有（　　）。
　A. 境外某公司向境内提供商标使用权
　B. 境内某公司所转让的无形资产在境外使用
　C. 境内保险机构提供的出口货物险
　D. 境外保险机构以境内的物品为标的提供的保险劳务
　E. 销售境外不动产

11. 下列行为中，既缴纳增值税又缴纳消费税的有（　　）。
　A. 酒厂将自产的白酒赠送给协作单位
　B. 卷烟厂将自产的烟丝移送用于生产卷烟
　C. 卷烟批发企业对外批发卷烟
　D. 汽车厂将自产的应税小汽车赞助给某艺术节组委会
　E. 地板厂将生产的新型实木地板奖励给有突出贡献的职工

12. 消费税的税率，有两种形式（　　）。
　A. 超额累进税率　　B. 比例税率
　C. 定价税率　　　　D. 企业所得税率
　E. 定额税率

13. 依据消费税的规定，下列关于卷烟消费税适用税率的说法中，错误的有（　　）。
　A. 残次品卷烟一律按照最高税率征税
　B. 自产自用卷烟一律按照卷烟最高税率征税
　C. 白包卷烟不分征税类别一律按照56%税率征税
　D. 进口卷烟不分征税类别一律按照56%税率征税
　E. 卷烟由于改变包装等原因提高销售价格的，应按照新的销售价格确定征税类别和适用税率

14. 营业税的税目包括（　　）。
　A. 交通运输业　　　B. 加工业

C. 服务业　　　　　　　D. 销售不动产

E. 转让无形资产

15. 下列适用6%征收率的业务有(　　)。

A. 县级及县级以下小型水力发电单位生产的电力

B. 寄售商店代销居民个人寄售的物品

C. 典当业销售死当物品

D. 自来水公司销售自来水

E. 经国务院批准的免税商店零售的免税品

16. 根据营业税法律制度的规定，下列关于营业额的表述中，正确的有(　　)。

A. 纳税人将承揽的运输业务分给其他单位或者个人的，以其取得时的全部价款和价外费用扣除支付给其他单位或者个人的运输费用后的余额为营业额

B. 纳税人将建筑工程分包给其他单位的，以其取得的全部价款和价外费用扣除其支付给其他单位的分包款后的余额为营业额

C. 融资租赁业务以其向承租者收取的全部价款和价外费用(残值)减去出租方承担的出租货物的实际成本后的余额为营业额

D. 外汇、有价证券、期货等金融商品买卖业务，以卖出价全额为营业额

17. 税收的职能是指税收客观存在的固有的功能，税收的基本职能包括(　　)。

A. 财政职能　　　　　B. 经济职能

C. 监督职能　　　　　D. 实现公平分配

E. 优化资源配置

18. 根据营业税法律制度的规定，下列各项中，应视同发生应税行为征收营业税的有(　　)。

A. 个人将不动产无偿赠送单位

B. 单位将土地使用权无偿赠送个人

C. 单位自建自用房屋的行为

D. 单位自建房屋销售的自建行为

E. 以上都正确

19. 下列不能按生产领用量扣除外购应税消费品已纳消费税税款的有(　　)。

A. 外购已税烟丝生产的卷烟

B. 外购已税酒精生产的酒

C. 外购已税汽车轮胎生产的汽车

D. 外购已税石脑油生产的应税消费品

E. 以上都正确

三、案例分析题

(一) 某酒厂为增值税一般纳税人，主要生产白酒和果酒。2011年8月生产经营情况如下：

(1) 购进业务，从国内购进生产用原材料，取得增值税专用发票，注明价款80万元、增值税13.6万元，由于运输途中保管不善，原材料丢失3%；从农民手中购进葡萄作为生产果酒的原材料，取得收购发票，注明价款10万元；从小规模纳税人购进劳保用品，取得税务机关代开的增值税专用发票，注明价款2万元、增值税0.06万元。

(2) 材料领用情况，企业在建工程领用以前月份购进的已经抵扣进项税额的材料，成本5万元。该材料适用的增值税税率为17%。

(3) 销售业务，采用分期收款方式销售白酒，合同规定，不含税销售额共计200万元，本月应收回60%货款，其余货款于2011年9月10日前收回，本月实际收回货款50万元。销售白酒时支付销货运费3万元，装卸费0.2万元，取得货运普通发票。销售果酒取得不含税销售额15万元，另收取优质费3.51万元。假定本月取得的相关票据符合税法规定并在本月认证抵扣。

根据上述资料，回答下列问题：

1. 该企业准予从销项税额中抵扣的进项税额为(　　)万元。

A. 13.7　　　　　　　B. 13.91

C. 14.32　　　　　　D. 14.76

2. 本月销项税额为(　　)万元。

A. 21.76　　　　　　B. 23.46

C. 23.55　　　　　　D. 37.06

3. 本月应缴增值税为(　　)万元。

A. 7.85　　　　　　　B. 9.14

C. 9.55　　　　　　　D. 23.15

(二) 某工业企业为增值税一般纳税人，其主要生产销售各种型号发电机组。2011年9月的有关资料如下：

(1) 本月发出7月份以预收货款方式销售给某机电设备销售公司的发电机组3台，每台不含税售价30 000元，另向购买方收取装卸费3510元。

(2) 企业采取分期收款方式销售给某单位大型发电机组1台，开具普通发票，金额为245 700元。书面合同规定9月、10月、11月三个月每月付款81 900元。

(3) 委托某商场代销10台小型发电机组，协议规定，商场按每台含税售价25 000元对外销售，并按该价格与企业结算，手续费按每台500元计算，在结算货款时抵扣。产品已发给商场，商场本月无销售。

(4) 为本企业专门自制发电机组1台，本月移送并开始安装。该设备账面成本为35 000元，无同类

型产品销售价。

(5) 外购原材料一批，增值税专用发票上注明的进项税额为2000元，货款已经支付，材料已验收入库。

(6) 外购原材料一批，关税完税价折合人民币120 000元，假设进口关税税率为50%；另外从报关地运到企业，支付运费5000元、建设基金100元、装卸费500元，取得运费发票。原材料已验收入库。

已知取得的作为增值税扣除依据的相关凭证均在本月已认证并申报抵扣。

根据上述资料，回答下列问题：

4. 该企业采用预收货款方式销售发电机组的销项税额是(   )元。

A. 0　　　　　　　　　B. 15 300
C. 15 810　　　　　　　D. 15 896.7

5. 该企业采取分期收款方式销售发电机组的销项税额是(   )元。

A. 11 900　　　　　　　B. 13 923
C. 35 700　　　　　　　D. 41 769

6. 该企业委托代销发电机组的销项税额是(   )元。

A. 0　　　　　　　　　B. 35 598.29
C. 36 324.79　　　　　D. 37 051.28

7. 进口原材料的进项税额是(   )元。

A. 30 600　　　　　　　B. 30 950
C. 30 957　　　　　　　D. 30 992

8. 该企业当月应纳增值税税额是(   )元。

A. 1298　　　　　　　　B. 3145
C. 5328　　　　　　　　D. 32 664

参考答案及解析

一、单项选择题

1. 【答案】D
【解析】将货物交付他人代销，纳税义务发生时间为收到代销清单的当天，在收到代销清单前已收到全部或部分货款的，其纳税义务发生时间为收到全部或部分货款的当天；对于发出代销商品超过180天仍未收到代销清单及货款的，视同销售实现，一律征收增值税，其纳税义务发生时间为发出代销商品满180天的当天。

2. 【答案】C
【解析】属于增值税条例第十条规定不得抵扣且未抵扣进项税额的固定资产，按照简易办法依4%的征收率减半征收增值税。而小轿车属于应征消费税的消费品，购进时不得抵扣进项税额，

因此销售时就按照4%的征收率减半征收增值税。

3. 【答案】C
【解析】目前，我国增值税的应税劳务限定为提供加工、修理修配劳务。

4. 【答案】C
【解析】纳税人的销售行为如果既涉及货物或应税劳务，又涉及非应税劳务，为兼营非应税劳务。兼营非应税劳务是否应当一并征收增值税，由国家税务总局所属征收机关确定。

5. 【答案】D
【解析】A答案，小规模纳税人销售自己使用过的固定资产，应减按2%征收率征收增值税；B答案，小规模纳税人销售自己使用过的除固定资产以外的物品，应按3%的征收率征收增值税；C答案，增值税一般纳税人销售自己使用过的2009年1月1日以后购进的固定资产，按照适用税率征收增值税。

6. 【答案】C
【解析】A答案，属于饭店的兼营行为，对于门市部对外销售的货物应征收增值税；B答案，属于营业税纳税人发生的应征营业税的混合销售行为；C答案，属于生产性单位发生的混合销售行为，应征收增值税；D答案，属于营业税纳税人发生的混合销售行为，应征收营业税。

7. 【答案】B
【解析】营业税的征税范围为在中华人民共和国境内提供的应税劳务、转让的无形资产或销售的不动产。

8. 【答案】D
【解析】进口增值税=(1500+1000)/(1-5%)×17%=447.37万元。

9. 【答案】A
【解析】邮政部门销售邮票应当征收营业税；邮政部门以外的其他单位和个人销售集邮商品(邮票、首日封、邮折等)，应当征收增值税。

10. 【答案】C
【解析】纳税人销售自己使用过的摩托车，售价超过原值的，按照4%的征收率减半征收增值税，售价低于原值时，不纳税。

11. 【答案】D
【解析】纳税人提供加工、修理修配劳务，税率为17%。

12. 【答案】C
【解析】当期准予抵扣的进项税额=买价×扣除率=90 000×13%=11 700元。

13. 【答案】A

【解析】组成计税价格=150+60+90=300万元。
当月应抵扣的消费税税额=300×80%×30%=72万元或90×80%=72万元。
生产销售化妆品应缴纳的消费税额=［290+51.48/(1+17%)］×30%-72=28.2万元。

14. 【答案】C
【解析】销售额中扣除外购已税消费品已纳消费税的规定：
(1) 外购已税烟丝生产的卷烟；
(2) 外购已税化妆品生产的化妆品；
(3) 外购已税珠宝玉石生产的贵重首饰及珠宝玉石；
(4) 外购已税鞭炮、焰火生产的鞭炮、焰火；
(5) 外购已税汽车轮胎(内胎或外胎)生产的汽车轮胎；
(6) 外购已税摩托车生产的摩托车；
(7) 以外购或委托加工收回的已税石脑油为原料生产的应税消费品；
(8) 以外购或委托加工收回的已税润滑油为原料生产的润滑油；
(9) 以外购或委托加工收回的已税杆头、杆身和握把为原料生产的高尔夫球杆；
(10) 以外购或委托加工收回的已税木制一次性筷子为原料生产的木制一次性筷子；
(11) 以外购或委托加工收回的已税实木地板为原料生产的实木地板。

15. 【答案】B
【解析】小规模纳税人(除其他个人外，下同)销售自己使用过的固定资产，减按2%征收率征收增值税。小规模纳税人销售自己使用过的除固定资产以外的物品，应按3%的征收率征收增值税。

16. 【答案】A
【解析】采取预收货款方式销售货物，为货物发出的当天。

17. 【答案】B
【解析】一般纳税人销售货物属于下列情形之一的，暂按建议办法依照4%的征收率计算缴纳增值税：
(1) 寄售商店代销寄售物品(居民个人寄售的物品在内)；
(2) 典当业销售死当物品；
(3) 经国务院或国务院授权机关批准的免税商店零售的免税品。

18. 【答案】B
【解析】委托加工的应税消费品，按照受托方

的同类消费品的销售价格计算纳税；没有同类消费品销售价格的，按照组成计税价格计算纳税。计算公式为：组成计税价格=(材料成本+加工费)/(1-消费税税率)。

19. 【答案】D
【解析】纳税人采取赊销和分期收款结算方式的，其纳税义务的发生时间为销售合同规定的收款日期的当天。

20. 【答案】C
【解析】纳税人进口货物，按照组成计税价格和规定的税率计算应纳税额，不得抵扣任何税额。组成计税价格和应纳税额的计算公式为：组成计税价格=关税完税价格+关税+消费税。

21. 【答案】D
【解析】旅游企业组织旅游团在中国境内旅游的，以收取的旅游费减去替旅游者支付给其他单位或个人的房费、餐费、交通费、门票和其他代付费用后的余额为营业额。因此旅游公司应纳营业税=5000-350-100-270-350=3930元。

22. 【答案】A
【解析】按组成计税价格确定。组成计税价格的公式为：组成计税价格=成本×(1+成本利润率)。

23. 【答案】D
【解析】进口货物，应当向报关地海关申报纳税。

24. 【答案】B
【解析】现行消费税共设计了16档税率(税额)，比例税率为10档，最低为3%，最高为45%；定额税率为6档，最低为每征税单位0.1元，最高为每征税单位为250元。

25. 【答案】A
【解析】BCD三项均没有更换营业单位，所以不属于差额纳税收入。

26. 【答案】B
【解析】从事运输业务，向其机构所在地主管税务机关申报纳税。

27. 【答案】B
【解析】单位将不动产无偿赠予他人，视同销售不动产征收营业税。其纳税义务发生的时间为不动产所有权转移的当天。

28. 【答案】D
【解析】该企业应纳增值税税额=80 000×3%+52 000/1.03×2%=3409.71元。

29. 【答案】A

【解析】委托加工消费品，按照受托方的同类消费品的销售价格计算纳税，没有同类消费品销售价格的，按组成计税价格计算，其公式为：(材料成本+加工费)/(1-消费税税率)。

30.【答案】B

【解析】根据规定，纳税人转让土地使用权或者销售不动产采用预收方式的，其纳税义务发生时间为收到预收款的当天。应缴纳营业税=1600×5%=80万元。

31.【答案】A

【解析】应缴纳营业税=(110-100)×5%=0.5万元=5000元。

32.【答案】A

【解析】银行、财务公司、信托投资公司的纳税期限为1个季度。

二、多项选择题

1.【答案】ACDE

【解析】一般纳税人销售自产的下列货物，可选择按照简易办法依照6%征收率计算缴纳增值税：县级及县级以下小型水力发电单位生产的电力；建筑用和生产建筑材料所用的沙、土、石料；以自己采掘的沙、土、石料或其他矿物连续生产的砖、瓦、石灰(不含黏土实心砖、瓦)；用微生物、微生物代谢产物、动物毒素、人或动物的血液或组织制成的生物制品；自来水；混凝土商品(仅限于以水泥为原料生产的水泥混凝土)。而发电部门供应的电力按17%的税率征税。

2.【答案】ABDE

【解析】以已税汽车轮胎连续生产的汽车不得扣除外购已纳消费税。

3.【答案】ACDE

【解析】单位或个体工商户的下列行为，视同销售货物，征收增值税：

(1) 委托他人代销货物；

(2) 销售代销货物；

(3) 设有两个以上机构并实行统一核算的纳税人，将货物从一个机构移送到其他机构用于销售，但相关机构在同一县(市)的除外；

(4) 将自产或委托加工的货物用于非应税项目；

(5) 将自产、委托加工或购买的货物作为投资，提供给其他单位或个体工商户；

(6) 将自产、委托加工或购买的货物分配给股东或投资者；

(7) 将自产、委托加工的货物用于集体福利或个人消费；

(8) 将自产、委托加工或购买的货物无偿赠送给其他单位或个人。

4.【答案】ABCD

【解析】准予从销项税额中抵扣的进项税额有：

(1) 增值税专用发票上注明的增值税税额；

(2) 海关完税凭证上注明的增值税税额；

(3) 收购免税农产品计算的增值税税额；

(4) 购进或者销售货物以及在生产经营过程中支付运输费用的，按照运输费用结算单据上注明的运输费用金额和7%的扣除率计算的进项税额；

(5) 混合销售行为和兼营的非应税劳务，按规定应征收增值税的，该混合销售行为所涉及的非应税劳务和兼营的非应税劳务所用购进货物的进项税额，符合规定的，准予从销项税额中抵扣。

5.【答案】ABD

【解析】C选项，采取预收货款方式销售货物，为货物发出的当天。E选项，纳税人发生视同销售货物行为，为货物移送的当天。

6.【答案】ABCE

【解析】消费税的征税范围有：烟；酒及酒精；化妆品；贵重首饰及珠宝玉石；鞭炮、焰火；成品油；汽车轮胎；摩托车；小汽车；高尔夫球及球具；高档手表；游艇；木制一次性筷子；实木地板。

7.【答案】ABD

【解析】国家在确定消费税的计税依据时，主要从应税消费品的价格变化情况和便于征纳等角度出发，分别采用从价和从量两种计税办法。纳税人自产自用消费品应当以同类消费品销售价格为依据，计算纳税；没有同类消费品销售价格的，按照组成计税价格计算纳税。委托加工的应税消费品，按照受托方的同类消费品的销售价格计算纳税；没有同类消费品销售价格的，按照组成计税价格计算纳税。

8.【答案】BCE

【解析】消费税的征税范围包括烟、酒及酒精、化妆品、贵重首饰及珠宝玉石、鞭炮、焰火、成品油、汽车轮胎、摩托车、小汽车、高尔夫球及球具、高档手表、游艇、木制一次性筷子和实木地板。

9.【答案】ACDE

【解析】(1) 纳税人销售应税消费品的，纳税义务发生时间按不同的销售结算方式分别为：

① 采取赊销和分期收款结算方式的，为书面合同约定的收款日期的当天，书面合同没有约定

收款日期或者无书面合同的，为发出应税消费品的当天；

② 采取预收货款结算方式的，为发出应税消费品的当天；

③ 采取托收承付和委托银行收款方式的，为发出应税消费品并办妥托收手续的当天；

④ 采取其他结算方式的，为收讫销售款或者取得索取销售款凭据的当天。

(2) 纳税人自产自用应税消费品的，为移送使用的当天。

(3) 纳税人委托加工应税消费品的，为纳税人提货的当天。

(4) 纳税人进口应税消费品的，为报关进口的当天。

10.【答案】AD

【解析】营业税的征收范围强调提供应税劳务、转让无形资产或销售不动产是在中华人民共和国境内发生的。

11.【答案】ACDE

【解析】卷烟厂将自产的烟丝移送用于生产卷烟，移送环节不缴纳消费税和增值税。

12.【答案】BE

【解析】消费税的税率有两种形式：一种是比例税率；一种是定额税率。

13.【答案】ABD

【解析】(1) 残次品卷烟应当按照同牌号规格正品卷烟的征税类别确定适用税率；

(2) 纳税人自产自用的卷烟应当按照纳税人生产的同牌号规格的卷烟销售价格确定征税类别和适用税率，没有同牌号规格卷烟销售价格的，一律按照卷烟最高税率征税；进口卷烟适用的消费税税率有36%和56%两种情况。

14.【答案】ACDE

【解析】加工业适用税种不属于营业税，属于增值税。

15.【答案】AD

【解析】税法规定，对寄售商店代销寄售物品(居民个人寄售的物品在内)、典当业销售死当物品和经国务院批准的免税商店零售的免税品，一律按4%征收率征收增值税；县级及县级以下小型水力发电单位生产的电力，自来水公司销售自来水可以按6%征收率简易办法征收。

16.【答案】ABC

【解析】外汇、有价证券、期货等金融商品买卖业务，以卖出价减去买入价后的余额为营业额。

17.【答案】ABC

【解析】税收的基本职能包括财政职能、经济职能和监督职能。

18.【答案】ABD

【解析】(1) 单位或者个人将不动产或者土地使用权无偿赠送其他单位或者个人，视同发生应税行为；

(2) 纳税人自建自用房屋的行为不纳税；

(3) 单位将自建的房屋对外销售，其自建行为应按建筑业缴纳营业税，其销售行为按销售不动产缴纳营业税。

19.【答案】BC

【解析】(1)外购已税烟丝生产的卷烟以及外购已税石脑油生产的应税消费品都可按生产领用量抵扣已纳消费税；(2)外购已税酒精生产的酒不在规定可抵扣范围之内；(3)外购已税汽车轮胎生产的汽车，不属于抵扣范围，不能跨税目抵扣。

三、案例分析题

(一)

1.【答案】B

【解析】该企业准予从销项税额中抵扣的进项税额=$13.6 \times (1-3\%)+10 \times 13\%+0.06+3 \times 7\%-5 \times 17\%=13.91$万元。

2.【答案】B

【解析】销项税额=$200 \times 60\% \times 17\%+(15+3.51/1.17) \times 17\%=23.46$万元。

3.【答案】C

【解析】应纳增值税=$23.46-13.91=9.55$万元。

(二)

4.【答案】C

【解析】采取预收货款方式销售货物，纳税义务发生时间为货物发出的当天。向购买方收取装卸费3510元为价外费用，要计入销售额。销项税额=$(3 \times 30\,000) \times 17\%+3510/1.17 \times 17\%=15\,810$元。

5.【答案】A

【解析】本题考查增值税的纳税义务发生时间。采取分期预收货款方式销售货物，生产销售生产工期超过12个月的大型机械设备、船舶、飞机等货物，为收到预收款或书面合同约定的收款日期的当天。因为这里用的是普通发票，因此要算出销售金额。销项税额=$81\,900/1.17 \times 17\%=11\,900$元。

6.【答案】A

【解析】将货物交付他人代销，纳税义务发生时间为收到代销清单，收到全部或者部分货款，发出代销货物满180天的当天，三者中较早者。商场本月无销售，所以企业委托代销发电机组的销项税额为0。

7.【答案】C

【解析】组成计税价格=关税完税价格+关税+消费税，应纳税额=组成计税价格×税率。组成计税价格=120 000+120 000×50%=180 000元，运输费用金额=5000+100=5100元。进项税额=180 000×17%+5100×7%=30 600+357=30 957元。

8.【答案】A

【解析】为本企业专门自制发电机组视同销售，由于没有市场价格，因此销项税=35 000×(1+10%)×17%=6545元。当月销项税=15 810+11 900+0+6454=34 255元，当月进项税额=2000+30 957=32 957元，当月应纳增值税税额=34 255-32 957=1298元。

第五章　所得税制度

　　本章分为两个小节，分别介绍了企业所得税和个人所得税的相关知识，内容不多，但涉及很多考点，并且每一个考点都非常重要，历年考题中本章所占题量比例较大，考生需重点掌握。

本章重要考点分析

　　本章涉及21个考点，在历年考试中多以单项选择题、多项选择题以及案例分析题的考查形式出现，如图5-1所示。

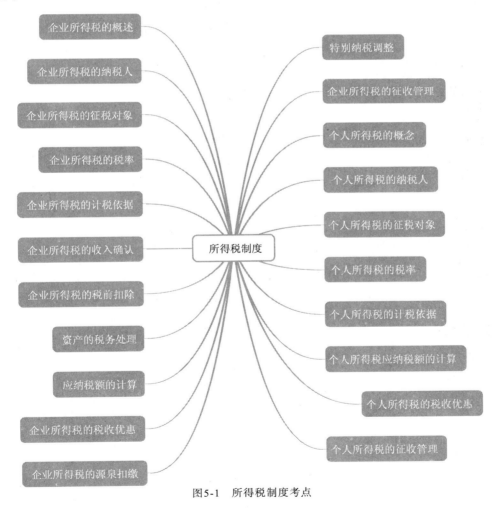

图5-1　所得税制度考点

本章近三年题型及分值总结

本章内容为历年考试的重点，近三年出现的题型有单项选择题、多项选择题以及案例分析题，具体题型及分值如表5-1所示。

表5-1　所得税制度题型及分值

年　份	单项选择题	多项选择题	案例分析题
2014年	4题	1题	0题
2013年	5题	2题	3题
2012年	4题	5题	9题

第一节　企业所得税

企业所得税是指国家对境内企业和其他取得收入的组织的生产、经营所得和其他所得依法征收的一种税。现行企业所得税的法律规范是2007年3月16日第十届全国人大第5次会议通过的《中华人民共和国企业所得税法》(中华人民共和国主席令第63号，以下简称《企业所得税法》)和2007年11月28日国务院第197次常务会议通过的《中华人民共和国企业所得税法实施条例》(国务院令第512号)。

在中华人民共和国境内，企业和其他取得收入的组织，包括依照中国法律、行政法规在中国境内成立的企业、事业单位、社会团体以及其他取得收入的组织，为企业所得税的纳税人。

 思维导图

该节涉及多个知识点和概念，如图5-2、图5-3所示。

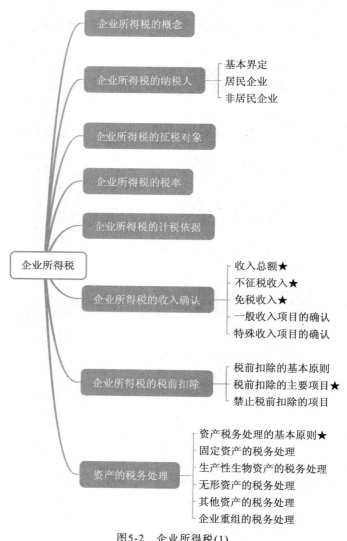

图5-2　企业所得税(1)

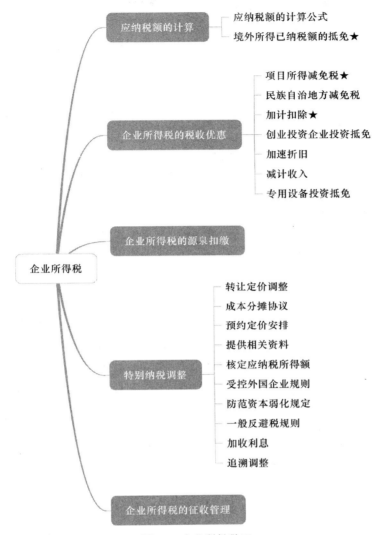

图5-3 企业所得税(2)

📝 知识点测试

【2013年单选题】根据企业所得税法的规定，下列判断来源于中国境内、境外的所得的原则中，错误的是( )。

A. 销售货物所得，按照交易活动发生地确定

B. 提供劳务所得，按照劳务发生地确定

C. 股息、红利等权益性投资所得，按照分配所得的企业所在地确定

D. 权益类投资资产转让所得，按照投资方企业所在地确定

【答案】D

【解析】权益性投资资产转让所得，按照被投资企业所在地确定。

【2013年单选题】根据企业所得税法，不属于企业销售货物收入确认条件的是( )。

A. 货物销售合同已经签订，企业已将与货物所有权相关的主要风险和报酬转移给购货方

B. 收入的金额能够可靠地计量

C. 相关的经济利益很可能流入企业

D. 已发生或将发生的销售方的成本能够可靠地核算

【答案】C

【解析】企业销售商品的同时满足下列条件的，应确认收入的实现：

(1) 商品销售合同已经签订，企业已将与商品所有权相关的主要风险和报酬转移给购货方；

(2) 企业对已售出的商品既没有保留通常与所有权相联系的继续管理权，也没有实施有效控制；

(3) 收入的金额能够可靠地计量；

(4) 已经发生或将发生的销售方的成本能够可靠地核算。

【2013年单选题】一家专门从事符合条件的节能、节水项目的企业，2008年取得第一笔营业收入，2011年实现应纳税所得额(假设仅是节能、节水项目所得)100万元，假设该企业适用25%的企业所得税率，不考虑其他因素，则该企业2011年应纳企业所得税额为(　　)万元。

A. 0　　　　　　　　B. 12.5
C. 20　　　　　　　 D. 25

【答案】B

【解析】从事符合条件的环保、节能、节水项目所得，自项目取得第一笔生产经营收入所属纳税年度起，第一年至第三年免征企业所得税，第四年至第六年减半征收企业所得税。该企业应纳所得税额为=100×25%/2=125万元。

【2013年单选题】某公司2011年成立，当年经税务机关核实亏损20万元，2012年度该公司利润总额为200万元。假设公司无其他纳税调整事项，也不享受税收优惠，则2012年度该公司应纳所得税额为(　　)万元。

A. 45　　　　　　　 B. 50
C. 59.4　　　　　　 D. 66

【答案】A

【解析】应纳所得税额=(200-20)×25%=45万元。

【2011年单选题】决定企业之间合并缴纳企业所得税的权限集中在(　　)。

A. 财政部
B. 国家税务总局
C. 国务院
D. 全国人民代表大会常务委员会

【答案】C

【解析】除国务院另有规定外，企业之间不得合并缴纳企业所得税。所以决定权在国务院。

【2011年单选题】下列机构中，不属于企业所得税纳税人的是(　　)。

A. 基金会　　　　 B. 有限合伙企业
C. 非企业单位　　 D. 社会团体

【答案】B

【解析】本题考查企业所得税纳税人。企业所得税的纳税人，不包括依照中国法律、行政法规成立的个人独资企业、合伙企业。

【2011年单选题】下列收入中，属于企业所得税法规定不征税收入的是(　　)。

A. 国债利息收入
B. 从居民企业分回的股息
C. 财政拨款
D. 非营利组织收入

【答案】C

【解析】企业所得税法中规定不征税的收入为：

(1) 财政拨款；
(2) 依法收取并纳入财政管理的行政事业性收费；
(3) 依法收取并纳入财政管理的政府性基金；
(4) 国务院规定的其他不征税收入。

【2011年单选题】企业下列支出项目中，准予在企业所得税前扣除的是(　　)。

A. 企业所得税税款
B. 已提取尚未实际发放的工资薪金
C. 库存商品的销售成本
D. 赞助支出

【答案】C

【解析】禁止在所得税税前扣除的项目：企业所得税税款；未经核定的准备金支出；赞助支出等。

【2011年多选题】根据我国现行企业所得税法，符合企业重组特殊性税务处理条件的有(　　)。

A. 企业重组具有合理的商业目的
B. 企业重组不以减少、免除或者推迟缴纳税款为主要目的
C. 企业重组后的连续6个月内不改变重组资产原来的实质性经营活动
D. 企业重组交易对价中股权支付额不低于交易支付总额的80%
E. 企业重组取得的股权支付的原主要股东，在重组后连续12个月内，不得转让所取得的股权

【答案】ABE

【解析】C选项，企业重组后的连续12个月内不改变重组资产原来的实质性经营活动；D选项，企业重组交易对价中股权支付额不低于交易支付总

额的85%。

【2010年单选题】居民企业，是指依法在中国境内成立，或者依照外国(地区)法律成立，但( )在中国境内的企业。

A. 总机构　　　　　B. 财务部门

C. 人事部门　　　　D. 实际管理机构

【答案】D

【解析】本题考查居民企业的概念。

【例题 单选题】某国有企业1994年开始经营，当年亏损30万元，1995年度盈利10万元，1996年度亏损5万元，1997年度亏损15万元，1998年度盈利8万元，1999年度盈利6万元，2000年度盈利40万元，则该企业2000年度的应纳税所得额为( )万元。

A. 14　　　　　B. 20

C. 26　　　　　D. 40

【答案】B

【解析】2000年的盈利不能再弥补1994年的亏损，因为已经超过弥补期，只能用来弥补1996、1997年的亏损。应纳税所得额=40-(5+15)=20万元。

【例题 单选题】企业收入总额中属于不征税收入的是( )。

A. 国债利息收入　　B. 技术转让收入

C. 股息、红利收入　D. 财政拨款

【答案】D

【解析】收入总额中的下列收入为不征税收入。

(1) 财政拨款；

(2) 依法收取并纳入财政管理的行政事业性收费；

(3) 依法收取并纳入财政管理的政府性基金；

(4) 国务院规定的其他不征税收入，主要是指企业取得的，由国务院财政、税务主管部门规定专项用途并经国务院批准的财政性资金。

【例题 案例分析题】某生产企业，2008年有关会计资料如下：

(1) 年度会计利润总额为300万元；

(2) 全年销售收入为3000万元；

(3) "管理费用"中列支的业务招待费30万元，广告费和业务宣传费500万元；

(4) "营业外支出"中列支的税收罚款1万元，公益性捐赠支出25万元；

(5) "投资收益"中有国债利息收入5万元，从深圳某联营企业分回利润17万元，已知联营企业的所得税税率为15%。

假设该企业所得税税率为25%，不考虑其他

因素。

根据以上资料，回答下列问题：

1. 可以在税前列支的业务招待费金额为( )元。

A. 100 000　　　　B. 150 000

C. 180 000　　　　D. 300 000

【答案】B

【解析】发生额的60%为18万元，销售收入的5‰为15万元，按15万元扣除。

2. 下列有关企业所得税税前扣除项目的表述中，正确的有( )。(多选题)

A. 税收罚款不得在税前扣除

B. 本例中的公益性捐赠支出可以全额在税前扣除

C. 本例中的公益性捐赠支出不能全额在税前扣除

D. 赞助支出可以在税前扣除

【答案】AB

【解析】本题考查企业所得税税前扣除项目。

3. 下列关于投资收益的税务处理的说法中，正确的有( )。

A. 取得的国债利息收入属于不征税收入

B. 从被投资企业分回的利润应调增应纳税所得额

C. 从被投资企业分回的利润应补缴企业所得税

D. 从被投资企业分回的利润属于免税收入

【答案】D

【解析】从被投资企业分回的利润属于免税收入。

4. 不得在税前扣除的广告费和业务宣传费金额为( )万元。

A. 50　　　　　B. 260

C. 410　　　　　D. 450

【答案】A

【解析】允许扣除的广告费和业务宣传费=3000×15%=450万元，因此不得扣除的应该是50万元。

5. 该企业2008年应纳企业所得税为( )元。

A. 852 500　　　　B. 860 000

C. 872 500　　　　D. 880 000

【答案】B

【解析】会计利润300万元，业务招待费调增15万元；广告费和业务宣传费调增50万元；罚款调增1万元，公益性捐赠无须进行纳税调整；国债利息收入5万元和联营企业分回的利润17万元免税，调减22万元。

应纳税所得额=300+15+50+1-5-17=344万元。

应纳税额=344×25%=86万元。

【例题 案例分析题】某商贸企业，2008年度实现的产品销售收入为1800万元，支付合理的工资薪金总额200万元(含残疾职工工资50万元)，业务招待费80万元，职工福利费60万元，职工教育经费30万元，利润总额为200万元；另外，企业当年购置环境保护专用设备支出600万元，购置完毕即投入使用。企业所得税税率为25%。

根据以上资料，回答下列问题：

1. 该企业2008年度允许税前扣除的工资薪金为(　　)万元。

A. 150　　　　　　B. 200

C. 250　　　　　　D. 300

【答案】C

【解析】支付给残疾职工工资的100%可以加计扣除。税前扣除的工资=200+50=250万元。

2. 该企业2008年度不允许税前扣除的业务招待费为(　　)万元。

A. 9　　　　　　　B. 32

C. 48　　　　　　 D. 71

【答案】D

【解析】业务招待费的60%为=80×60%=48万元，销售收入的5‰为1800×5‰=9万元。可以扣除9万元。不予扣除的业务招待费=80-9=71万元。

3. 该企业2008年度允许税前扣除的职工福利费为(　　)万元。

A. 28　　　　　　 B. 32

C. 35　　　　　　 D. 60

【答案】A

【解析】扣除限额=200×14%=28万元，而实际发生的职工福利费为60万元，可以扣除28万元。

4. 该企业2008年度允许税前扣除的职工教育经费为(　　)万元。

A. 30　　　　　　 B. 5

C. 4　　　　　　　D. 3

【答案】B

【解析】扣除限额=200×2.5%=5万元，实际发生了30万元，可以扣除5万元。剩下的以后年度结转扣除。

5. 税法规定，企业购置并实际使用环境保护专用设备，可以按设备投资额的一定比例抵免企业当年的应纳税额，则该企业可以抵免的应纳税额为(　　)万元。

A. 600　　B. 240　　C. 60　　D. 30

【答案】C

【解析】企业购置并实际使用的环境保护专用设备，可以按设备投资额的10%抵免企业当年的应纳税额，所以是600×10%=60万元。

6. 该企业2008年度应纳税所得额为(　　)万元。

A. 200　　B. 257　　C. 271　　D. 278

【答案】D

【解析】应纳税所得额=200-50+71+(60-28)+(30-5)=278万元。

7. 该企业2008年度应纳企业所得税为(　　)万元。

A. 9.5　　　　　　B. 39.25

C. 42.75　　　　　D. 44.5

【答案】A

【解析】应纳税额=278×25%-60=9.5万元。

【例题 单选题】某企业(非高新技术企业)2008年应纳税所得额为50万元，企业当年从业人数50人，资产总额800万元，不考虑其他因素，则企业2008年适用的企业所得税税率为(　　)。

A. 18%　　B. 20%　　C. 25%　　D. 27%

【答案】C

【解析】该企业不符合小型微利企业的条件，适用的所得税税率为25%。

【例题 多选题】关于企业所得税收入确认原则的说法，正确的是(　　)。

A. 企业一般对收入项目的确认，采用收付实现制原则

B. 利息收入，按照合同约定债务人应付利息的日期确认收入实现

C. 租金收入，按照合同约定承租人应付租金的日期确认收入实现

D. 接受捐赠收入，按照实际收到捐赠资产的日期确认收入实现

E. 以分期收款方式销售货物，按照发出货物的日期确认收入实现

【答案】BCD

【解析】A选项，企业一般对收入项目的确认，采用权责发生制原则；E选项以分期收款方式销售货物，按照合同规定的收款日期确认收入实现。

【例题 多选题】关于无形资产税务处理的说法，正确的有(　　)。

A. 无形资产不包括商誉

B. 自创商誉不得计算摊销费用扣除

C. 外购商誉的支出，在企业整体转让或者清算时，准予扣除

D. 无形资产的摊销年限不得低于5年

E. 无形资产按照直线法计算的摊销费用，准予扣除

【答案】BCE

【解析】无形资产包括商誉，A选项错误；无形资产的摊销年限不得低于10年，D选项错误。

第二节　个人所得税

 思维导图

该节涉及多个知识点和概念，如图5-4所示。

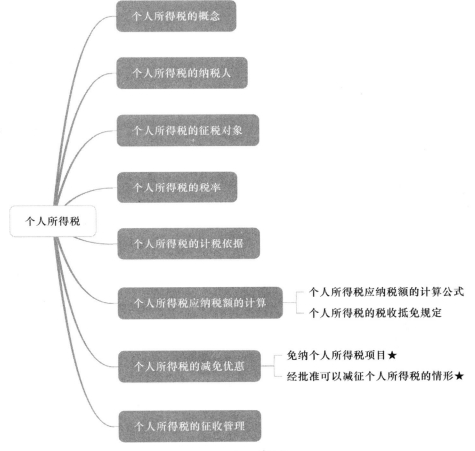

图5-4　个人所得税

 知识点测试

【2014年单选题】年所得在12万元以上的纳税人，在年度终了后(　　)内到主管税务机关办理纳税申报。

A. 1个月　　　　　　B. 3个月

C. 6个月　　　　　　D. 1年

【答案】B

【解析】本题考核个人所得税的纳税申报与缴纳。年所得在12万元以上的纳税人，在年度终了后3个月内到主管税务机关办理纳税申报。

【2014年多选题】个人的下列所得中，按规定可以减免个人所得税的有(　　)。

A. 科技部颁发的科技创新奖金

B. 救济金

C. 福利彩票中奖所得

D. 国债利息

E. 信托投资收益

【答案】ABD

【解析】免纳个人所得税的有：省级人民政

府、国务院部委和中国人民解放军军级以上单位，以及外国组织、国际组织颁发的科学、教育、技术、文化、体育、环境保护等方面的奖金，A选项正确。国债和国家发行的金融债券利息，D选项正确，E选项错误。福利费、抚恤金、救济金，B选项正确。C选项属于偶然所得，不属于减免的范围。

【2013年单选题】根据个人所得税法，对于某些特定人员，允许其每月的工资、薪金收入在统一减除基本费用的基础上，再减除一定的附加减除费用，计算工资薪金所得。上述特定人员是( )。

A. 在中国境内的外商投资企业中工作的中方人员

B. 在中国境内外商投资企业举办讲座，取得劳务报酬收入的外籍专家

C. 应聘在中国境内的社会团体中工作的外籍专家

D. 应聘在中国境内的社会团体中工作的中方专家

【答案】C

【解析】对于下列四种人员，其每月的工资、薪金收入，在统一减除3500元费用的基础上，再允许减除1300元的附加减除费用：

(1) 在中国境内的外商投资企业和外国企业中工作的外籍人员；

(2) 应聘在中国境内的企业、事业单位、社会团体、国家机关中工作的外籍专家；

(3) 在中国境内有住所而在中国境外任职或者受雇取得工资、薪金所得的个人；

(4) 国务院财政、税务主管部门确定的其他人员。

【2011年单选题】个人所得税纳税人自行申报纳税的申报地点不包括( )。

A. 任职单位所在地　　B. 临时居住地
C. 户籍所在地　　D. 劳务发生地

【答案】B

【解析】本题考查自行申报纳税的申报地点。自行申报纳税人的申报地点包括任职、受雇单位所在地，实际经营所在地，经常居住地，户籍所在地或劳务发生地。

【2010年单选题】下列所得中，免征个人所得税的是( )。

A. 加班工资　　B. 年终奖
C. 残疾人员所得　　D. 离休工资

【答案】D

【解析】本题考查免征个人所得税的项目。

【例题 单选题】我国个人所得税法规定，对一次性收入畸高的劳务报酬所得实行加成征税，对应纳税所得额超过50 000元的部分加征十成，因此，对应纳税所得额超过60 000元的部分，其适用的税率为( )。

A. 20%　　B. 30%　　C. 40%　　D. 50%

【答案】C

【解析】本题考查劳务报酬所得适用税率。

【例题 单选题】李先生取得稿酬收入10 000元，则该笔收入应纳个人所得税( )元。

A. 560　　　　B. 1120
C. 1400　　　　D. 1600

【答案】B

【解析】应纳税所得额＝10 000×(1-20%)=8000元。

应纳税额＝8000 × 20% ×(1- 30%)=1120元。

【例题 案例分析题】上海公民孙某2009年8月从中国境内取得的收入情况如下：

(1) 取得工资收入10 000元；

(2) 一次性取得演讲收入20 000元；

(3) 出版学术专著一部，出版社支付稿酬90 000元；

(4) 购买福利彩票中奖所得30 000元。

根据以上材料，回答下列问题：

1. 孙某取得的工资收入应缴纳的个人所得税为( )元。

A. 745　　　　B. 1305
C. 1465　　　　D. 1600

【答案】A

【解析】应纳税额=(10 000-3500)×20%-555=745元。

2. 孙某取得的演讲收入应缴纳个人所得税为( )元。

A. 4000　　　　B. 3960
C. 3600　　　　D. 3200

【答案】D

【解析】演讲收入应按劳务报酬所得纳税。应纳税额=20 000×(1-20%)×20%=3200元。

3. 孙某取得的稿酬应缴纳个人所得税为( )元。

A. 10 080　　　　B. 12 600
C. 14 400　　　　D. 18 000

【答案】A

【解析】应纳税额=90 000×(1-20%)×20%×(1-

30%)=10 080元。

4. 孙某取得的体育彩票中奖所得应缴纳个人所得税为(　　)元。

A. 0　　　　　　　　　B. 3360

C. 4800　　　　　　　D. 6000

【答案】D

【解析】应纳税额=30 000×20%=6000元。

【例题　单选题】下列所得中应纳个人所得税的是(　　)。

A. 县级人民政府发放的先进个人奖

B. 保险赔款

C. 退休工资

D. 抚恤金

【答案】A

【解析】其他三项免征个人所得税。

【例题　单选题】下列关于个人所得税纳税期限的说法中，错误的是(　　)。

A. 自行申报纳税人每月应纳的税款，应当在次月7日内缴入国库

B. 从中国境外取得所得的纳税义务人，应当在年度终了后30日内，将应纳的税款缴入国库

C. 年所得12万元以上的纳税义务人，在年度终了后5个月内到主管税务机关办理纳税申报

D. 扣缴义务人每月所扣的税款，应当在次月7日内缴入国库

【答案】C

【解析】年所得12万元以上的纳税义务人，在年度终了后3个月内到主管税务机关办理纳税申报。

【例题　案例分析题】李某2009年5月的收入情况如下：

(1) 取得劳务报酬22 000元；

(2) 取得股息收入1000元；

(3) 国库券利息收入200元；

(4) 取得稿酬收入5000元；

(5) 取得特许权使用费收入10 000元，并将其中的5000元通过民政部门捐赠给希望工程基金会。

根据上述资料，回答下列问题：

1. 下列有关个人所得税的表述，正确的有(　　)。

A. 支付稿酬的单位应代扣代缴李某的个人所得税

B. 李某取得的稿酬费用扣除额为800元

C. 李某的劳务报酬应按30%的比例税率计算应纳税额

D. 李某取得的特许权使用费收入的费用扣除额为800元

【答案】A

2. 劳务报酬收入应纳个人所得税税额为(　　)元。

A. 3520　　　　　　　B. 4600

C. 6360　　　　　　　D. 6600

【答案】A

【解析】应纳税所得额=22 000×(1-20%)=176 00元；应纳个人所得税=17 600×20%=3520元。

3. 稿酬收入应纳个人所得税税额为(　　)元。

A. 560　　　　　　　　B. 588

C. 800　　　　　　　　D. 840

【答案】A

【解析】应纳税所得额=5000×(1-20%)=4000元；应纳个人所得税=4000×20%×(1-30%)=560元。

4. 李某对希望工程基金会的捐赠，正确的处理为(　　)。(多选题)

A. 应全额在税前扣除

B. 可以从应纳税所得额中扣除2400元

C. 可以从应纳税所得额中扣除3000元

D. 超过可以从应纳税所得额中扣除的部分应计算缴纳个人所得税

【答案】BD

【解析】特许权使用费的应纳税所得额=10 000×(1-20%)=8000元；捐赠扣除限额=8000×30%=2400元；由于实际捐赠额超过扣除限额，因此应该按扣除限额扣除，超过部分应计算缴纳个人所得税。

5. 李某5月份应纳个人所得税为(　　)元。

A. 5300　　　　　　　B. 5400

C. 6360　　　　　　　D. 8760

【答案】B

【解析】应纳个人所得税=3520+200+560+[10 000×(1-20%)-2400]×20%=5400元。

考题预测及强化训练

一、单项选择题

1. 某居民企业，2010年计入成本、费用的实发工资总额为300万元，拨缴职工工会经费5万元，支出职工福利费45万元、职工教育经费15万元，该企业2010年计算应纳所得额时准予在税前扣除的工资和三项经费合计为(　　)万元。

A. 310　　　　　　B. 349.84
C. 394.84　　　　　D. 354.5

2. 下列不是我国企业所得税的纳税义务人的是（　　）。
　　A. 国有企业　　　　B. 中外合资企业
　　C. 集体企业　　　　D. 合伙企业

3. 某企业2010年3月1日向其控股公司借入经营性资金400万元，借款期1年，当年支付利息费用28万元。假定当年银行同期同类贷款年利息率为6%，不考虑其他纳税调整事项，该企业在计算2010年应纳税所得额时，应调整的利息费用为（　　）万元。
　　A. 30　　　　　　　B. 28
　　C. 20　　　　　　　D. 8

4. 下列各项中，不属于企业所得税纳税人的企业是（　　）。
　　A. 在英国成立但实际管理机构在中国境内的企业
　　B. 在中国境内成立的外商独资企业
　　C. 在中国境内成立的合伙企业
　　D. 在中国境内设立的一人有限公司

5. 企业所得税的法定税率为（　　）。
　　A. 33%　　　　　　B. 25%
　　C. 12%　　　　　　D. 24%

6. 某机械制造企业2010年产品销售收入4000万元，销售材料收入200万元，处置旧厂房取得收入50万元，转让某项专利技术所有权取得收入300万元。业务招待费支出50万元，所得税前准予扣除的业务招待费为（　　）万元。
　　A. 21　　　　　　　B. 21.25
　　C. 30　　　　　　　D. 50

7. 根据企业所得税法的规定，以下适用25%税率的是（　　）。
　　A. 在中国境内未设立机构、场所的非居民企业
　　B. 在中国境内虽设立机构、场所，但取得所得与其机构、场所没有实际联系的非居民企业
　　C. 在中国境内设立机构、场所且取得所得与其机构、场所有实际联系的非居民企业
　　D. 所有的非居民企业

8. 某企业2008年度亏损20万元，2009年度亏损10万元，2010年度盈利5万元，2011年度亏损15万元，2012年度盈利8万元，2013年度盈利6万元，预计2014年度盈利74万元，则2014年度的应纳税所得额为（　　）万元。
　　A. 47　　　　　　　B. 48
　　C. 49　　　　　　　D. 74

9. 计算应纳税所得额时，下列项目可以在税前扣除的有（　　）。
　　A. 企业所得税税款
　　B. 各项税收的滞纳金、罚金和罚款
　　C. 企业转让资产，该资产的净值
　　D. 超过国家规定允许扣除的公益、救济性捐赠的部分

10. 下列收入中可以免征企业所得税的是（　　）。
　　A. 企业销售自产货物的收入
　　B. 企业转让房屋的收入
　　C. 在中国境内设立机构、场所的非居民企业从居民企业取得的与该机构、场所有实际联系的股息、红利等权益性投资收益
　　D. 企业转让特许权使用费的收入

11. 某企业2008年的销售收入为5000万元，实际支出的业务招待费为40万元，在计算应纳税所得额时允许扣除的业务招待费是（　　）万元。
　　A. 18　　B. 24　　C. 25　　D. 30

12. 下列各项中，在计算企业所得税应纳税所得额时准予按规定扣除的是（　　）。
　　A. 企业之间支付的管理费用
　　B. 企业之间支付的利息费用
　　C. 企业之间支付的股息红利
　　D. 企业内机构之间支付的租金

13. 根据新的《中华人民共和国企业所得税法》的规定，国家重点扶持的高新技术企业，适用的企业所得税税率是（　　）。
　　A. 10%　　　　　　B. 15%
　　C. 20%　　　　　　D. 25%

14. 下列关于收入确认时间的说法中，正确的是（　　）。
　　A. 接受非货币形式捐赠，在计算缴纳企业所得税时应分期确认收入
　　B. 采取产品分成方式取得收入的，按照企业分得产品的日期确认收入的实现
　　C. 股息等权益性投资收益以投资方收到所得的日期确认收入的实现
　　D. 特许权使用费收入以实际取得收入的日期确认收入的实现

15. 下列应税项目中，按月计算征收个人所得税的是（　　）。
　　A. 股息、红利所得
　　B. 稿酬所得
　　C. 工资、薪金所得
　　D. 特许权使用费所得

16. 某教授2010年8月因其编著的小说出版，获得稿酬8500元，2010年9月又在另外一个出版社出版著作取得稿酬4000元，该教授共应缴纳个人所得税( )元。
   A. 952
   B. 1288
   C. 1400
   D. 1358

17. 根据《中华人民共和国个人所得税法》的规定，个人发生的公益性捐赠支出，在计算个人所得税应纳税所得额的扣除标准时是( )。
   A. 全额扣除
   B. 在应纳税所得额12%以内的部分扣除
   C. 在收入总额30%以内的部分扣除
   D. 在应纳税所得额30%以内的部分扣除

18. 个人所得税中企业、事业单位的承包、承租经营所得，所得税的计算适用( )。
   A. 5%～45%的超额累进税率
   B. 5%～35%的超额累进税率
   C. 20%的比例税率
   D. 5%～45%的超率累进税率

19. 某人取得一次性提供劳务的报酬3000元，通过民政局向某灾区全部捐赠出去，因此，该人( )。
   A. 可以在税前扣除3000元的捐赠，因此不再需要缴纳个人所得税
   B. 可以在税前扣除2400元的捐赠，因此不再需要缴纳个人所得税
   C. 可以在税前扣除900元的捐赠，因此仍需缴纳个人所得税
   D. 可以在税前扣除660元的捐赠，因此仍需缴纳个人所得税

20. 刘某2010年取得特许权使用费收入两次，分别为2000元、5000元。刘某两次所取得的特许权使用费所得应纳的个人所得税税额为( )元。
   A. 1040
   B. 920.40
   C. 912.40
   D. 914.40

21. 某汽车制造行业2008年实现销售(营业)收入1000万元，实际发生广告费和业务宣传费支出300万元，则该企业2008年计算应纳税所得额时可以在税前扣除的广告费和业务宣传费为( )万元。
   A. 20
   B. 80
   C. 150
   D. 300

22. 某企业2010年度借款利息费用为18万元，其中包括以年利率8%向银行借入的期限为9个月的生产用资金200万元的借款利息；剩余的利息为以年利率12%向其他非金融企业借入的期限为6个月的生产用资金100万元的借款利息(银行同期同类贷款利率为6%)。该企业2010年度可在计算应纳税所得额时扣除的利息费用是( )万元。
   A. 18
   B. 16
   C. 15
   D. 12

23. 企业所得税法律制度的规定，企业的固定资产由于技术进步等原因，确需加速折旧的，可以缩短折旧年限或者采取加速折旧的方法。采取缩短折旧年限方法的，最低折旧年限不得低于法定折旧年限的( )。
   A. 30%
   B. 50%
   C. 60%
   D. 70%

24. 根据企业所得税法律制度的规定，企业综合利用资源，生产符合国家产业政策规定的产品所取得的收入，可以在计算应纳税所得额时减按( )计入收入总额。
   A. 50%
   B. 60%
   C. 70%
   D. 90%

25. 根据企业所得税法律制度的规定，下列小型微利企业中，可以减按20%的税率征收企业所得税的有( )。
   A. 甲工业企业，年度应纳税所得额为32万元，从业人数76人，资产总额2500万元
   B. 乙工业企业，年度应纳税所得额为28万元，从业人数98人，资产总额2800万元
   C. 丙商业企业，年度应纳税所得额为28万元，从业人数76人，资产总额2200万元
   D. 丁商业企业，年度应纳税所得额为25万元，从业人数82人，资产总额1200万元

二、多项选择题

1. 以下属于企业所得税税前扣除基本原则的有( )。
   A. 相关性原则
   B. 不征税收入形成支出不得扣除原则
   C. 重要性原则
   D. 谨慎性原则
   E. 合理性原则

2. 根据企业所得税法的规定，下列收入的确认正确的是( )。
   A. 权益性投资收益，按照投资方取得投资收益的日期确认收入的实现
   B. 利息收入，按照收付利息的日期确认收入的实现
   C. 租金收入，按照实际收取租金的日期确认收入的实现
   D. 特许权使用费收入，按照合同约定的特许权使用人应付特许权使用费的日期确认收入的实现

E. 接受捐赠收入，按照实际收到的捐赠资产的日期确认收入的实现

3. 下列各项为企业所得税的纳税义务人的是(　　)。
   A. 集体企业
   B. 合伙企业
   C. 外商投资企业
   D. 个人独资企业
   E. 外国企业

4. 下列说法中符合非居民企业纳税规定的有(　　)。
   A. 非居民企业在中国境内未设立机构、场所的，所取得的所得适用税率为25%
   B. 非居民企业在中国境内未设立机构、场所的，应当就其来源于中国境内的所得缴纳企业所得税
   C. 非居民企业在中国境内设立机构、场所，但取得的所得与其所设机构、场所没有实际联系的，应当就其来源于中国境内的所得缴纳企业所得税
   D. 非居民企业在中国境内设立机构、场所，但取得的所得与其所设机构、场所有实际联系的，应当就其来源于中国境内的所得缴纳企业所得税
   E. 非居民企业在中国境内未设立机构、场所的，所取得的所得适用税率为33%

5. 企业取得下列各项所得，可以免征企业所得税的有(　　)。
   A. 林产品的采集所得
   B. 海水养殖、内陆养殖所得
   C. 香料作物的种植所得
   D. 农作物新品种的选育所得
   E. 牲畜家禽的饲养所得

6. 处理企业所得税前扣除项目时应遵循的原则有(　　)。
   A. 真实性原则
   B. 配比性原则
   C. 区分收益性支出和资本性支出原则
   D. 收付实现制原则
   E. 合理性原则

7. 下列各项中，在计算应纳税所得额时有加计扣除规定的包括(　　)。
   A. 企业开发新技术、新产品、新工艺发生的研究开发费用
   B. 创业投资企业从事国家需要重点扶持和鼓励的创业投资项目
   C. 企业综合利用资源，生产符合国家产业政策规定的产品
   D. 企业安置残疾人员及国家鼓励安置的其他就业人员所支付的工资
   E. 企业购置的用于节能、节水项目专用设备的投资额

8. 下列各项应当计入企业所得税收入总额的有(　　)。
   A. 非货币形式的收入
   B. 股息、红利等权益性投资收益
   C. 接受捐赠收入
   D. 代政府收取的基金收入
   E. 特许权使用费收入

9. 依据企业所得税相关规定，在计算应纳税所得额时不得扣除的有(　　)。
   A. 向投资者支付的股息
   B. 无形资产转让费用
   C. 违约后支付的违约金
   D. 赞助支出
   E. 超出规定标准的捐赠支出

10. 下列关于企业所得税的纳税申报表的说法中正确的有(　　)。
    A. 企业所得税按纳税年度计算，分月或者分季预缴
    B. 企业应当自月份或者季度终了之日起10日内，向税务机关报送预缴企业所得税纳税申报表，预缴税款
    C. 企业应当自年度终了之日起4个月内，向税务机关报送年度企业所得税纳税申报表，并汇算清缴
    D. 企业应当自年度终了之日起5个月内，向税务机关报送年度企业所得税纳税申报表，并汇算清缴，结清应缴应退税款
    E. 企业应当自年度终了之日起6个月内，向税务机关报送年度企业所得税纳税申报表，并汇算清缴，结清应缴应退税款

11. 个人取得下列各项所得，必须自行申报纳税的有(　　)。
    A. 从两处或两处以上取得工资所得
    B. 取得应税所得，没有扣缴义务人的
    C. 从中国境外取得所得的
    D. 年税额12万元以上的
    E. 年所得12万元以上的

12. 下列各项中，适用5%～35%的五级超额累进税率征收个人所得税的有(　　)。
    A. 个体工商户的生产经营所得
    B. 合伙企业的生产经营所得
    C. 个人独资企业的生产经营所得
    D. 对企事业单位的承包经营、承租经营所得
    E. 个人的劳务报酬所得

13. 下列可以免征个人所得税的所得有(　　)。
    A. 军人的转业安置费

B. 财产转租收入

C. 职工的福利费

D. 职工加班补助费

E. 参加有奖销售获得的奖金

14. 固定资产的大修理支出，是指同时符合下列(　　)的支出。

A. 修理支出达到取得固定资产时的计税基础50%以上

B. 发生的修理支出达到固定资产原值20%以上

C. 经过修理后的固定资产被用于新的或不同的用途

D. 修理后固定资产的使用年限延长2年以上

E. 修理支出达到取得固定资产原值50%以上

15. 下列各项中，以取得的收入为应纳税所得额直接计征个人所得税的有(　　)。

A. 稿酬所得

B. 偶然所得

C. 其他所得

D. 特许权使用费所得

E. 工资、薪金所得

16. 财产转让所得中可扣除的费用有(　　)。

A. 必要费用的扣除，即定额扣除800元

B. 财产原值

C. 合理费用

D. 所计提的折旧

E. 预计损失

三、案例分析题

(一) 某日化厂为增值税一般纳税人，2005年8月发生以下业务：

(1) 生产成套化妆品礼盒1000套全部售出，不含税销售单价为每套90元，外购原材料70 000元，取得增值税发票，注明税款11 900元；

(2) 三八妇女节发给本厂职工一批化妆品，该企业无同类产品价格，该批化妆品成本为10 000元，成本利润率为10%；

(3) 将自产的化妆品，向某美容院长期投资，该产品生产成本60 000元，成本利润率10%，本企业无同类产品销售价格；

(4) 本月进口一批化妆品，关税完税价格14 000元，关税税率为50%。消费税税率为30%。

根据上述资料，回答下列问题：

1. 该企业自产自用和投资用的产品应纳消费税合计为(　　)元。

A. 16 153.85　　　　B. 18 000

C. 21 000　　　　　D. 33 000

2. 该企业进口产品应纳的消费税和增值税为(　　)元。

A. 6300　　　　　B. 8750

C. 11 000　　　　D. 14 100

3. 该企业销售产品应纳的增值税和消费税合计为(　　)元。

A. 30 400　　　　B. 39 270

C. 74 000　　　　D. 116 300

(二) 假定某企业为工业企业，2008年资产总额是2800万元，在职职工人数80人，全年经营业务如下：

(1) 取得销售收入2500万元；

(2) 销售成本1343万元；

(3) 发生销售费用670万元(其中广告费450万元)；管理费用400万元(其中业务招待费15万元)；财务费用60万元；

(4) 销售税金160万元(含增值税120万元)；

(5) 营业外收入70万元，营业外支出50万元(含通过公益性社会团体向贫困山区捐款10万元，支付税收滞纳金6万元)；

(6) 计入成本、费用中的实发工资总额150万元、拨缴职工工会经费3万元、支出职工福利费和职工教育经费29万元，经核定职工福利费和教育经费均超过扣除限额。

根据上述资料，回答下列问题：

要求：每问均为共计金额。

4. 企业销售费用和管理费用应调增的应纳税所得额为(　　)万元。

A. 75　　　　　B. 75.5

C. 78.5　　　　D. 81

5. 企业营业外支出需要调增的数额为(　　)万元。

A. 9.6　　　　B. 13.26

C. 15.16　　　D. 20.46

6. 企业"三费"应调增所得额为(　　)万元。

A. 7.25　　　　B. 4.25

C. 2.25　　　　D. 1.25

7. 企业应纳所得税为(　　)万元。

A. 67.71　　　　B. 26.85

C. 21.48　　　　D. 16.11

(三) 某市一家高新技术企业，属于国家需要重点扶持的高新技术企业，2010年度发生如下相关生产经营业务：

(1) 当年主营业务收入700万元，其他业务收入20万元。国债利息收入10万元，取得对境内非上市

公司的投资收益46.8万元；

(2) 全年营业成本为330万元；

(3) 全年发生财务费用50万元，其中10万元为资本化的利息；

(4) 管理费用共计90万元，销售费用共计40万元，其中列支广告费、业务宣传费30万元；

(5) 营业外支出共计列支17.73万元，通过青少年基金发展会向农村义务教育捐款10万元，税收罚款支出5万元，滞纳金2.73万元；

(6) 营业税金及附加28.03万元；

(7) 上年广告宣传费超支20万元。

根据上述资料，回答下列问题：

8. 企业2010年的收入总额为( )万元。

A. 730 B. 756.8

C. 766.8 D. 776.8

9. 企业2010年可扣除的财务费用为( )万元。

A. 50 B. 40

C. 30 D. 20

10. 企业2010年可扣除的销售费用(结转扣除的金额)为( )万元。

A. 60 B. 40

C. 108 D. 58

11. 企业2010年可扣除的营业外支出为( )万元。

A. 23.72 B. 10

C. 15 D. 13.72

12. 企业2010年的企业所得税为( )万元。

A. 13.65 B. 27.30

C. 25.80 D. 24.30

参考答案及解析

一、单项选择题

1. 【答案】D

【解析】企业发生的合理的工资、薪金支出准予据实扣除。 福利费扣除限额为300×14%=42万元，实际发生45万元，准予扣除42万元；工会经费扣除限额=300×2%=6万元，实际发生5万元，可以据实扣除；职工教育经费扣除限额=300×2.5%=7.5万元，实际发生15万元，准予扣除7.5万元；税前准予扣除的工资和三项经费合计=300+42+5+7.5=354.5万元。

2. 【答案】D

【解析】在中华人民共和国境内，企业和其他取得收入的组织，包括依照中国法律、行政法规在中国境内成立的企业、事业单位、社会团体以及

其他取得收入的组织(以下统称企业)，为企业所得税的纳税人。个人独资企业和合伙企业除外。

3. 【答案】D

【解析】可以扣除的利息费用=400×6%×10/12= 20万元；利息费用调增应纳税所得额=28-20=8万元。

4. 【答案】C

【解析】个人独资、合伙企业征收个人所得税，不是企业所得税的纳税人。

5. 【答案】B

【解析】企业所得税法定税率：

(1) 居民企业使用的企业所得税法定税率为25%；

(2) 非居民企业在中国境内未设立机构、场所的，或者虽设立机构、场所但取得的所得与其所设机构、场所没有实际联系的，其来源于中国境内的所得，法定税率为20%。

企业所得税优惠税率：

(1) 符合规定条件的小型微利企业：20%，注意小型微利企业的判断标准；

(2) 高新技术企业：15%；

(3) 预提所得税税率：10%。

6. 【答案】A

【解析】业务招待费支出，按照发生额的60%扣除，但最高不得超过当年销售(营业)收入的5‰。业务招待费扣除额=50×60%=30万元，扣除限额=(4000+200)×5‰=21万元，按照孰低原则，所得税前准予扣除的业务执行费为21万元，处置旧厂房取得的收入及转让技术所有权取得的收入，属于税法上的营业外收入，不作为计提基数。

7. 【答案】C

【解析】非居民企业包括在中国境内设立机构、场所的企业以及在中国境内未设立机构、场所，但有来源于中国境内所得的企业。在中国境内设立机构、场所的企业分为两种类型：在中国境内设立机构、场所且取得的所得与其机构、场所有实际联系的非居民企业；在中国境内虽设立机构、场所但取得的所得与其机构、场所没有实际联系的非居民企业。前者适用25%的税率，后者适用20%的税率(实际征税率10%)。

8. 【答案】C

【解析】应纳所得额=74-(10+15)=49万元。

9. 【答案】C

【解析】(1) 企业转让资产，该项资产的净值，准予在计算应纳税所得额时扣除；

(2) 国家规定允许扣除的公益、救济性捐赠的部分，即年度利润总额12%以内的部分可以在税前

扣除，超过部分税前不得扣除；

(3) 企业所得税税款和各项税收的滞纳金、罚金和罚款不得在税前扣除。

10.【答案】C

【解析】根据新的企业所得税法的规定，在中国境内设立机构、场所的非居民企业从居民企业取得与该机构、场所有实际联系的股息、红利等权益性投资收益为免税收入。

11.【答案】B

【解析】企业发生的与生产经营活动有关的业务招待费支出，按照发生额的60%扣除，但最高不得超过当年销售(营业)收入的5‰。因此，允许扣除的业务招待费是40×60%=24万元。

12.【答案】B

【解析】企业之间支付的管理费用不可以扣除，因此选项A不正确；企业之间支付的股息红利属于税后支付的不能税前扣除，因此选项C不正确；企业内机构之间支付的租金不可以扣除，因此选项D不正确。

13.【答案】B

【解析】高新技术企业属于国家需要重点扶持的企业。

(1) 符合规定条件的小型微利企业：20%，注意小型微利企业的判断标准；

(2) 高新技术企业：15%；

(3) 预提所得税税率：10%。

14.【答案】B

【解析】A答案，接受捐赠收入、无法偿付的应付款收入等，不论是以货币形式还是非货币形式体现，除另有规定外，均应一次性计入收入缴纳企业所得税；C答案，股息等权益性投资收益以被投资方作出利润分配决定的日期确认收入的实现；D答案，特许权使用费收入以合同约定的特许权使用人应付特许权使用费的日期确认收入的实现。

15.【答案】C

【解析】工资、薪金所得按月计征个人所得税，ABD三项答案是按次计征个人所得税的。

16.【答案】C

【解析】在两处或两处以上出版、发表或再版同一作品而取得的稿酬，则可以分别按在各处取得的所得或再版所得分次征税。该教授应缴纳个人所得税=8500×(1-20%)×20%×(130%)+(4000-800)×20%×(1-30%)=1400元。

17.【答案】D

【解析】个人发生的公益性捐赠支出，在应纳税所得额30%以内的部分，准予在计算应纳税所得额时扣除。

18.【答案】B

【解析】个体工商户、个体独资企业和合伙企业个人投资者的生产、经营所得和对企事业单位的承包经营、承租经营所得，适用超额累进税率，税率为5%～35%。

19.【答案】D

【解析】根据规定，未扣除捐赠的应纳税所得额=3000-800=2200元；捐赠的扣除限额=2200×30%=660元；因此，应纳税所得额=2200-660=1540元。

20.【答案】A

【解析】特许权使用费以个人每次取得的收入计算应纳税所得额；刘某两次取得的特许权使用费所得应缴纳的个人所得税=(2000-800)×20%+5000×(1-20%)×20%=1040元。

21.【答案】C

【解析】企业发生的符合条件的广告费和业务宣传费，不超过当年销售(营业)收入15%的部分，准予扣除，即1000×15%=150万元。

22.【答案】C

【解析】(1)企业向金融企业借款的利息支出，可以全额在所得税前扣除；可以在计算应纳税所得额时扣除的银行借款利息费用=200×8%/12×9=12万元。(2)企业向非金融企业借款的利息支出，不超过按照金融企业同期同类贷款利率计算的数额的部分，可以在税前扣除，超过的部分，不能扣除。向其他非金融企业借款可扣除的利息费用限额=100×6%/12×6=3万元。(3)该公司2010年度可在计算应纳税所得额时扣除的利息费用是12+3=15万元。

23.【答案】C

【解析】采取缩短折旧年限方法的，最低折旧年限不得低于法定折旧年限的60%。

24.【答案】D

【解析】企业综合利用资源，生产符合国家产业政策规定的产品所取得的收入，可以在计算应纳税所得额时减按90%计入收入总额。

25.【答案】B

【解析】符合条件的小型微利企业，减按20%的税率征收企业所得税。符合条件的小型微利企业，是指从事国家非限制和禁止行业，并符合下列条件的企业：(1)工业企业，年度应纳税所得额不超过30万元，从业人数不超过100人，资产总额不超过3000万元；(2)其他企业，年度应纳税所得额不超过30万元，从业人数不超过80人，资产总额不超过1000万元。

二、多项选择题

1.【答案】ABE

【解析】税前扣除的基本原则：

(1) 相关性原则；

(2) 合理性原则；

(3) 真实性原则；

(4) 合法性原则；

(5) 配比原则；

(6) 区分收益性支出和资本性支出原则；

(7) 不征税收入形成支出不得扣除原则；

(8) 不得重复扣除原则。

2.【答案】DE

【解析】A选项，权益性投资收益，按照被投资方做出利润分配决定的日期确认收入的实现；B选项，利息收入，按照合同约定的债务人应付利息的日期确认收入的实现；C选项，租金收入，按照合同约定的承租人应付租金的日期确认收入的实现。

3.【答案】ACE

【解析】(1)新企业所得税法规定，在中华人民共和国境内，企业和其他取得收入的组织，包括依照中国法律、行政法规在中国境内成立的企业、事业单位、社会团体以及其他取得收入的组织（以下统称企业），为企业所得税的纳税人；(2)个人独资企业、合伙企业是个人所得税的纳税人。

4.【答案】BC

【解析】非居民企业在中国境内未设立机构、场所的，或者虽设立机构、场所，但取得的所得与其所设机构、场所没有实际联系的，就其来源于中国境内的所得减按10%的税率征收企业所得税。

5.【答案】ADE

【解析】企业的下列所得，可以免征、减征企业所得税：

(1) 企业从事税法规定的农作物、中药材和林木种植、农作物新品种选育、牲畜和家禽饲养、林产品采集、远洋捕捞；

(2) 企业从事下列农、林、牧、渔服务业项目的所得，减半征收企业所得税：①花卉、茶以及其他饮料作物和香料作物种植；②海水和内陆养殖项目的所得；

(3) 企业从事国家重点扶持的公共基础设施项目的投资经营所得，自项目取得第一笔生产经营收入所属纳税年度起，第1年至第3年免征企业所得税，第4年至第6年减半征收企业所得税；

(4) 企业从事符合条件的环境保护、节能节水项目的所得，自项目取得第一笔生产经营收入所属纳税年度起，第1年至第3年免征企业所得税，第4年至第6年减半征收企业所得税；

(5) 在一个纳税年度内，居民企业技术转让所得不超过500万元的部分，免征企业所得税；超过500万元的部分，减半征收企业所得税；

(6) 外国政府向中国政府提供贷款取得的利息所得；国际金融组织向中国政府和居民企业提供优惠贷款取得的利息所得；免征企业所得税。BC属于减半征收企业所得税。

6.【答案】ABCE

【解析】扣除项目的原则包括相关性原则、合理性原则、真实性原则、合法性原则、配比性原则、区分收益性支出和资本性支出原则、不征税收入形成支出不得扣除原则、不得重复扣除原则。

7.【答案】AD

【解析】在计算应纳税所得额时加计扣除的项目共两项：(1)开发新技术、新产品、新工艺发生的研究开发费用；(2)安置残疾人员及国家鼓励安置的其他就业人员所支付的工资。

8.【答案】ABCE

【解析】企业以货币形式和非货币形式从各种来源取得的收入，为收入总额。具体包括：(1)销售货物收入；(2)提供劳务收入；(3)转让财产收入；(4)股息、红利等权益性投资收益；(5)利息收入；(6)租金收入；(7)特许权使用费收入；(8)接受捐赠收入；(9)其他收入。

9.【答案】ADE

【解析】企业对外投资期间，投资资产的成本在计算应纳税所得额时不得扣除。企业在转让或者处置投资资产时，投资资产的成本，准予扣除。无形资产转让费用和违约后支付的违约金准予税前扣除。

10.【答案】AD

【解析】企业应当自月份或者季度终了之日起15日内，向税务机关报送预缴企业所得税纳税申报表，预缴税款；企业应当自年度终了之日起5个月内，向税务机关报送年度企业所得税纳税申报表，并汇算清缴，结清应缴应退税款。

11.【答案】ABCE

【解析】纳税人有下列情形之一的，应当按照规定到税务主管机关办理纳税申报：

(1) 年所得12万元以上的；

(2) 从中国境内两处或者两处以上取得工资、薪金所得的；

(3) 从中国境外取得所得的；

(4) 取得应纳税所得，没有扣缴义务人的；

(5) 国务院规定的其他情形。

12. 【答案】ABCD

【解析】个体工商户、个人独资企业和合伙企业个人投资者的生产、经营所得和对企事业单位的承包经营、承租经营所得，适用超额累进税率，税率为5%～35%。

13. 【答案】AC

【解析】下列各项个人所得，免纳个人所得税：

(1) 省级人民政府、国务院部委和中国人民解放军军级以上单位，以及外国组织、国际组织颁发的科学、教育、技术、文化、体育、环境保护等方面的奖金；

(2) 国债和国家发行的金融债券利息，教育储蓄存款利息以及国务院财政部门确定的其他专项储蓄存款或者储蓄性专项基金存款利息；

(3) 按照国家统一规定发给的补贴、津贴；

(4) 福利费、抚恤金、救济金；

(5) 保险赔款；

(6) 军人的转业费、复员费；

(7) 按照国家统一规定发给干部、职工的安家费、退职费、退休工资、离休工资、离休生活补助费；

(8) 按照我国有关法律规定应予免税的各国驻华使馆、领事馆的外交代表、领事官员和其他人员的所得；

(9) 中国政府参加的国际公约、签订的协议中规定免税的所得；

(10) 经国务院财政部门批准免税的所得。

14. 【答案】AD

【解析】固定资产的大修理支出，是指同时符合修理支出达到取得固定资产时的计税基础50%以上；修理后固定资产的使用年限延长2年以上。

15. 【答案】BC

【解析】稿酬所得、特许权使用费所得，一次收入不超过4000元的，定额减除费用800元，一次收入超过4000元的，定率减除20%的费用，因此选项AD错误；工资、薪金所得，以扣除

2000元后的余额，作为应纳税所得额，因此选项E错误。

16. 【答案】BC

【解析】应纳税所得额=转让财产的收入-财产原值和合理费用。

三、案例分析题

(一)

1. 【答案】D

【解析】(2)(3)属于自产自用和投资用的产品，其组成计税价格分别为：组成计税价格=1000×(1+10%)/(1-30%)=15 714.29元；组成计税价格=60 000×(1+10%)/(1-30%)=94 285.71元；应纳消费税=(15 714.29+94 285.71)×30%=33 000元。

2. 【答案】D

【解析】组成计税价格=[14 000+(14 000×50%)]/(1-30%)=30 000元；应纳增值税=30 000×17%=5100元；应纳消费税=30 000×30%=9000元，合计为14 100元。

3. 【答案】A

【解析】销售额=1000×90=90 000元；进项税额=11 900元；

应纳增值税=90 000×17%-11 900=3400元；

应纳消费税=90 000×30%=27 000元；

合计30 400元。

(二)

4. 【答案】D

【解析】广告费和业务宣传费调增所得额=450-2500×15%=450-375=75万元；

2500×5‰=12.5万元>15×60%=9万元；

业务招待费调增所得额=15-15×60%=15-9=6万元；

合计调增数额=75+6=81万元。

5. 【答案】C

【解析】会计利润总额=2500+70-1343-670-400-60-(160-120)-50=7万元；

捐赠支出扣除的限额=7×12%=0.84万元；

税收滞纳金不可以在税前扣除，因此营业外支出调增额=10-0.84+6=15.16万元。

6. 【答案】B

【解析】职工工会经费扣除限额=150×2%=3万元，实际发生3万元，因此不用纳税调整，职工福利费和职工教育经费应调增的数额=29-150×16.5%=4.25万元。

7. 【答案】B

【解析】应纳税所得额=7+81+15.16+4.25=107.41万

元，应纳税所得额大于30万元，不符合小型微利企业的标准，因此不可以享受20%的优惠税率，应缴企业所得税= 107.41×25%=26.85万元。

(三)

8.【答案】D

【解析】收入总额=700+20+10+46.8=776.8万元。

9.【答案】B

【解析】资本化的利息，通过摊销方式扣除，不直接在财务费用中反映。可扣除的财务费用=50-10=40万元。

10.【答案】A

【解析】劳务收入=700+20=720万元；

广告宣传费扣除限额=720×15%=108万元，实际列支30万，上年超支20万，可结转后在企业所得税税前扣除；

销售费用=40+20=60万元。

11.【答案】B

【解析】利润总额=776.8(收入)-28.03(税金)-330(成本)-(50-10)(财务费用)-90(管理费用)-40(销售费用)-(10+5+2.73)(营业外支出)=231.04万元；

捐赠限额=231.04×12%=27.72万元，实际捐赠为10万元，可据实扣除。

可扣除的营业外支出=10万元。

12.【答案】D

【解析】应纳税所得额=776.8(收入总额)-(10+46.8)(免税收入)-28.03(税金)-330(成本)-40(财务费用)-90(管理费用)-60(销售费用)-10(捐赠)=161.97万元；

或者=231.04-10-46.8+5+2.73-20=161.97万元；

企业2010年的应纳所得税额=161.97×15%=24.30万元。

第六章　其他税收制度

　　本章包含了三节内容，分别介绍了财产税制、资源税制和行为、目的税制的相关知识。与以往教材相比本章内容有所变动，并增加了一些新的知识点。

　　从近年的考试情况来看，本章主要考查房产税、契税、车船税、城镇土地使用税、印花税、资源税、城市维护建设税、教育费附加的内容，重点考查以上税目应纳税额的计算。耕地占用税和土地增值税属于新增加的内容，需要考生重点掌握。

 本章重要考点分析

　　本章涉及10个考点，在历年考试中主要以单项选择题、多项选择题和案例分析题的形式出现，如图6-1所示。

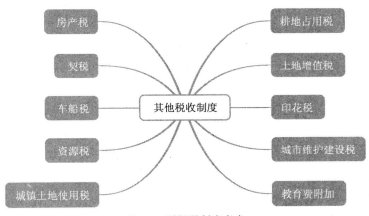

图6-1　所得税制度考点

本章近三年题型及分值总结

　　本章内容在近三年的考试中以单项选择题、多项选择题和案例分析题的形式进行考查，其中，案例分析题所占的比例较大，如表6-1所示。

表6-1　其他税收制度题型及分值

年　份	单项选择题	多项选择题	案例分析题
2014年	2题	1题	0题
2013年	3题	1题	4题
2012年	4题	1题	4题

第一节　财产税制

　　本节中介绍的财产税包括房产税、契税以及车船税。财产税制是对纳税人所有的财产征税的总称。按照征税范围的宽窄，财产税可以划分为一般财产税和个别财产税。一般财产税是对按所有人所拥有的一切财产的综合征收，个人财产税是对个人所有的土地、房屋、资本或其他财产分别征税。

思维导图

该节涉及多个知识点和概念，如图6-2所示。

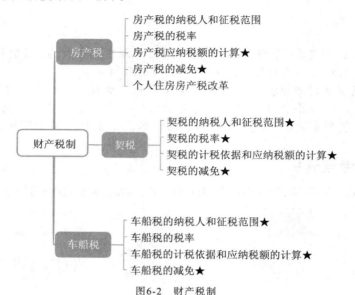

图6-2　财产税制

知识点测试

【**2014年单选题**】下列行为不属于契税征税范围的是(　　)。

A. 国有土地使用权出让

B. 以房屋抵债

C. 农村集体土地承包经营权的转移

D. 房屋赠与

【**答案**】C

【**解析**】本题考查契税的征税范围。农村集体土地承包经营权的转移不属于契税征税范围。

【**2013年单选题**】下列房产中，不属于房产税征税范围的是(　　)。

A. 位于城市的房产

B. 位于县城的房产

C. 位于农村的房产

D. 位于建制镇的房产

【**答案**】C

【**解析**】《中华人民共和国房产税暂行条例》规定，房产税在城市、县城、建制镇和工矿区征收。其中，城市是指国务院批准设立的市。县城是指县人民政府所在地。建制镇是指经省、自治区、直辖市人民政府批准设立的建制镇。建制镇的征税范围为镇人民政府所在地。工矿区是指工商业比较

发达、人口比较集中，符合国务院规定的建制镇标准，但尚未设立镇建制的大中型工矿企业所在地。房产税的征税范围不包括农村，主要是为了减轻农民负担。

【**2013年单选题**】下列车船中，不属于免征车船税的是(　　)。

A. 警用车辆

B. 捕鱼机动车辆

C. 商用客车

D. 军队专用车辆

【**答案**】C

【**解析**】下列车船免征车船税：

(1) 捕捞、养殖渔船；

(2) 军队、武警专用的车船；

(3) 警用车船；

(4) 对节约能源、使用新能源的车船可以减征或者免征车船税；对受严重自然灾害影响，纳税困难以及有其他特殊原因确需减税、免税的，可以减征或者免征车船税；

(5) 省、自治区、直辖市人民政府可以根据当地实际情况，对公共交通车船，农村居民拥有并主要在农村地区使用的摩托车、三轮汽车和低速载货汽车定期减征或免征车船税。省、自治区、直辖市人民政府可以根据当地实际情况，对城市、农村公

共交通车船给予定期减税、免税；

(6) 依照我国有关法律和我国缔结或者参加的国际条约的规定，应当予以免税的外国驻华使馆、领事馆和国际组织驻华机构及其有关人员的车船。

【2011年单选题】下列机构和个人中，属于房产税纳税人的是(　　)。

A. 产权不明的房屋的使用人

B. 拥有农村房产的农民

C. 允许他人无租使用房产的房管部门

D. 房屋的出典人

【答案】A

【解析】本题考查房产税纳税人。产权未确定及租典纠纷未解决的，亦由房产代管人或者使用人纳税。

【2011年多选题】符合经财政部批准免征房产税的房产有(　　)。

A. 房地产开发企业未出售的商品房

B. 经鉴定已停止使用的危房

C. 老年服务机构自用的房产

D. 权属有争议的房产

E. 大修停用3个月以上的房产

【答案】ABC

【解析】产权未确定的房产由房产代管人或者使用人缴纳；纳税人因房屋大修导致连续停用半年以上的，在房屋大修期间免征房产税。

【2011年单选题】居民甲将一套价值100万元的住房与居民乙进行交换，并支付给居民乙差价款20万元，当地规定的契税税率为3%，居民甲需要缴纳契税(　　)万元。

A. 0 　　　　　　　　B. 0.6

C. 3 　　　　　　　　D. 3.6

【答案】B

【解析】房屋所有权交换，房屋交换价值不相等的，按照超出部分由支付差价方缴纳契税。居民甲需要缴纳契税=20×3%=0.6万元。

【2011年单选题】关于车船税计税依据的说法，错误的是(　　)。

A. 畜力车采用以辆为计税依据

B. 船舶采用以净吨位为计税依据

C. 摩托车采用以辆为计税依据

D. 电车采用以自重吨位为计税依据

【答案】D

【解析】车船税实行从量计税的方法。根据车船的种类、性能、构造和使用情况的不同，分别选择了三种单位的计税标准，即辆、净吨位和自重吨位。

(1) 采用以辆为计税标准的车辆有：电(汽)车、摩托车、自行车、人力车、畜力车等。

(2) 采用以净吨位为计税标准的主要是船舶。

(3) 采用以自重吨位为计税标准的有：载货汽车、三轮汽车和低速货车。

【例题 多选题】契税的征税范围包括(　　)。

A. 国有土地使用权出让

B. 以房屋抵债

C. 农村集体土地承包经营权的转移

D. 房屋买卖

E. 以房产作为投资

【答案】ABDE

【解析】农村集体土地承包经营权的转让不属于契税的征收范围。

【例题 单选题】下列关于契税的计税依据的说法中，正确的是(　　)。

A. 土地使用权出售的以评估价格为计税依据

B. 土地使用权赠予的以市场价格为计税依据

C. 土地使用权交换的以成交价格为计税依据

D. 出让国有土地使用权的以重置价值为计税依据

【答案】B

【解析】土地使用权赠与、房屋赠与由征收机关参照土地使用权出售、房屋买卖的市场价格核定。

【例题 单选题】下列情况中应征收契税的是(　　)。

A. 企业破产清算期间，债权人承受破产企业土地房屋产权以抵债

B. 企业改制成职工持股的股份有限公司且承受原企业土地

C. 买房拆料或翻建新房

D. 房屋产权交换，且交换价值相等

【答案】C

【解析】买房拆料或翻建新房应照章征收契税。

【例题 单选题】某公司2008年发生两笔互换房产业务，并已办理了相关手续。其中，第一笔业务换出的房产价值500万元，换进的房产价值800万元，并向对方支付差额300万元；第二笔业务换出的房产价值600万元，换进的房产价值300万元，并收取差额300万元。已知当地人民政府规定的契税税率为3%，该公司上述两笔互换房产业务应缴纳契税(　　)万元。

A. 0 　　　　　　　　B. 9

C. 18 　　　　　　　　D. 33

【答案】B

【解析】应纳契税=300×3%=9万元。房屋交换，价值不相等的，按超出部分由支付差价方缴纳契税。

【例题 单选题】经财政部批准可以免征房产税的情况是(　　)。

A. 正在使用的危险房屋

B. 因维修停用3个月的房屋

C. 在农村设立的仓库

D. 妇幼保健机构自用的房屋

【答案】D

【解析】危险房屋在停止使用后，免征房产税，A选项错误；因维修停用半年以上的房屋，可以免征房产税，B选项错误；农村的房屋不属房产税的征收范围，C选项错误。

第二节　资源税制

资源税是以资源的绝对收益和级差收益为征税对象的一类税收制度的统称。我国对资源征收的税种主要有资源税、城镇土地使用税、耕地占用税和土地增值税。这些税种主要是对矿产资源和土地资源的征税。既有对资源级差收入的调节，也有对资源收益的征收。以前，我国对资源征税的范围太窄，收入规模很小，普遍调节作用发挥得不够好，今后还应逐步扩大征税范围。

 思维导图

该节涉及多个知识点和概念，如图6-3所示。

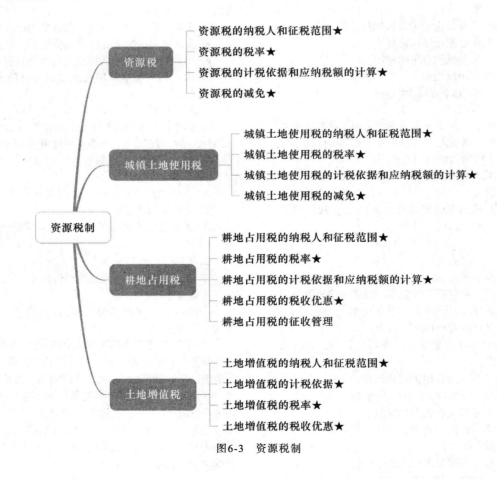

图6-3　资源税制

知识点测试

【2013年单选题】根据城镇土地使用税暂行条例，免于征税的项目是(　　)。

A.坐落在市区的商场用地

B.坐落在县城的房地产公司别墅小区开发用地

C.坐落于市区的游乐场用地

D.企业办的医院、托儿所和幼儿园用地

【答案】D

【解析】特殊免税规定有如下几条：

(1) 对非营利性医疗机构、疾病控制机构和妇幼保健机构等卫生机构自用的土地，免征城镇土地使用税；

(2) 企业办的学校、医院、托儿所、幼儿园用地与其他用地明确区分的，免征城镇土地使用税；

(3) 免税单位无偿使用纳税单位的土地，免征城镇土地使用税；

(4) 行使国家行政管理职能的中国人民银行总行(含外汇管理局)所属分支机构自用的土地，免征城镇土地使用税。

【2013年多选题】城镇土地使用税的纳税人不包括(　　)。

A.土地的实际使用人

B.农用耕地的承包人

C.拥有土地使用权的单位

D.土地使用权共有的各方

E.林地的承包人

【答案】BE

【解析】在城市、县城、建制镇、工矿区范围内使用土地的单位和个人，不包括农村。为城镇土地使用税的纳税人，应当依照有关规定缴纳城镇土地使用税。具体规定如下：

(1) 城镇土地使用税由拥有土地使用权的单位或个人缴纳；

(2) 土地使用权未确定或权属纠纷未解决的，由实际使用人纳税；

(3) 土地使用权共有的，由共有各方分别纳税。

【2011年单选题】下列资源项目中，不属于资源税征收范围的是(　　)。

A.原油　　　　　　B.天然气

C.液体盐　　　　　D.成品油

【答案】D

【解析】《中华人民共和国资源税暂行条例》本着纳入征税范围的资源必须具有商品属性，即具有使用价值和交换价值的原则，只将原油、天然

气、煤炭、其他非金属矿原矿、黑色金属矿原矿、有色金属矿原矿和盐(固体盐和液体盐)列入了征税范围。属于资源税征税范围的资源可以分为矿产品和盐两大类。

【例题 案例分析题】某公司与市政府机关共同使用一栋楼房，该楼房占地面积2000平方米，该公司与市政府的占用比例为4∶1。2006年年初，该公司以原值4 000 000元的房产投资入股，经评估，该房产现值为4 100 000元。当地规定城镇土地使用税税额为每平方米5元，契税税率为4%。

根据以上资料，回答下列问题：

1.该公司应缴纳的城镇土地使用税为(　　)元。

A. 2000　　　　　　B. 4000

C. 8000　　　　　　D. 10 000

【答案】C

【解析】应缴纳城镇土地使用税＝1 600×5＝8000元。

2.市政府机关应缴纳的城镇土地使用税为(　　)元。

A. 0　　　　　　　B. 1000

C. 2000　　　　　　D. 10 000

【答案】A

【解析】国家机关自用的土地免征城镇土地使用税。

3.该房产应缴纳的契税为(　　)元。

A. 0　　　　　　　B. 80 000

C. 160 000　　　　D. 164 000

【答案】D

【解析】按投资房产价值计征契税，应缴纳的契税＝4 100 000×4%＝164 000元。

第三节　行为、目的税制

行为、目的税制包括印花税、城市维护建设税和教育费附加等。行为、目的税制是指国家为了实现某种特定的目的，以纳税人的某些特定行为为征税对象的税种。开征行为税类的主要目的在于国家根据一定时期的客观需要，限制某些特定的行为。这类税种的特点是：征税的选择性较为明显，税种较多，并有着较强的时效性，有的还具有因时因地制宜的特点。

 思维导图

该节涉及多个知识点和概念，如图6-4所示。

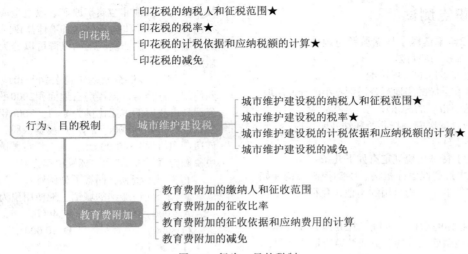

图6-4 行为、目的税制

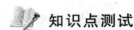 **知识点测试**

【2010年多选题】下列凭证中，属于印花税应税范围的有( )。

A. 无息贷款合同

B. 记载资金的营业账簿

C. 权利许可证照

D. 企业因改制签订的产权转移书据

E. 建筑工程勘察设计合同

【答案】BCE

【解析】现行印花税只对《中华人民共和国印花税暂行条例》列举的凭证征收，没有列举的凭证不征税。正式列举的凭证分为五类，即经济合同、产权转移书据、营业账簿、权利许可证照和经财政部门确认的其他凭证。无息贷款合同和企业因改制签订的产权转移书据不属于印花税应税范围。

【例题 案例分析题】王某长年经营个体运输业务，2007年王某签订了20份运输合同，合计金额200万元，又将两辆货车出租给某运输队，双方签订了租赁合同，租金为每辆每月1000元，租期一年。2007年王某将其自用的两处房产分别出租：其中一处为库房，租给某公司，每月取得租金收入2500元；另一处为楼房，王某将其中一层出租给某餐馆，每月租金3000元；二层租给邻居李某居住，每月租金500元。

注：运输合同的印花税税率为0.5‰；租赁合同的印花税税率为1‰。

根据以上资料，回答下列问题：

1. 王某当年运输合同及货车出租合同应缴纳的印花税为( )元。

A. 1000　　　　　　B. 1012

C. 1024　　　　　　D. 12 500

【答案】C

【解析】印花税=2 000 000×0.5‰+2×12×1000×1‰=1024元。

2. 王某当年应缴纳的房产税为( )元。

A. 7200　　　　　　B. 7600

C. 8160　　　　　　D. 8200

【答案】C

【解析】房产税=(2500×12+3000×12)×12%+500×12×4%=8160元。

【例题 多选题】下列各项中可以作为城市维护建设税计税依据的是( )。

A. 外商投资企业缴纳的增值税、消费税、营业税

B. 内资企业违反增值税、消费税、营业税有关税法规定而加收的滞纳金

C. 内资企业违反增值税、消费税、营业税有关税法而加收的罚款

D. 内资企业补缴上年未缴增值税、消费税、营业税税款

E. 内资企业补缴上年未缴的企业所得税

【答案】AD

【解析】城建税的计税依据，是指纳税人实际缴纳的"三税"税额。纳税人违反"三税"有关税法规定而加收的滞纳金和罚款，不作为城建税的

计税依据。城建税与"三税"同时征收,如果要免征或者减征"三税",也就要同时免征或者减征城建税。对外商投资企业和外国企业缴纳"三税"同样征收城建税。内资企业补缴"三税"的也需要补缴城建税。

【例题 单选题】关于印花税的说法,错误的是(　)。

A. 书立各类经济合同时,以合同当事人为纳税人

B. 应税凭证如在中国境外书立,则不需要缴纳印花税

C. 现行印花税纳税人包括外商投资企业和外国企业

D. 建立营业账簿,以立账簿人为纳税人

【答案】B

【解析】适用于中国境内,并在中国境内具备法律效力的应税凭证,无论是在中国境内或者境外书立,均应依照印花税的规定贴花。

【例题 单选题】工商营业执照应按(　)贴花交纳印花税。

A. 注册资金的2‰

B. 全部资本的1‰

C. 每件5元

D. 股权资本的0.5%

【答案】C

【解析】印花税征税对象根据不同凭证的性质和特点,按照合理负担、便于征纳的原则,分别采用不同的税率。印花税的比例税率分为四档,即0.05‰、0.3‰、0.5‰和1‰。按照比例税率征收的应税项目包括各种合同及具有合同性质的凭证、记载资金的账簿和产权转移书据等。其具体规定是:

(1) 财产租赁合同、仓库保管合同、财产保险合同的税率为1‰;

(2) 加工承揽合同、建设工程勘察设计合同、货物运输合同、产权转移书据、营业账簿中记载资金的账簿,其税率为0.5‰;

(3) 购销合同、建筑安装工程承包合同、技术合同的规定税率为0.3‰;

(4) 借款合同的税率为0.05‰。

使用定额税率的是权利、许可证照和营业账簿中除记载资金账簿以外的其他账簿,采取按件规定固定税额,单位税额均为每件5元。

【例题 多选题】印花税的税率形式有(　)。

A. 定额税率

B. 超额累进税率

C. 比例税率

D. 全额累进税率

E. 超率累进税率

【答案】AC

【解析】印花税课税对象根据不同凭证的性质和特点,按照合理负担、便于征纳的原则,分别采用不同的税率。现行印花税采用比例税率和定额税率两种税率。

考题预测及强化训练

一、单项选择题

1. 2006年某居民将自有房屋出租给某公司员工居住,其应缴纳的房产税税率为(　)。
   A. 3.4%　　　　　　B. 1.2%
   C. 12%　　　　　　D. 0

2. 下列各项中,应当征收房产税的是(　)。
   A. 行政机关所属招待所使用的房产
   B. 自收自支事业单位向职工出租的单位自有住房
   C. 施工期间施工企业在基建工地搭建的临时办公用房
   D. 中国人民银行总行所属分支机构自用的房产

3. 下列各项中不符合《中华人民共和国房产税暂行条例》规定的是(　)。
   A. 将房屋产权出典的,承典人为纳税人
   B. 将房屋产权出典的,产权所有人为纳税人
   C. 房屋产权未确定的,房产代管人或使用人为纳税人
   D. 产权所有人不在房产所在地的,房产代管人或使用人为纳税人

4. 房产税是以房屋为征税对象,以(　)为计税依据,向房屋产权所有人征收的一种财产税。
   A. 房屋计税总值
   B. 房屋的计税余值或租金收入
   C. 房屋总市值
   D. 以上答案均正确

5. 产权出典的,由(　)纳税。
   A. 房产代管人　　　B. 房产使用人
   C. 承典人　　　　　D. 经营管理单位

6. 某企业以房产投资联营,投资者参与利润分红,共担风险,以(　)为房产税的计税依据。
   A. 取得的分红　　　B. 房产市值
   C. 房产净值　　　　D. 房产余值

7. 下列关于房产税的表述,错误的是(　)。
   A. 自2004年8月1日起,对军队空余房产租赁收入暂免征收房产税

B. 房产的征税范围不包括农村

C. 国家机关、人民团体自用的房产免征房产税

D. 纳税人因房屋大修导致连续停用3个月以上的，在房屋大修期间免征房产税

8. 某县城一生产企业为增值税一般纳税人。本期进口原材料一批，向海关缴纳进口环节增值税20万元；本期在国内销售甲产品缴纳增值税34万元、消费税46万元，由于缴纳消费税时超过纳税期限，被罚滞纳金0.46万元；本期出口乙产品一批，按规定退回增值税10万元。该企业本期应缴纳城市维护建设税( )万元。

A. 4

B. 4.5

C. 5.023

D. 5.6

9. 根据《中华人民共和国房产税暂行条例》规定，对企业办的各类学校、医院、托儿所自用的房产应( )。

A. 征收房产税

B. 减征房产税

C. 免征房产税

D. 缓征房产税

10. 下列各项中，符合房产税纳税义务人规定的是( )。

A. 产权属于集体的，由承典人缴纳

B. 房屋产权出典的，由出典人缴纳

C. 产权纠纷未解决的，由代管人或使用人缴纳

D. 产权属于国家所有的，不缴纳

11. 房产税的税率形式是( )。

A. 比例税率

B. 累进税率

C. 定额税率

D. 平均税率

12. 下列行为不属于契税征税范围的是( )。

A. 国有土地使用权的出让

B. 国有土地使用权转让

C. 房屋买卖

D. 农村集体土地承包经营权的转让

13. 王某在城东有住宅一套，价值68万元。董某在城北有住宅一套，价值72万元。两人进行房屋交换，王某以现金支付差价部分。已知契税适用税率为3%，王某应缴纳的契税税额为( )万元。

A. 2.04

B. 2.16

C. 0.12

D. 4.2

14. 以下需要征收契税的情形有( )。

A. 企业分立中，对派生方、新设方承受原企业土地、房屋产权的

B. 在股权转让中，单位、个人承受企业股权，企业的土地、房屋权属不属于转移的

C. 对非债权人承受破产企业土地、房屋归属的

D. 企业合并中，新设方或者存续方承受被解散方土地、房屋权属，合并前各方为相同投资主体的

15. 甲乙两单位互换经营性用房，甲换入的房屋价格为490万元，乙换入的房屋价格为600万元，当地契税税率为3%，则对契税的缴纳说法正确的是( )。

A. 甲应缴纳契税14.7万元

B. 甲应缴纳契税3.3万元

C. 乙应缴纳契税18万元

D. 乙应缴纳契税3.3万元

16. 下列情况中契税的计税依据确定错误的是( )。

A. 土地使用权出售，其计税依据为成交价格

B. 土地使用权赠予，其计税依据为土地市场价格

C. 以协议方式出让国有土地使用权的，其计税依据为土地的原值

D. 已购买公房经补缴土地出让金和其他出让费成为完全产权住房的，免征契税

17. 契税实行幅度比例税率，税率幅度为( )。

A. 5%～10%

B. 3%～5%

C. 2%～6%

D. 1%～3%

18. 符合减免税规定的纳税人，应在土地、房屋权属转移合同生效( )内向土地、房屋所在地的征收机关提出减免税申报。

A. 10日

B. 15日

C. 20日

D. 30

19. 《中华人民共和国车船税暂行条例》规定，应税车船的所有人或管理人未缴纳车船税的，应由( )代缴。

A. 运输部门

B. 所在单位

C. 交通部门

D. 使用人

20. 2010年某生产企业拥有2辆六座载客汽车和4辆自重吨位为5吨的货车。当地车船税的年税额为：载重汽车每吨60元，载人汽车每辆360元。2010年该公司应纳的车船税为( )元。

A. 960

B. 1020

C. 1920

D. 2160

21. 以下属于城镇土地使用税的征税范围的是( )。

A. 城市

B. 建制镇

C. 工矿区

D. 以上选项均正确

22. 下列城镇土地使用税纳税人表述正确的是( )。

A. 城镇土地使用税由拥有土地所有权的单位和个人缴纳

B. 土地使用权权属发生纠纷未解决的，由土地实际使用人纳税

C. 土地使用权共有的，由所占份额较大的一方纳税
D. 对外商投资企业和外国企业暂不适用城镇土地使用税

23. 城镇土地使用税实行分级幅度税额，大城市每平方米土地年税额为( )。
A. 0.6～12元　　　　B. 0.9～18元
C. 1.2～24元　　　　D. 1.5～30元

24. 新征用耕地应缴纳的城镇土地使用税，其纳税义务发生时间是( )。
A. 自批准征用之日起满3个月
B. 自批准征用之日起满6个月
C. 自批准征用之日起满1年
D. 自批准征用之日起满2年

25. 企业资金账簿应按( )贴花交纳印花税。
A. 每件5元
B. 全部资金的1‰
C. 记载资金的0.5‰
D. 不需要缴纳

26. 几个单位共同拥有一块土地使用权，则城镇土地使用税的纳税人为( )。
A. 其中实际占用土地面积最大的单位
B. 税务机关核定的单位
C. 协商确定纳税人
D. 对这块土地拥有使用权的每一个单位

27. 借款合同的印花税税率为( )。
A. 1‰　　　　B. 0.05‰
C. 2‰　　　　D. 0.3‰

28. 下列应征收资源税的矿产品有( )。
A. 选煤　　　　B. 人造石油
C. 原煤　　　　D. 洗煤

29. 下列关于资源税减征的说法不正确的是( )。
A. 对冶金联合企业矿山铁矿石资源税减征造成的地方财政收入减少，中央予以补贴
B. 对冶金联合企业矿山铁矿石资源税，减按规定税额标准的30%征收
C. 对有色金属矿的资源税在规定税额的基础上减征30%
D. 对有色金属矿的资源税按规定税额标准的70%征收

30. 下列权利许可证明不属于印花税征税范围的是( )。
A. 房屋产权证　　　B. 工商营业执照
C. 商标注册证　　　D. 卫生许可证

31. 对外商投资企业和外国企业缴纳的"三税"不征收( )。
A. 城建税　　　　B. 印花税
C. 资源税　　　　D. 车船税

32. 以下可以退免城建税和教育费附加的是( )。
A. "三税"的直接减免
B. "三税"的先征后返
C. "三税"的先征后退
D. "三税"的即征即退

33. 林某有面积为140平方米的住宅一套，价值96万元。黄某有面积为120平方米的住宅一套，价值72万元。两人进行房屋交换，差价部分黄某以现金补偿林某。已知契税适用税率为3%，黄某应缴纳的契税税额为( )万元。
A. 4.8　　　　B. 2.88
C. 2.16　　　　D. 0.72

34. 某烟厂位于城市市区，本月销售卷烟100箱，实现含增值税销售额351万元，本月进项税额15万元。消费税税率为36%，每箱卷烟消费税额150元。该烟厂应纳城建税( )万元。
A. 10.185　　　B. 7.725
C. 1.455　　　D. 10.08

35. 下列关于教育费附加的说法错误的是( )。
A. 教育费附加是以纳税人实际缴纳的"三税"税额为计税依据的
B. 按照《国务院关于教育费附加征收问题的紧急通知》的规定，各省、自治区、直辖市根据自己的实际情况确定征收比率
C. 对海关出口产品征收的增值税、消费税、营业税不征收教育费附加
D. 对于出口产品退还增值税、消费税的，不退还已征的教育费附加

36. 根据规定，现行教育费附加的征收率为( )。
A. 1%　　　　B. 2%
C. 3%　　　　D. 5%

37. 村民王某在本村有两间临街住房，他将其中一间作经营用，按照税法规定，王某可( )。
A. 就经营用房缴纳房产税
B. 不缴纳房产税
C. 暂免房产税
D. 减半缴纳房产税

38. 李某拥有两套房产：一套房产原值100万元自己居住；另一套房产原值70万元，于2010年1月1日租给公民张某用于居住，按市场价每月取得租金收入1200元，李某2010年应缴纳( )元房产税。

A. 400　　　　　　　B. 576
C. 640　　　　　　　D. 1207

39. 我国房产税依据房产租金收入计税的，税率为(　　)。

A. 1.2%　　B. 10%　　C. 8%　　D. 12%

40. 根据城镇土地使用税法律制度的规定，下列各项中，不属于城镇土地使用税计税依据的确定方法的是(　　)。

A. 以省级人民政府确定的单位组织测定的土地面积为准

B. 尚未组织测定，以政府部门核发的土地使用证书确定的土地面积为准

C. 尚未核发土地使用证书的，可以暂不缴纳土地使用税，待核发土地使用证书后再缴纳

D. 尚未核发土地使用证书的，由纳税人据实申报土地面积，待核发土地使用证书后再作调整

二、多项选择题

1. 下列房产可免征房产税(　　)。

A. 企业办的医院、托儿所自用房产，免征房产税

B. 经有关部门鉴定，对损毁不堪居住的房屋和危险房屋，在停止使用后，可免征房产税

C. 老年服务机构自用的房产免征房产税

D. 高校后勤实体免征房产税

E. 公园、名胜古迹中附设的营业单位及出租房产

2. 根据房产税法律制度的规定，下列有关房产税纳税人的表述中，正确的有(　　)。

A. 产权属于国家所有的房屋，国家为纳税人

B. 产权属于集体所有的房屋，该集体单位为纳税人

C. 产权属于个人所有的营业用房屋，该个人为纳税人

D. 产权出典的房屋，出典人为纳税人

E. 纳税单位和个人无租使用免税单位的房产，由使用人代为缴纳房产税

3. 下列房产中免征房产税的是(　　)。

A. 军队自用的房产

B. 公园自用的房产

C. 企业生产用房产

D. 个人非营业用房产

E. 事业单位自用的房产

4. 关于契税的计税依据说法正确的是(　　)。

A. 土地使用权出售，计税依据为成交价格

B. 土地使用权赠予，计税依据为征收机关参照土地使用权出售的市场价格核定

C. 土地使用权交换，计税依据为所交换的土地使用权的价格差额

D. 出让国有土地使用权的，计税依据为市场价格

E. 出让国有土地使用权，计税依据为承受人为取得土地使用权支付的经济利益

5. 契税的具体征税范围包括(　　)。

A. 国有土地使用权出让

B. 房屋买卖

C. 房屋交换

D. 土地使用权转让

E. 著作权转让

6. 下列车船中免征车船使用税的有(　　)。

A. 国家机关自用的车船

B. 拖拉机

C. 警用车船

D. 非机动驳船

E. 捕捞、养殖渔船

7. 以下对车船税的理解正确的有(　　)。

A. 车船税的纳税义务发生时间，为车船管理部门核发的车船登记证书或者行驶证书所记载日期的次月

B. 车船的所有人或者管理人未缴纳车船税的，使用人应当代为缴纳车船税

C. 从事机动车交通事故责任强制保险业务的保险机构为机动车车船税的扣缴义务人，应当依法代收代缴车船税

D. 车船税的具体纳税期限由省级人民政府确定

E. 跨省、自治区、直辖市使用的车船，纳税地点为车船使用地税务机关

8. 下列不属于资源税征税范围的有(　　)。

A. 水　　　　　　　B. 液体盐

C. 天然气　　　　　D. 煤炭

E. 氧气

9. 下列说法中属于资源税规定的有(　　)。

A. 纳税人以外购的液体盐加工成固体盐，其加工固体盐所耗用液体盐的已纳税额准予抵扣

B. 纳税人跨省开采资源税应税产品，其下属生产单位与核算单位不在同一省、自治区、直辖市的，对其开采的矿产品一律在开采地纳税

C. 自2007年1月1日起，对地面抽采煤层气暂不征收资源税

D. 纳税人在开采或者生产应税产品过程中，因地震灾害遭受重大损失的，由受灾地区省、自治区、直辖市人民政府决定减征或免征资源税

E. 扣缴义务人代扣代缴的资源税，应当向其机构所在地税务主管机关缴纳

10. 城镇土地使用税的纳税人包括在征税范围内的(　　)。
  A. 所有拥有国有土地使用权的单位
  B. 拥有国有土地使用权的国有企业
  C. 拥有国有土地使用权的私营企业
  D. 占有国有土地的外资企业
  E. 所有拥有国有土地使用权的个人

11. 下列关于城镇土地使用税纳税义务发生时间正确的有(　　)。
  A. 纳税义务人新征用的非耕地，自批准征用的次月起缴纳土地使用税
  B. 房地产企业出租本企业建造的商品房，自交付之次月起，缴纳土地使用税
  C. 纳税人购置存量房，自办理房产权属转移变更手续，签发权属证书之日起，缴纳土地使用税
  D. 纳税人购置新建商品房，自房屋交付使用之次月起，缴纳土地使用税
  E. 纳税人出租、出借房产，自交付出租、出借当月起，缴纳土地使用税

12. 下列各项中，按税法规定可以减免城镇土地使用税的有(　　)。
  A. 宗教寺庙、公园自用的土地
  B. 国家机关的办公用地
  C. 直接用于农业的生产用地
  D. 广场、绿化地带等公共用地
  E. 盐矿的生产厂房、办公、生活区用地

13. 《中华人民共和国印花税暂行条例》规定的应税凭证有(　　)。
  A. 产权转移书据　　　B. 权利许可证照
  C. 资金账簿　　　　　D. 无息贷款合同
  E. 工商营业执照

14. 印花税按照征税项目划分的具体纳税人是(　　)。
  A. 立合同人　　　　　B. 使用人
  C. 立账簿人　　　　　D. 立据人
  E. 代理人

15. 根据资源税法律制度的规定，关于资源税纳税义务发生时间的下列表述中，正确的有(　　)。
  A. 自产自用应税产品的，为移送使用应税产品的当天
  B. 采用预收货款结算方式销售应税产品的，为发出应税产品的当天
  C. 采用分期收款结算方式销售应税产品的，为发出应税产品的当天

D. 扣缴义务人代扣代缴税款的纳税义务发生时间，为收到应税产品的当天
E. 扣缴义务人代扣代缴税款的纳税义务发生时间，为支付首笔货款或者开具应支付货款凭据的当天

16. 下列有关房产税的计税依据正确的是(　　)。
  A. 对以房产投资联营、投资者参与投资利润分红、共担风险的，按房产余值作为计税依据计缴房产税
  B. 对以房产投资收取固定收入、不承担经营风险的，以取得的固定收入为计税依据计缴房产税
  C. 房产出租的，以房屋出租取得的租金收入为计税依据，计缴房产税
  D. 对以房产投资收取固定收入、不承担经营风险的，按房产原值作为计税依据计缴房产税
  E. 以上都正确

17. 下列有关契税的计税依据表述正确的是(　　)。
  A. 国有土地使用权出让、土地使用权出售、房屋买卖，以成交价格作为计税依据
  B. 土地使用权赠予、房屋赠予，由征收机关参照土地使用权出售、房屋买卖的市场价格核定
  C. 土地使用权交换、房屋交换，以交换土地使用权、房屋价格差额为计税依据
  D. 先以划拨方式取得土地使用权，后经批准转让房地产时应补交的契税，以补交的土地使用权出让费用或土地收益为计税依据
  E. 已购公有住房经补缴土地出让金和其他出让费用成为完全产权住房的，应依法缴纳契税

18. 下列各项中，属于车船税计税单位的有(　　)。
  A. 每辆
  B. 整备质量每吨
  C. 净吨位每吨
  D. 艇身长度每米
  E. 艘

19. 下列项目中征收城镇土地使用税的是(　　)。
  A. 某市政府办公楼所占用的土地
  B. 某国有企业绿化所占用的土地
  C. 农业用地
  D. 林业用地
  E. 商场所占用的土地

20. 下列各项中，免征耕地占用税的有(　　)。
  A. 学校占用耕地
  B. 幼儿园占用耕地
  C. 养老院占用耕地

D. 医院占用耕地

E. 农民占用耕地建房

21. 下列关于城市维护建设税的说法中，正确的有（   ）。

A. 外商投资企业、外国企业不征收城市维护建设税

B. 进口货物行为不征收城市维护建设税

C. 对出口产品退还增值税、消费税的，退还已缴纳的城市维护建设税

D. 对出口产品退还增值税、消费税的，不退还已缴纳的城市维护建设税

E. 2004年1月1日～2009年12月31日三峡工程基金免征城市维护建设税

22. 不属于每平方米土地年税额为0.6～12元的有（   ）。

A. 大城市　　　　B. 小城市

C. 县城　　　　　D. 中等城市

E. 工矿区

23. 下列使用万分之三税率的有（   ）。

A. 借款合同

B. 购销合同

C. 建筑安装工程承包合同

D. 技术合同

E. 财产保险合同

24. 城市维护建设税是（   ）。

A. 采用幅度比例税率

B. 一种附加税

C. 与"三税"同时缴纳的一种税

D. 按纳税人所在地的不同设置不同的税率

E. 原则上可以单独减免

三、案例分析题

（一）某企业2005年拥有房屋三栋，原值为1000万元，其中两栋为厂房；另外一栋该企业作为托儿所使用，原值为300万元（该省规定允许按原值一次扣除20%）。

根据以上资料，回答下列问题：

1. 该企业作为托儿所使用的房产依据税法规定应（   ）。

A. 免税

B. 减半征收

C. 缓征

D. 按(300-300×20%)×1.2%征收

2. 该企业2005年应缴纳的房产税为（   ）万元。

A. 6.72　　　　B. 12.4

C. 12　　　　　D. 15.6

（二）某企业2007年度相关资料如下：

(1) 拥有土地3000平方米，其中绿化占地700平方米。绿化占地中有400平方米为街心花园，并向周围居民开放；

(2) 某企业当年年初购入办公楼一栋，面积1000平方米，价值1500万元，该企业将其中价值200万元的部分作为企业办医院用房；

(3) 企业将临街厂房的一部分出租给某超市，租金收入为每月5000元；

(4) 企业当年购入载客汽车5辆，其中1辆属幼儿园专用；另1辆为附属小学专用。

注：该省规定按照房产税原值一次扣除20%后的余值计税，城镇土地使用税税额为4元/平方米，当地载客汽车车船税额为每年每辆80元。

根据以上资料，回答下列问题：

3. 2007年该企业应缴纳的城镇土地使用税为（   ）元。

A. 10 400　　　B. 10 800

C. 11 600　　　D. 12 000

4. 2007年该企业应缴房产税为（   ）万元。

A. 12　　　　　B. 13.2

C. 18　　　　　D. 160

5. 2007年该企业应缴纳的车船税为（   ）元。

A. 180　　　　B. 240

C. 320　　　　D. 400

（三）某外商投资企业2005年接受某国有企业以房产投资入股，房产市场价值为100万元，该企业还于2005年以自有房产与另一企业交换一处房产，支付差价款300万元，同年政府有关部门批准向该企业出让土地一块，该企业缴纳土地出让金150万元（该地规定契税税率为5%）。

根据以上资料，回答下列问题：

6. 该外商投资企业接受国有企业房产应缴纳的契税为（   ）万元。

A. 5　　　　　　B. 4

C. 3　　　　　　D. 0

7. 企业交换房产和缴纳土地出让金应缴纳的契税为（   ）万元。

A. 15　　　　　B. 7.5

C. 0　　　　　　D. 22.5

参考答案及解析

一、单项选择题

1.【答案】A

【解析】对于个人居住用房出租后仍用于居住的，

其缴纳的房产税减按4%的税率征收。

2. 【答案】A

【解析】《中华人民共和国房产税暂行条例》规定，房产税在城市、县城、建制镇和工矿区征收。其中：城市是指国务院批准设立的市。县城是指县人民政府所在地。建制镇是指经省、自治区、直辖市人民政府批准设立的建制镇。建制镇的征税范围为镇人民政府所在地。工矿区是指工商业比较发达、人口比较集中，符合国务院规定的建制镇标准，但尚未设立镇建制的大中型工矿企业所在地。房产税的征税范围不包括农村，主要是为了减轻农民负担。

3. 【答案】B

【解析】产权出典的，由承典人纳税。产权所有人、承典人不在房屋所在地的，由房产代管人或者使用人纳税。产权未确定及租典纠纷未解决的，亦由房产代管人或者使用人纳税。

4. 【答案】B

【解析】房产税是以房屋为征税对象的，以房屋的计税余值或租金收入为计税依据，向房屋产权所有人征收的一种财产税。

5. 【答案】C

【解析】产权出典的，由承典人纳税。

6. 【答案】D

【解析】对于以房产投资联营，投资者参与投资利润分红，共担风险的，按房产的余值作为计税依据计征房产税；对以房产投资，收取固定利润，不承担联营风险的，按出租房产征收，以收取的利润作为租金收入计征房产税。

7. 【答案】D

【解析】自2004年7月1日起，纳税人因房屋大修导致连续停用半年以上的，在房屋大修期间免征房产税，免征税额由纳税人在申报缴纳房产税时自行计算扣除。

8. 【答案】A

【解析】该企业本期应缴纳城市维护建设税税额=(34+46)×5%=4万元。

9. 【答案】C

【解析】企业办的各类学校、医院、托儿所、幼儿园自用的房产，可以比照由国家财政部门拨付事业经费的单位自用的房产，免征房产税。

10. 【答案】C

【解析】A选项，产权属于集体的，由集体单位缴纳房产税；B选项，产权出典的，由承典人缴纳房产税；D选项，产权属于国家所有的，

由经营管理单位缴纳房产税。

11. 【答案】A

【解析】我国现行房产税采用比例税率。

12. 【答案】D

【解析】契税的土地使用权转让不包括农村集体土地承包经营权的转让。

13. 【答案】C

【解析】王某应缴纳的契税=(72-68)×3%=0.12万元。房屋交换，以所交换房屋的价格差额为计税依据。

14. 【答案】C

【解析】契税的征税对象是发生土地使用权和房屋所有权权属转移的土地和房屋。具体征税范围包括：(1)国有土地使用权出让；(2)土地使用权转让；(3)房屋买卖；(4)房屋赠予；(5)房屋交换；(6)企业改革中有关契税政策。

15. 【答案】D

【解析】房屋不等价交换，由多交付资产一方按价差缴纳契税，则乙应纳税=(600-490)×3%=3.3万元。

16. 【答案】C

【解析】以协议方式出让国有土地使用权的，其计税依据为成交价格。

17. 【答案】B

【解析】契税实行幅度比例税率，税率幅度为3%~5%。

18. 【答案】A

【解析】符合减免税规定的纳税人，应在土地、房屋权属转移合同生效10日内向土地、房屋所在地的征收机关提出减免税申报。自2004年10月1日起，计税金额在10 000万元(含10 000万元)以上的减免，征收机关应在办理减免手续完毕之日起30日内报国家税务总局备案。

19. 【答案】D

【解析】车船税的纳税人是车辆、船舶的所有人或管理人，即在我国境内拥有车船的单位和个人。同时，《中华人民共和国车船税暂行条例》还规定，应税车船的所有人或管理人未缴纳车船税的，应由使用人代缴。

20. 【答案】C

【解析】2010年该公司的应纳车船税=360×2+5×4×60=1920元。

21. 【答案】D

【解析】城镇土地使用税的征税范围为城市、县城、建制镇和工矿区。

22.【答案】B
【解析】城镇土地使用税由拥有土地使用权的单位或个人缴纳。土地使用权未确定或权属纠纷未解决的，由实际使用人纳税。土地使用权共有的，由共有各方分别纳税。外商投资企业、外国企业都适用城镇土地使用税。

23.【答案】D
【解析】城镇土地使用税实行分级幅度税额。每平方米土地年税额规定如下：
(1) 大城市1.5～30元；
(2) 中等城市1.2～24元；
(3) 小城市0.9～18元；
(4) 县城、建制镇、工矿区0.6～12元。

24.【答案】C
【解析】纳税人新征用的耕地，自批准征用之日起满1年时开始缴纳土地使用税；纳税人新征用的非耕地，自批准征用次月起缴纳土地使用税。

25.【答案】C
【解析】加工承揽合同、建设工程勘察设计合同、货物运输合同、产权转移书据、营业账簿中记载资金的账簿，其税率为0.5‰。

26.【答案】D
【解析】土地使用权共有的，共有各方均为纳税人，由共有各方分别纳税。

27.【答案】B
【解析】印花税的比例税率分为四档，即0.05‰、0.3‰、0.5‰和1‰。按照比例税率征收的应税项目包括各种合同及具有合同性质的凭证、记载资金的账簿和产权转移书据等。其具体规定是：
(1) 财产租赁合同、仓库保管合同、财产保险合同的税率为1‰；
(2) 加工承揽合同、建设工程勘察设计合同、货物运输合同、产权转移书据、营业账簿中记载资金的账簿，其税率为0.5‰；
(3) 购销合同、建筑安装工程承包合同、技术合同的规定税率为0.3‰；
(4) 借款合同的税率为0.05‰。

28.【答案】C
【解析】根据规定，资源税只对列入税目的七种矿产品的初级产品征收，ABD三项均为加工后的资源产品，不征收资源税。

29.【答案】B
【解析】自2004年4月1日起，对冶金联合企业矿山铁矿石征收的资源税，减按规定税额标准的40%征收。对于由此造成的地方财政减少的收入，由中央财政予以适当补助。对有色金属矿的资源税在规定税额的基础上减征30%，按规定税额标准的70%征收。

30.【答案】D
【解析】印花税的具体征税范围包括：经济合同（《购销合同》、《加工承揽合同》、《建设工程勘察设计合同》、《建筑安装工程承包合同》、《财产租赁合同》、《货物运输合同》、《仓库保管合同》、《借款合同》、《财产保险合同》、《技术合同》等）、产权转移书据、营业账簿(资金账簿和其他营业账簿)、权利许可证照(政府部门发给的房屋产权证、工商营业执照、商标注册证、土地使用证等)。

31.【答案】A
【解析】城建税的纳税义务人，是指负有缴纳"三税"义务的单位和个人。但目前，对外商投资企业和外国企业缴纳的"三税"不征收城建税。

32.【答案】A
【解析】对"三税"实行先征后返、先征后退、即征即退办法的，对随"三税"附征的城建税和教育费附加，一律不予退还。

33.【答案】D
【解析】土地使用权交换、房屋交换，为所交换土地使用权、房屋的"价格差额"；交换价格不相等的，由多交付货币的一方缴纳契税。因此，黄某应缴纳的契税=(96-72)×3%=0.72万元。

34.【答案】A
【解析】销售额=351/(1+17%)=3009万元；因此，其应纳增值税=300×17%-15=36万元；
应纳消费税=3 000 000×36‰+100×150=1 095 000元；
城建税=(36+109.5)×7%=10.185万元。

35.【答案】B
【解析】按照1964年2月7日《国务院关于教育费附加征收问题的紧急通知》的规定，现行教育费附加征收比率为3%。

36.【答案】C
【解析】现行教育费附加的征收率为3%。

37.【答案】B
【解析】《中华人民共和国房产税暂行条例》规定，房产税在城市、县城、建制镇和工矿区征收。其中：城市是指国务院批准设立的市。县城是指县人民政府所在地。建制镇是指经省、自治区、直辖市人民政府批准设立的建制镇。建制镇的征税范围为镇人民政府所在地。工矿区是指工商业比较发达、人口比较集中，符合国务院规定的建制镇标准，但尚未设立镇建制的大中型工矿企业所在地。房产税的征税范围不包括农村，这主要是为了减轻农民负担。

38.【答案】B

【解析】个人用于生活居住的房产免征房产税；对个人出租房屋用于居住的，可暂减按4%的税率征收房产税。李某2010年应缴纳房产税为1200×12×4%=576元。

39.【答案】D

【解析】我国房产税依据房产租金收入计税的，税率为12%。

40.【答案】C

【解析】尚未核发土地使用证书的，由纳税人据实申报土地面积，待核发土地使用证书后再缴纳。

二、多项选择题

1.【答案】ABCD

【解析】依据《中华人民共和国房产税暂行条例》及有关规定，目前房产税的减免优惠主要有如下几方面。

(1) 国家机关、人民团体、军队自用的房产。

(2) 国家财政部门拨付事业经费的单位自用的房产。对实行差额预算管理的事业单位，也属于是由国家财政部门拨付事业经费的单位，对其本身自用的房产免征房产税。

(3) 宗教寺庙、公园、名胜古迹自用的房产，免征房产税。但公园、名胜古迹中附设的营业单位及出租的房产，应征收房产税。

(4) 个人拥有的非营业用的房产。对个人所有的非营业用房给予免征。但是，对个人所有的营业用房或出租等非自用的房产，应按照规定征收房产税。

(5) 行使国家行政管理职能的中国人民银行总行(含国家外汇管理局)所属分支机构自用的房产，免征房产税。

(6) 自2011—2020年，为支持国家天然林资源保护二期工程的实施，对天然林资源保护二期工程免征房产税。

(7) 经财政部批准免税的其他房产。

2.【答案】BCE

【解析】根据规定，产权属于国家所有的房屋，

其经营管理单位为纳税人；产权出典的房屋，承典人为纳税人。

3.【答案】ABDE

【解析】企业生产用房产需要缴纳房产税，其余的都属于免征房产税的范围。

4.【答案】ABCE

【解析】出让国有土地使用权的，其契税计税依据价格为承受人为取得该土地使用权而支付的全部经济利益。

5.【答案】ABCD

【解析】契税的征税对象是发生土地使用权和房屋所有权权属转移的土地和房屋。具体征税范围包括：(1)国有土地使用权出让。(2)土地使用权转让。(3)房屋买卖。(4)房屋赠予。(5)房屋交换。(6)企业改革中有关契税政策。(7)与房屋附属设施有关的契税政策：①对于承受与房屋相关的附属设施(停车位、汽车库、自行车库、顶层阁楼以及储藏室)所有权或土地使用权的行为，按照契税法律、法规的规定征收契税；对于不涉及土地使用权和房屋所有权转移变动的，不征收契税；②采取分期付款方式购买房屋附属设施土地使用权、房屋所有权的，应按合同规定的总价款计征契税；③承受的房屋附属设施权属单独计价的，按照当地确定的适用税率征收契税；与房屋统一计价的，适用与房屋相同的契税税率。

6.【答案】ABCE

【解析】下列车船免征车船税：非机动车船(不包括非机动驳船)；拖拉机；捕捞、养殖渔船；军队、武警专用的车船；警用车船；按照有关规定已经缴纳船舶吨税的船舶；依照我国有关法律和我国缔结或者参加的国际条约的规定应当予以免税的外国驻华使馆、领事馆和国际组织驻华机构及其有关人员的车船。

7.【答案】BCD

【解析】车船税的纳税义务发生时间为车船管理部门核发的车船登记证书或者行驶证书所记载日期的当月，A选项错误；跨省、自治区、直辖市使用的车船，纳税地点为车船的登记地，E选项错误。

8.【答案】AE

【解析】《中华人民共和国资源税暂行条例》本着纳入征税范围的资源必须具有商品属性，即具有使用价值和交换价值的原则，只将原油、天然气、煤炭、其他非金属矿原矿、黑色金属矿原矿、有色金属矿原矿和盐(固体盐和液体盐)列入

了征税范围。属于资源税征税范围的资源就可以分为矿产品和盐两大类。

9. 【答案】ABCD
【解析】扣缴义务人代扣代缴的资源税，应当向收购地主管税务机关缴纳。

10. 【答案】BC
【解析】在城市、县城、建制镇、工矿区范围内使用土地的单位和个人，为城镇土地使用税的纳税人，应当依照有关规定缴纳城镇土地使用税。其中单位，包括国有企业、集体企业、私营企业、股份制企业、外商投资企业、外国企业以及其他企业和事业单位、社会团体、国家机关、军队以及其他单位；个人，包括个体工商户以及其他个人。

11. 【答案】ABD
【解析】纳税人购置存量房，自办理房产权属转移变更手续，签发权属证书之次月起，缴纳土地使用税；纳税人出租、出借房产，自交付出租、出借之次月起，缴纳土地使用税。

12. 【答案】ABCD
【解析】减免优惠的基本规定：
(1) 国家机关、人民团体、军队自用的土地；
(2) 由国家财政部门拨付给事业经费的单位自用的土地；
(3) 宗教寺庙、公园、名胜古迹自用的土地；
(4) 市政街道、广场、绿化地带等公共用地；
(5) 直接用于农、林、牧、渔的生产用地；
(6) 经批准开山填海整治的土地和改造的废弃土地，从使用的月份起免缴土地使用税5～10年；
(7) 由财政部另行规定免税的。能源、交通、水资源利用地和其他用地。

13. 【答案】ABCE
【解析】现行印花税只对《中华人民共和国印花税暂行条例》列举的凭证征收，没有列举的凭证不征税。正式列举的凭证分为五类：经济合同、产权转移书据、营业账簿、权利许可证照和经财政部门确认的其他凭证。

14. 【答案】ABCD
【解析】凡在我国境内书立、领受、使用属于征税范围内所列应税经济凭证的单位和个人，都是印花税的纳税义务人。按照征税项目划分的具体纳税人是立合同人、立账簿人、立据人、领受人和使用人。

15. 【答案】ABE
【解析】纳税人采取分期收款结算方式的，其

纳税义务发生时间为销售合同规定的收款日期的当天；扣缴义务人代扣代缴税款的纳税义务发生时间为支付首笔货款或者开具应支付货款凭据的当天。

16. 【答案】ABC
【解析】对以房产投资收取固定收入、不承担经营风险的，以取得的固定收入为计税依据计缴房产税，因此D选项错误。

17. 【答案】ABCD
【解析】契税的计税依据按照土地、房屋交易的不同情况确定：
(1) 土地使用权出售、房屋买卖，其计税依据为成交价格；
(2) 土地使用权赠予、房屋赠予，其计税依据由征收机关参照土地使用权出售、房屋买卖的市场价格核定；
(3) 土地使用权交换、房屋交换，其计税依据是所交换的土地使用权、房屋的价格差额；
(4) 出让国有土地使用权的，其契税计税依据价格为承受人为取得该土地使用权而支付的全部经济利益：①以协议方式出让的，其契税计税依据为成交价格；②以竞价方式出让的，其契税计税依据价格，一般应确定为竞价的成交价格，土地出让金、市政建设配套费以及各种补偿费用应包括在内；③先以划拨方式取得土地使用权，后经批准改为以出让方式取得该土地使用权的，应依法缴纳契税，其计税依据为应补缴的土地出让金和其他出让费用；④已购公有住房经补缴土地出让金和其他出让费用成为完全产权住房的，免征土地权属转移的契税；⑤对通过"招、拍、挂"程序承受土地使用权的，应按土地成交总价款计征契税，土地出让前期开发成本不得扣除。

18. 【答案】ABCD
【解析】车船税计税单位是每辆、整备质量每吨、净吨位每吨和艇身长度每米。

19. 【答案】BE
【解析】对企业厂区以内的绿化用地，应照章征收土地使用税，商场所占用的土地也需要缴纳城镇土地使用税。

20. 【答案】ABCD
【解析】军事设施占用耕地；学校、幼儿园、养老院与医院占用耕地都免征耕地占用税。

21. 【答案】BDE
【解析】根据城建税有关规定，外商投资企业、

外国企业缴纳的"三税"同样征收城市维护建设税，A选项错误；对出口产品退还增值税、消费税的，不退还已缴纳的城市维护建设税，C选项错误。

22.【答案】ABD

【解析】《中华人民共和国城镇土地使用税暂行条例》第四条：土地使用税每平方米年税额如下：大城市1.5～30元；中等城市1.2～24元；小城市0.9～18元；县城、建制镇、工矿区0.6～12元。

23.【答案】BCD

【解析】购销合同、建筑安装工程承包合同、技术合同的规定税率为万分之三。

24.【答案】BCD

【解析】城建税是国家为了扩大和稳定城市维护建设资金的来源，加强城市的维护建设，对缴纳增值税、消费税、营业税的单位和个人就其实际缴纳的"三税"税额为计税依据而征收的一种税。具有附加税的性质，原则上不能单独减免。

三、案例分析题

(一)

1.【答案】A

【解析】企业办的各类学校、医院、托儿所、幼儿园自用的房产，可以比照由国家财政部门拨付事业经费的单位自用的房产，免征房产税。

2.【答案】A

【解析】房产税的税率有两种：依据房产计税余值计税的，税率为1.2%；依据房产租金收入计税的，税率为12%，而该省规定允许按原值一次扣除20%，因此，该企业2005年应缴纳的房产税为(1000-300)×(1-80%)×1.2%=6.72万元。

(二)

3.【答案】A

【解析】厂区以外的公共绿化用地和向社会开放的公园用地，暂免征收城镇土地使用税，因此2007年该企业应缴纳的城镇土地使用税为(3000-400)×4=10 400元。

4.【答案】B

【解析】房产税的税率有两种：依据房产计税余值计税的，税率为1.2%；依据房产租金收入计税的，税率为12%。同时对医院免征房产税，因此，该企业应缴纳的房产税为(1500-200)×(1-20%)×1.2%+0.5×12×12%=13.2万元。

5.【答案】D

【解析】2007年该企业应缴纳的车船税为80×5=400元，其中幼儿园专用和附属小学专用的车不属于免征车船税的范围。

(三)

6.【答案】A

【解析】该外商投资企业接受国有企业房产应缴纳的契税为100×5%=5万元。

7.【答案】D

【解析】企业交换房产和缴纳土地出让金应缴纳的契税为(300+150)×5%=22.5万元。

第七章 税务管理

本章的内容不多，并且较易掌握。

从近年的考试情况来看，税务基础管理的内容出现较频繁，税收征收管理也是经常会考查的内容，考生要重点关注；而税收控制管理的内容则考查得较少，且较容易掌握。

本章重要考点分析

本章涉及10个考点，在历年考试中以单项选择题、多项选择题和案例分析题的形式出现，如图7-1所示。

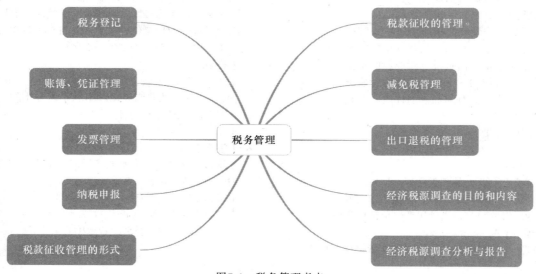

图7-1 税务管理考点

本章近三年题型及分值总结

本章知识点多为概念、定义等，主要以记忆为主，近三年出现的题型有单项选择题、多项选择题和案例分析题，题型及分值如表7-1所示。

表7-1 税务管理题型及分值

年 份	单项选择题	多项选择题	案例分析题
2014年	3题	1题	2题
2013年	5题	2题	1题
2012年	4题	1题	0题

第一节 税务基础管理

税务基础管理包括税务登记，账簿、凭证管理，发票管理以及纳税申报等。税务登记是税务机关对纳税人的经济活动进行登记并据此对纳税人实施税务管理的一种法定制度。税务登记又称纳税登记，它是税务机关对纳税人实施税收管理的首要环节和基础工作，是征纳双方法律关系成立的依据和证明，也是纳税人必须依法履行的义务。账簿、凭证管理是继税务登记之后税收征管的又一重要环节。发票作为我国经济交往中基本的商事凭证，是记录经营活动的一种书面证明，是在购销商品、提供或者接受服务以及从事其他经营活动中开具、收取的收款凭证，也是加强财务管理保护国家财产安全的重要手段，是财务会计核算的原始凭证和税务稽查的重要依据，是维护社会经济秩序的重要工具。而纳税申报则是纳税人按照税法规定的期限和内容向税务机关提交有关纳税事项书面报告的行为，是纳税人发生纳税义务、界定纳税人法律责任的主要依据，是税务机关税收管理信息的主要来源和税务管理的重要制度。

 思维导图

该节涉及多个知识点和概念，如图7-2所示。

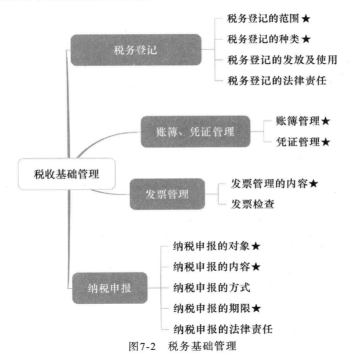

图7-2 税务基础管理

知识点测试

【2014年单选题】纳税人临时到外地从事经营活动，在《外出经营活动税收管理证明》有效期届满后( )日内，持该证明回原税务登记地税务机关办理《外出经营活动税收管理证明》缴销手续。

A. 10　　B. 15　　C. 30　　D. 45

【答案】A

【解析】纳税人应当在《外出经营活动税收管理证明》有效期届满后10日内，持该证明回原税务登记地税务机关办理《外出经营活动税收管理证明》缴销手续。

【2013年单选题】纳税人到外县(市)临时从事生产经营活动时，经申请，由税务机关核发的《外出经营活动税收管理证明》，其有效期限一般为( )天。

A. 30　　B. 60　　C. 90　　D. 180

【答案】A

【解析】纳税人到外县(市)临时从事生产经营活动的，应当在外出生产经营之前，持税务登记证向主管税务机关申请开具《外出经营活动税收管理证明》(以下简称《外管证》)。税务机关按照一地一证的原则，核发《外管证》，《外管证》的有效期限一般为30日，最长不得超过180天。

【2011年单选题】发票的设计、防伪管理、真伪鉴定由( )负责。

A. 审计机关　　　　B. 税务机关

C. 财政部门　　　　D. 工商部门

【答案】B

【解析】发票的设计、防伪管理、真伪鉴定由税务机关负责。

【2011年单选题】关于发票管理的说法，错误的是( )。

A. 不能自行扩大专业发票使用范围

B. 未经税务机关批准，不能拆本使用发票

C. 开具发票不一定要加盖单位财务印章或发票专用章

D. 不能转借、转让、代开发票

【答案】C

【解析】开具发票应当按照规定的时限、顺序、栏目，全部联次一次性如实开具，并加盖发票专用章。

【2011年多选题】在我国，通行的纳税申报方式有( )。

A. 自行申报　　　　B. 邮寄申报

C. 汇总申报　　　　D. 代理申报

E. 电子申报

【答案】ABDE

【解析】纳税人可以采取纳税申报的方式包括直接申报、数据电文、邮寄申报和委托代理。

【2010年单选题】纳税人领购发票，须先将已使用完的发票存根联交税务机关审核无误后，再购领发票，这种方式称为( )。

A. 验旧购新　　　　B. 批量供应

C. 交旧购新　　　　D. 定额供应

【答案】A

【解析】用票单位和个人将以前开具的发票存根联交税务机关审验后，领购新票。这是当前发票领购的主要方式。

【2010年单选题】关于停业的税务管理的说法，正确的是( )。

A. 采用定期定额征收方式的个体工商户停业期不得超过半年

B. 若停业期间发生经营行为时，不需要申报缴纳税款

C. 一旦纳税人申请停业，其未使用完的发票由税务机关予以收存

D. 纳税人办理停业登记，税务机关收存其税务登记证正本，纳税人保留副本

【答案】C

【解析】纳税人办理停业登记，税务机关收存其税务登记证及副本、发票领购簿、未使用完的发票和其他税务证件。

【例题 单选题】关于发票印制，以下说法中正确的是( )。

A. 增值税专用发票防伪措施的采用由省级国税局确定

B. 印刷企业只要有发票准印证即可正式开始印制发票

C. 国家税务局不管理普通发票的印制工作

D. 全国统一发票监制章由国家税务总局确定

【答案】D

【解析】(1)增值税专用发票，全国统一由国家税务总局委托中国人民银行印钞造币总公司印制。全国统一的发票监制章，发票防伪专用品的生产和发票防伪措施的采用，由国家税务总局负责管理。(2)普通发票，由省、自治区、直辖市税务机关统一设计式样，套印全国统一的发票监制章，指定企业印制。(3)承印发票的企业，必须经税务机关授权，领取《发票准印证》，根据税务机关发出的《发票印制通知书》印制发票。

【例题 单选题】某中介服务公司从工商行政管理部门领取营业执照，其办理设立税务登记的期限是自领取营业执照之日起( )日。

A. 10　　　B. 15　　　C. 30　　　D. 60

【答案】C

【解析】从事生产、经营的纳税人领取工商营业执照的，自领取工商营业执照之日起30日内申报办理税务登记。

【例题 单选题】税务机关对税务登记证件实行定期验证制度，通常为( )一次。

A. 半年　　　　　　B. 一年

C. 二年　　　　　　D. 三年

【答案】B

【解析】税务登记证要定期验换，一年一验证，三年一换证。

【例题 单选题】按照我国现行的税收法律、行政法规、部门规章以及延期申报的时间，延期申报的具体期限一般是一个申报期内，最长不得超过( )。

A. 1个月　　　　　B. 3个月

C. 6个月　　　　　D. 1年

【答案】B

【解析】延期的具体期限一般是一个申报期限内，最长不超过3个月。

【例题 多选题】除按照规定不需要发给税务登记证件的，下列事项中纳税人必须持税务登记证件办理的有(　　)。

A.开立银行账户

B.办理纳税申报

C.申请办理减税、免税、退税

D.领购发票

E.申请开具外出经营活动税收管理证明

【答案】ACDE

【解析】纳税人在填写税务登记表并提供有关证件和资料，经税务机关审批后发给税务登记证。税务登记证的使用要求为：

(1) 要亮证经营。各个纳税人要将税务登记证正本悬挂于生产经营场所明显处。

(2) 要遵守使用规定。税务登记证件只限纳税人本人使用，不得转借、涂改、毁损、买卖或者伪造。

(3) 办理涉税事宜要持税务登记证。纳税人办理下列事项时必须持税务登记证件：开立银行账户；申请减税、免税、退税；申请办理延期申报、延期缴纳税款；领购发票；申请开具外出经营活动税收管理证明；办理停业、歇业；其他有关税务事项。

(4) 要定期验换。一年一验证，三年一换证。

(5) 遗失要声明作废。15日内书面报告主管税务机关并登报声明作废。

【例题 单选题】纳税人的税务登记内容发生变化时，应当依法向原税务登记机关申报办理(　　)。

A.设立税务登记　　B.变更税务登记

C.注销税务登记　　D.注册税务登记

【答案】B

【解析】纳税人的税务登记内容发生变化时，应当依法向原税务登记机关申报办理变更税务登记。

【例题 多选题】关于变更税务登记，下列说法正确的有(　　)。

A.纳税人税务登记内容发生变化的，无论是否需要到工商行政管理机关或者其他机关办理变更登记，都要向税务机关申报办理变更税务登记

B.纳税人税务登记内容发生变化，不需要到工商行政管理机关或者其他机关办理变更登记，不需要到税务机关办理变更税务登记

C.办理变更税务登记的期限是自税务登记内容发生变化之日起30日内

D.办理变更税务登记的纳税人，应向税务机关提供变更登记的有关证件

E.纳税人因住所、经营地点变动而涉及改变税务登记机关的，应当向迁出地税务机关申报办理变更税务登记，并向迁达地税务机关申请办理税务登记

【答案】AD

【解析】(1)纳税人税务登记内容发生变化的，应当向原税务登记机关申报办理变更税务登记。(2)纳税人已在工商行政管理机关办理变更登记的，应当自工商行政管理机关办理变更登记之日起30日内，持有关证件向原税务登记机关申报办理变更登记。(3)纳税人按规定不需要在工商行政管理机关办理变更登记，或者其变更登记的内容与工商登记内容无关的，应当自税务登记内容实际发生变化之日起30日内，或自有关机关批准或宣布变更之日起30日内，持有关证件向原税务登记机关申报办理变更登记。(4)税务机关应当自受理之日起30日内，审核办理变更税务登记。

【例题 单选题】纳税人未按照规定期限办理税务登记手续，情节较为严重的，可处以(　　)的罚款。

A.2000元以上，5000元以下

B.5000元以上，20 000元以下

C.5000元以上，10 000元以下

D.2000元以上，10 000元以下

【答案】D

【解析】纳税人未按照规定的期限申报办理税务登记、变更或者注销登记的，由税务机关责令限期改征，可以处2000元以下的罚款；情节严重的，处2000元以上10 000元以下的罚款。纳税人不办理税务登记的，由税务机关责令限期改正；逾期不改正的，经税务机关提请，由工商行政管理机关吊销其营业执照。纳税人未按照规定使用税务登记证件，或者转借、涂改、损毁、买卖、伪造税务登记证件的，处2000元以上10 000元以下的罚款；情节严重的，处10 000元以上50 000元以下的罚款。

【例题 单选题】在下列情形中，纳税人需要到税务机关申报办理注销税务登记的是(　　)。

A.增设或撤销分支机构的

B.改变生产经营期限和隶属关系的

C.改交开户银行和账号的

D.改变住所或经营地点涉及主管税务机关变动的

【答案】D

【解析】纳税人需要到税务机关申请办理注销税务登记的情形有：

(1) 纳税人发生解散、破产、撤销；

(2) 纳税人被工商行政管理机关吊销营业执照或者被其他机关予以撤销登记；

(3) 纳税人住所、经营地点变动涉及改变税务登记机关；

(4) 境外企业在中国境内承包建筑、安装、装配、勘探工程和提供劳务，项目完工、离开中国的。

【例题 单选题】实行定期定额征税方式的个体工商户需要停业的，应当在停业前向税务机关申请办理停业登记。纳税人的停业期( )。

A. 为6个月　　　　B. 为1年

C. 不得超过6个月　D. 不得超过1年

【答案】D

【解析】实行定期定额征收方式的个体工商户需要停业的，应当在停业前向税务机关办理停业登记。纳税人的停业期限不得超过一年。

【例题 单选题】负责管理全国统一发票监制章的机关是( )。

A. 国家税务总局

B. 财政部

C. 中国人民银行印钞造币总公司

D. 国务院

【答案】A

【解析】全国统一的发票监制章，由国家税务总局负责管理。

【例题 单选题】纳税人设置账簿的时间应是( )。

A. 自领取税务登记证件之日起10日内

B. 自领取营业执照之日起15日内

C. 自领取税务登记证件之日起1个月内

D. 自领取营业执照之日起1个月内

【答案】B

【解析】纳税人自领取营业执照之日起15日内设置账簿。

第二节　税收征收管理

 思维导图

该节涉及多个知识点和概念，如图7-3所示。

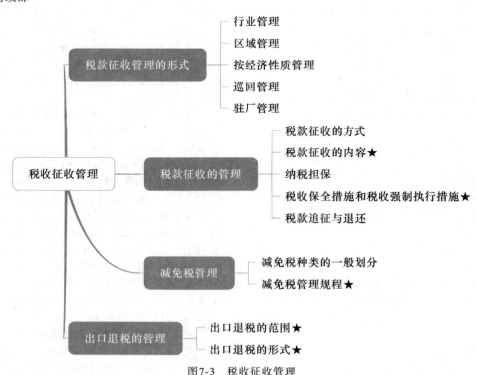

图7-3　税收征收管理

知识点测试

【2014年单选题】纳税人自(　　)之日起3年内发现多缴税款的，可以向税务机关要求退还多缴的税款。

A. 结算缴纳税款　　　B. 会计记账
C. 办理纳税申报　　　D. 计算应纳税款

【答案】A

【解析】本题考查的是税款的退还。纳税人自结算缴纳税款之日起3年内发现多缴税款的，可以向税务机关要求退还多缴的税款。

【2014年单选题】下列不属于出口退税的企业范围的是(　　)。

A. 委托出口的企业
B. 具有外贸出口经营权的企业
C. 特定出口退税企业
D. 一般性商业企业

【答案】D

【解析】出口企业范围主要包括：(1)具有外贸出口经营权的企业；(2)委托出口的企业；(3)特定出口退税的企业。

【2014年单选题】因纳税人、扣缴义务人计算错误等失误，未缴或者少缴税款的，税务机关在3年内可以追征税款、滞纳金；有特殊情况的，追征期可以延长到(　　)年。

A. 5　　　B. 7　　　C. 10　　　D. 15

【答案】A

【解析】因纳税人、扣缴义务人计算错误等失误，未缴或者少缴税款的，税务机关在3年内可以追征税款、滞纳金；有特殊情况的，追征期可以延长到5年。

【2012年单选题】下列说法中，不符合《中华人民共和国税收征收管理法》有关规定的是(　　)。

A. 采取税收保全措施时，冻结的存款金额相当于纳税人应纳税款的数额
B. 采取税收强制执行措施时，被执行人未缴纳的滞纳金必须同时执行
C. 税收强制执行的适用范围不仅限于从事生产经营的纳税人，也包括扣缴义务人
D. 税收保全措施的适用范围不仅限于从事生产经营的纳税人，也包括扣缴义务人

【答案】D

【解析】财务税收保全措施不适用于扣缴义务人、纳税担保人，对扣缴义务人、纳税担保人也没有必要采取税收保全措施。

【2012年单选题】对一些无完整考核依据的纳税人，一般采用的税款征收方式是(　　)。

A. 代扣代缴　　　B. 定期定额
C. 查定征收　　　D. 查账征收

【答案】B

【解析】对一些无完整考核依据的纳税人，一般都是采用定期定额这种方式。

【2012年单选题】纳税人超过应纳税额多缴纳的税款，自结算缴款之日起(　　)年内发现的，可以向税务机关要求退还多缴的税款，并加算银行同期存款利息。

A. 10　　　B. 5　　　C. 4　　　D. 3

【答案】D

【解析】纳税人超过应纳税额缴纳的税款，税务机关发现后应当立即退还；纳税人自结算缴纳税款之日起3年内发现的，可以向税务机关要求退还多缴的税款并加算银行同期存款利息。

【2011年单选题】关于税收强制执行措施的说法，正确的是(　　)。

A. 税收强制执行措施不适用于扣缴义务人
B. 作为家庭唯一代步工具的轿车，不在税收强制执行的范围之内
C. 税务机关采取强制执行措施时，可对纳税人未缴纳的滞纳金同时强制执行
D. 税务机关可对未按期缴纳工薪收入个人所得税的个人实施税收强制执行措施

【答案】C

【解析】税收强制执行措施使用范围包括未按照规定的期限缴纳或者解缴税款，经责令限期缴纳，逾期仍未缴纳的从事生产、经营的纳税人、扣缴义务人和纳税担保人。需要强调的是，财务税收保全措施不适用于扣缴义务人、纳税担保人，对扣缴义务人、纳税担保人也没有必要采取税收保全措施。税务机关采取强制执行措施时，对有关纳税人、扣缴义务人、纳税担保人未缴纳的滞纳金同时强制执行；税务机关对单价5000元以下的其他生活用品，不采取强制执行措施。

【2011年多选题】关于税收征收管理法对税款追征制度的说法，正确的有(　　)。

A. 对偷税行为，税务机关追征偷税税款的期限为10年
B. 因纳税人失误造成的未缴或少缴税款，追征期一般为5年
C. 因扣缴义务人计算错误等失误造成的少缴税款，追征期一般为3年

D. 因税务机关的责任致使纳税人未缴或少缴税款的，追征期为5年，不加收滞纳金

E. 由于纳税人的责任造成未缴或少缴税款的，税务机关除追征税款外，还要追征滞纳金

【答案】CE

【解析】(1)因税务机关的责任，致使纳税人、扣缴义务人未缴或者少缴税款的，税务机关在3年内可以要求纳税人、扣缴义务人补缴税款，但是不得加收滞纳金。(2)因纳税人、扣缴义务人计算错误等失误，未缴或者少缴税款的，税务机关在3年内可以追征税款、滞纳金；有特殊情况的，追征期可以延长到5年。(3)对偷税、抗税、骗税的，税务机关追征其未缴或者少缴的税款、滞纳金或者所骗取的税款，不受前款规定的限制。

【2010年单选题】税务机关采取强制执行措施将扣押、查封的商品、货物或者其他财产变价抵缴税款，拍卖或者变卖所得抵缴税款、滞纳金、罚款以及扣押、查封、保管、拍卖、变卖等费用后剩余部分应当在(　　)日内退还被执行人。

A. 3　　　　B. 7　　　　C. 10　　　　D. 15

【答案】A

【解析】拍卖或者变卖所得抵缴税款、滞纳金、罚款以及扣押、查封、保管、拍卖、变卖等费用后，剩余部分应当在3日内退还被执行人。

【例题　多选题】根据《中华人民共和国税收征管法》的规定，下列选项中属于税务机关可以采取的税收保全措施有(　　)。

A. 书面通知纳税人开户银行冻结纳税人的金额相当于应纳税款的存款

B. 书面通知纳税人开户银行从其银行存款中扣缴税款

C. 扣押、查封纳税人的价值相当于应纳税款的商品、货物或者其他财产

D. 扣押、查封、拍卖纳税人的价值相当于应纳税款的商品、货物或者其他财产，以拍卖所得抵缴税款

E. 书面通知纳税人的开户银行或者其他金融机构冻结纳税人的所有存款

【答案】AC

【解析】如果在纳税人不能提供纳税担保的情况下，税务机关经县级以上税务局(分局)局长批准，可以对该纳税人采取税收保全措施。

(1) 冻结存款：书面通知纳税人开户银行冻结纳税人的金额相当于应纳税款的存款。

(2) 扣押、查封纳税人的价值相当于应纳税款的商品、货物或者其他财产。

【例题　单选题】关于纳税担保，下列说法错误的是(　　)。

A. 国家机关不得作为纳税担保人

B. 法律、行政法规规定的没有担保资格的单位和个人不得作为纳税担保人

C. 纳税担保人，是指在中国境内具有纳税能力的自然人、法人或者其他经济组织

D. 纳税担保，包括符合条件的纳税保证人为纳税人提供的纳税保证，以及以符合担保条件的财产提供的担保

【答案】C

【解析】纳税担保人，是指在中国境内具有纳税担保能力的公民、法人或者其他经济组织。

【例题　单选题】下列关于纳税人未缴少缴税款的表述中，正确的是(　　)。

A. 因纳税人计算错误等失误造成的，可以不加收滞纳金

B. 对纳税人未缴少缴的税款，税务机关在追征时，不一定加收滞纳金

C. 因税务机关的责任造成的，税务机关可以在3年内追征税款、滞纳金

D. 对纳税人未缴少缴的税款，税务机关可以在3年内追征税款，特殊情况下可以延长到5年

【答案】B

【解析】因税务机关的责任，致使纳税人未缴少缴的税款，税务机关在追征时，不加收滞纳金。

【例题　案例分析题】某税务机关核定个体户张某应纳税额为4500元，经税务机关责令缴纳，张某仍拒不缴纳，税务机关依法扣押了其相当于4500元税款的货物，并为其开具了收据。

根据以上资料，回答下列问题：

1. 该税务机关的扣押行为需要经过(　　)批准。

A. 税务所所长

B. 县级以上税务局(分局)局长

C. 县人大常委会主任

D. 县检察院检察长

【答案】B

【解析】该税务机关的扣押行为需要经过县级以上税务局(分局)局长批准。

2. 税务机关对张某采取的措施属于(　　)。

A. 税收保全　　　　B. 税收强制执行

C. 纳税担保　　　　D. 税务行政处罚

【答案】A

【解析】扣押财产属于税收保全措施。

3. 如果在扣押张某货物后，张某仍不缴纳税款，税务机关可以采取的措施有(　　)。(多选题)

A. 将扣押的货物交由依法成立的拍卖机构拍卖

B. 若扣押的货物无法拍卖，可以交由当地商业企业代为销售

C. 责令其提供纳税担保

D. 向人民法院提起行政诉讼

【答案】AB

【解析】税务机关将扣押查封的商品、货物或者其他财产变价抵缴税款时，应当交由依法成立的拍卖机构拍卖；无法委托拍卖或者不适于拍卖的，可以交由当地商业企业代为销售。

第三节　税收控制管理

 思维导图

该节涉及多个知识点和概念，如图7-4所示。

图7-4　税收控制管理

 知识点测试

【例题 单选题】将本期实际数与上期实际数相比较，以分析各种经济税源发展变化的经济税源调查分析方法是(　　)。

A. 趋势分析　　　B. 进度分析

C. 结构分析　　　D. 季节变动分析

【答案】A

【解析】趋势分析即以本期实际数与上期或上年同期实际数相比较，以分析各种经济税源的发展变化趋势。

考题预测及强化训练

一、单项选择题

1. 下列可不办理税务登记的是(　　)。

A. 实行独立经济核算，经工商部门批准核发营业执照的企业和个体户

B. 企业在外地设立的分支机构

C. 只缴个人所得税、车船税的单位

D. 领取企业法人营业执照的事业单位

2. 下列情形中，纳税人不需要向原税务登记机关办理变更税务登记的有(　　)。

A. 改变名称　　　B. 改变主管税务机关

C. 改变开户银行和账号　　D. 改变法人代表

3.《外出经营活动税收管理证明》的有效期限一般为(　　)日。

A. 10　　　　　B. 20

C. 30　　　　　D. 60

4. 纳税人超过应纳税额缴纳的税款，税务机关发现后应当立即退还；纳税人自结算缴纳税款之日起(　　)年内发现的，可以向税务机关要求退还，并加算同期银行存款利息。

A. 1　　B. 3　　C. 5　　D. 15

5. 对于变更税务登记，税务机关应当自受理之日起(　　)日内，审核办理变更税务登记。

A. 10　　B. 15　　C. 30　　D. 60

6. 下列关于税务登记的说法不正确的是(　　)。

A. 税务机关对纳税人登记地点发生争议的，由其共同的上级税务机关指定管辖

B. 扣缴义务人办理扣缴税款登记的范围和办法由省级以上的税务机关规定

C. 纳税人遗失税务登记证的，应当在税务机关规定的期限内，在报纸、广播或电视上公开声明作废；同时向主管税务机关提交书面报告和申请，经审核后予以补发

D. 个体工商户和从事生产、经营的事业单位自领取营业执照后，应向税务机关申报办理开业税务登记

7. 从事生产、经营的纳税人领取工商营业执照(含

临时工商营业执照)的，应自领取工商营业执照
之日起(　　)日内申报办理税务登记。

A. 10　　　　　　　　B. 15

C. 20　　　　　　　　D. 30

8. 关于报验登记的规定，下列说法中正确的是(　　)。

A. 所有从事生产、经营活动的纳税人均应办理报验登记

B. 到外县(市)临时从事生产、经营活动的，应当向经营地税务机关办理《外出经营活动税收管理证明》

C. 办理报验税务登记时，应当持税务登记证副本和所在地税务机关填开的《外出经营活动税收管理证明》，向营业地税务机关报验登记，接受税务管理

D. 从事生产、经营的纳税人外出经营，超过核定经营范围，应当在营业地办理税务登记

9. 通常情况下，税务登记证件换证的周期是(　　)年。

A. 1　　　B. 2　　　C. 3　　　D. 5

10. 在发票检查的初始阶段采用的方法是(　　)。

A. 顺向检查法　　　　B. 逆向检查法

C. 对照检查法　　　　D. 票面逻辑推理法

11. 以1日、3日、5日、10日或15日为一个纳税期限缴纳流转税的纳税人，纳税期满后(　　)日内预缴税款。

A. 3　　　B. 5　　　C. 7　　　D. 10

12. 纳税人办理开业税务登记，税务机关对纳税人报送的《税务登记表》以及提供的证件和资料，应自收到之日起(　　)日内审核完毕，对符合规定的予以登记，并发给税务登记证件。

A. 10　　　B. 15　　　C. 30　　　D. 60

13. 下列税款征收方式中，适用于财务会计制度较为健全，能够认真履行纳税义务的纳税单位的是(　　)。

A. 查定征收　　　　B. 查验征收

C. 查账征收　　　　D. 定期定额征收

14. 在下列设置账簿的情形中，不符合账簿设置有关规定的是(　　)。

A. 一般的纳税人自领取营业执照之日起15日内设置账簿

B. 无建账能力的小规模纳税人可聘请注册会计师建账记账

C. 有一定经营规模的纳税人有实际困难的可以不设置任何账

D. 扣缴义务人要在扣缴业务发生之日起10日内设账

15. 纳税人因被工商行政管理机关吊销营业执照需要注销税务登记的，应当自营业执照被吊销之日起(　　)日内，向原税务登记机关申请办理注销税务登记。

A. 5　　　B. 10　　　C. 15　　　D. 30

16. 旧发票存根按规定期限保存，发票的存根联和发票登记簿应保存(　　)年。

A. 3　　　B. 5　　　C. 2　　　D. 7

17. 关于代扣代缴、代收代缴税款账簿，下列说法中正确的是(　　)。

A. 办理工商登记后，15日内设置代扣代缴、代收代缴税款账簿

B. 自办理扣缴税款登记后，10日内设置代扣代缴、代收代缴税款账簿

C. 自扣缴义务发生之日起15日内设置代扣代缴、代收代缴税款账簿

D. 扣缴义务人自扣缴义务发生之日起10日内，按照所代扣、代收的税种，分别设置代扣代缴、代收代缴税款账簿

18. 下列关于凭证的说法错误的是(　　)。

A. 在经济业务发生时，取得的用以记录或者证明经济业务或者完成情况的原始书面证明是原始凭证

B. 进行会计核算的原始资料是原始凭证

C. 进行会计核算的重要依据是原始凭证

D. 原始凭证是纳税人履行纳税义务状况和履行某种手续的证明

19. 下列关于发票的保存与检查说法正确的是(　　)。

A. 发票的存根联和发票登记簿，应保存10年

B. 用票单位和个人已使用的发票存根保存期满后，应向省级以上的税务机关申请撤销

C. 发票检查方法包括对照检查法、顺向检查法、逆向检查法、票面逻辑推理法

D. 普通发票检查主要是看发票上是否盖章

20. 对征收面广、流动性大、季节性强、税源零星的分期纳税人进行征收管理的形式是(　　)。

A. 驻厂管理　　　　B. 巡回管理

C. 行业管理　　　　D. 区域管理

21. 税务机关对纳税人下列行为中要求提供纳税担保的有(　　)。

A. 纳税人偷税以后

B. 纳税人欠税以后

C. 纳税人被查封的商品由税务机关拍卖以后

D. 纳税人在纳税期内有明显转移应税物品或应税收入迹象

22. 税务机关对纳税人未按照规定的期限缴纳税款的，可责令限期缴纳，逾期仍未缴纳的，经县级以上税务局批准，可采取的正确措施是( )。
    A. 书面通知纳税人开户银行或其他金融机构暂停支付纳税人存款
    B. 书面通知纳税人开户银行或其他金融机构从其存款中扣缴税款
    C. 扣押纳税人的价值相当于应纳税款的商品、货物或其他财产
    D. 查封纳税人的商品、货物或者其他财产

23. 税务机关在采取税收保全措施时，不在保全措施范围之内的物品是( )。
    A. 高档消费品
    B. 金银首饰
    C. 单价在5000元以上的生活用品
    D. 个人及其所抚养家属维持生活所必需的住房和用品

24. 下列关于减免税种类的说法不正确的是( )。
    A. 减免税种类有：法定减免、特案减免、临时减免、终身减免
    B. 法定减免是指在税收法律和行政法规中明确规定的减税、免税
    C. 特案减免是指用特别的、专门的法规文件规定的减税、免税
    D. 临时减免是指为照顾纳税人生产、生活及其他特殊困难而临时批准给予的减税、免税

25. 除另有规定外，账簿、记账凭证等以及其他有关涉税资料应当保存的期限为( )年。
    A. 5   B. 3
    C. 10   D. 15

26. 发票真伪的鉴定由( )负责。
    A. 财政机关   B. 工商部门
    C. 税务机关   D. 技术监督局

27. 根据《中华人民共和国税收征收管理法》的规定，纳税人对超过应纳税额缴纳的税款，可以在一定期限内向税务机关要求退还。该期限是( )。
    A. 自结算缴纳税款之日起1年内
    B. 自结算缴纳税款之日起2年内
    C. 自结算缴纳税款之日起3年内
    D. 自结算缴纳税款之日起5年内

28. 因纳税人、扣缴义务人的失误，未缴或少缴款项的，一般情况下，税务机关在( )内可以追征税款、滞纳金。

A. 1年   B. 3年
C. 5年   D. 无限期

29. 根据《中华人民共和国税收征收管理法》的规定，纳税人超过应纳税额缴纳的税款，税务机关发现后应当立即退还给纳税人；纳税人自结算缴纳税款之日起( )年内发现的，可以向税务机关要求退还多缴的税款并加算银行同期存款利息。
    A. 1   B. 3   C. 5   D. 10

二、多项选择题

1. 根据《中华人民共和国税收征收管理法》的规定，下列属于税收强制执行措施的有( )。
    A. 书面通知纳税人开户银行或者其他金融机构冻结纳税人的金额相当于应纳税款的存款
    B. 扣押、查封、拍卖纳税人价值相当于应纳税款的商品、货物或者其他财产，以拍卖所得抵缴税款
    C. 书面通知纳税人开户银行或者其他金融机构从其存款中扣缴税款
    D. 扣押、查封纳税人的价值相当于应纳税款的商品、货物或其他财产
    E. 经县级以上税务局(分局)局长批准

2. 所谓"出口货物"一般应当具备以下条件( )。
    A. 必须是属于增值税征税范围的货物
    B. 必须是属于消费税征税范围的货物
    C. 必须报关离境
    D. 援外出口货物
    E. 在财务上作出口销售

3. 下列情况中，需要提供纳税担保的有( )。
    A. 税务机关有根据认为从事生产经营的纳税人有逃避纳税义务行为的
    B. 欠缴税款的纳税人需要出境的
    C. 纳税人从事临时经营以及未领取营业执照从事工程承包或提供劳务的
    D. 外来经营者需要在本地购买发票
    E. 纳税人办理延期纳税申报

4. 下列关于税款的追征与退还，表述正确的有( )。
    A. 因税务机关的责任，致使纳税人未缴或者少缴税款的，税务机关在3年内可以要求纳税人补缴税款，但是不得加收滞纳金
    B. 因纳税人计算错误等失误，未缴或者少缴税款的，税务机关在5年内可以追征税款、滞纳金
    C. 对偷税、抗税、骗税的，税务机关追征其未缴或者少缴的税款、滞纳金或者所骗取的税款，税务机关在20年内可以追征税款、滞纳金

D. 纳税人超过应纳税额缴纳的税款，税务机关发现后应当立即退还

E. 纳税人自结算缴纳税款之日起3年内发现的，可以向税务机关要求退还多缴的税款并加算银行同期存款利息

5. 下列物品，不属于税收保全范围之内的有(　　)。

A. 机动车辆

B. 金银饰品

C. 个人及其所抚养家属维持生活必需的住房

D. 单价5000元以下的其他生活用品

E. 古玩字画

6. 关于注销税务登记，下列说法中正确的是(　　)。

A. 纳税人发生解散、破产、撤销以及其他情形，依法终止纳税义务的，应当在向工商行政管理机关或者其他机关办理注销登记前，向税务机关办理注销税务登记

B. 纳税人因住所、经营地点变动而涉及改变税务登记机关的，应当向迁出地税务机关申报办理注销税务登记，并向迁达地税务机关申请办理税务登记

C. 按照规定不需要在工商行政管理机关办理注册登记的，应当自有关机关批准或者宣告终止之日起30日内，持有关证件向原税务登记机关申报办理注销税务登记

D. 纳税人被工商行政管理机关吊销营业执照或者其他机关予以撤销登记的，应当自营业执照被吊销或者被撤销登记之日起15日内，向原税务登记机关申报办理注销税务登记

E. 纳税人在办理注销税务登记前，应当向税务机关结清应纳税款、滞纳金、罚款，缴销发票、税务登记证件和其他税务证件

7. 下列属于纳税申报方式的有(　　)。

A. 电话申报　　　　　B. 直接申报

C. 邮寄申报　　　　　D. 数据电文

E. 委托代理申报

8. 根据《中华人民共和国税收征收管理法》的规定，对纳税人的下列行为，税务机关可以处以2000元以下罚款的有(　　)。

A. 未按规定的期限申报办理税务登记的(情节不严重)

B. 虚假申报或不进行纳税申报的(情节不严重)

C. 未按规定的期限办理纳税申报的(情节不严重)

D. 未按规定安装、使用税控装置的(情节不严重)

E. 未按规定使用税务登记证件的

9. 出口退税的形式包括(　　)。

A. 免税不退税　　　　B. 不征不退

C. 免、抵、退　　　　D. 先征后退

E. 超税返还

10. 下列不得作为纳税担保人的有(　　)。

A. 国家权力机关

B. 从事生产经营的企业单位

C. 行政机关

D. 审判机关

E. 检察机关

11. 下列几种情形中，符合发票管理地域性要求的有(　　)。

A. 省、自治区、直辖市范围内使用的发票决不能在外地印制

B. 纳税人只能在其机构所在地领购普通发票

C. 发票只限于领购者在领购地开具

D. 发票一般由领购者在领购地缴销

E. 任何情况下发票均不得跨地域邮寄或携带使用

12. 下列关于变更税务登记的表述中，正确的是(　　)。

A. 纳税人税务登记内容发生变化的，无论是否需要到工商行政管理机关或者其他机关办理变更登记，都要向税务机关申报办理变更税务登记

B. 纳税人税务登记内容发生变化，不需要到工商行政管理机关或者其他机关办理变更登记的，不需要到税务机关办理变更税务登记

C. 办理变更税务登记的期限是自税务登记内容发生变化之日起30日内

D. 办理变更税务登记的纳税人，应向税务机关提供变更登记的有关证件

E. 纳税人因住所、经营地点变动而涉及改变税务登记机关的，应当向迁出地税务机关申报办理

13. 下列属于纳税申报对象的有(　　)。

A. 负有纳税义务的单位和个人

B. 暂停业的企业和经营场所

C. 发生应税行为的纳税人

D. 享有减、免税待遇的纳税人

E. 负有扣缴义务的单位和个人

14. 出口货物退税一般应当具备以下条件(　　)。

A. 必须是属于增值税征税范围的货物

B. 必须是属于消费税征税范围的货物

C. 必须报关离境　　　D. 援外出口货物

E. 在财务上作出口销售

15. 对原始凭证审核的表述正确的有(　　)。
   A. 对原始凭证进行合法性、合规性、合理性审核，判断是否符合规定及权限
   B. 审核原始凭证所记载的经济业务是否正常，判断是否正确，符合要求
   C. 完整性审核，看手续是否完备
   D. 正确性审核，看计算有无差错
   E. 审核原始凭证的填制单位

16. 纳税人办理下列事项时，必须提供税务登记证件的有(　　)。
   A. 领购发票
   B. 申请开具《外出经营活动税收管理证明》
   C. 开立银行账户
   D. 设置账簿
   E. 办理停业

三、案例分析题

(一) 某私营企业2007年3月15日领取了工商营业执照，之后设置了账簿，进行会计核算。2009年12月份，企业感到自身会计核算很不规范，容易被查出问题，便将开业以来的账簿及发票进行销毁，后被主管税务机关发现，受到严厉处罚。

根据以上资料，回答下列问题：

1. 该私营企业设置账簿的法定时间应该是(　　)。
   A. 2007年3月25日
   B. 2007年3月30日以前
   C. 2007年4月15日以前
   D. 2007年6月15日以前

2. 该私营企业应该设置的账簿有(　　)。(多选题)
   A. 总账　　　　　　B. 明细账
   C. 日记账　　　　　D. 收支凭证粘贴簿

3. 纳税人账簿的保存期至少为(　　)年。
   A. 3　　　　　　　B. 5
   C. 8　　　　　　　D. 10

4. 该私营企业销毁账簿时必须做的工作有(　　)。(多选题)
   A. 选择可靠的废旧收购部门
   B. 编制账簿销毁清册
   C. 获批准后将账簿拆散销售给废旧收购站
   D. 报请主管税务机关批准

5. 鉴于该企业的财务核算情况，税务机关通常采用的税款征收方式包括(　　)。(多选题)
   A. 定期定额征收　　B. 查定征收
   C. 查账征收　　　　D. 自核自缴

(二) 定期定额纳税户"同富居酒店"的老板李某，2005年1月，将酒店承包给张某经营，张某每月向李某交承包费5000元，有关承包经营的事项，李某未向税务机关报告。自2005年1月起该酒店一直未向税务机关申报纳税，税务机关多次催缴无效，2005年5月20日，税务所找到李某，责令其在5月31日前缴纳欠缴的税款10 000元，责令期限已过，李某仍未缴纳税款，6月1日经主管税务机关南山区地税分局局长批准，采取税收强制执行措施，但同富居酒店已经在5月底关门停业，张某不知去向，税务机关扣押了李某的小汽车一辆，6月10日小汽车以80 000元被拍卖，税务机关将拍卖所得抵顶税款10 000元、罚款10 000元、滞纳金及各项拍卖费用5000元后，剩余款项于6月20日退还给李某。李某不服，于6月25日向市地税局申请税务行政复议，市地税局复议后维持南山区地税分局的决定。

根据以上资料，回答下列问题：

6. 如果在5月31日之前发现李某有转移财产的迹象，税务机关可以采取的措施有(　　)。
   A. 强制征收
   B. 扣押货物
   C. 责令李某提供纳税担保
   D. 定期定额征收

7. 下列有关税收强制执行措施的表述中，错误的有(　　)。(多选题)
   A. 税务机关不可以对承包人张某采取税收强制执行措施，应向出包人李某征收税款
   B. 税务机关因未先采取税收保全措施，所以不能对李某采取税收强制执行措施
   C. 税务机关可以对李某采取税收强制执行措施
   D. 税务机关不得对李某采取任何措施，而向张某追缴税款

8. 下列关于税务机关扣押李某小汽车行为的表述中，正确的有(　　)。
   A. 不应该扣押李某的小汽车，应追究承包人张某的责任
   B. 税务机关可以扣押李某的小汽车，但不能拍卖
   C. 税务机关既可以扣押李某的小汽车，也可以依法拍卖其小汽车，以拍卖所得抵顶税款、滞纳金、罚款，但不能抵顶拍卖时所发生的费用
   D. 税务机关既可以扣押李某的小汽车，也可以依法拍卖其小汽车，以拍卖所得抵顶税款、滞纳金、罚款以及扣押、拍卖过程中发生的费用

9. 南山区地税局在本案中，存在的问题有（　　）。
    A. 没有采取税收保全措施就采取了税收强制执行措施
    B. 因小汽车价值远远超过应纳税额，不应对李某的小汽车进行拍卖
    C. 应将小汽车依法拍卖后的收入全部返给李某，监督其自行补缴应纳税款、滞纳金、罚款，税务机关不应代扣
    D. 税务机关应当在3日内将剩余款项退还给被执行人李某，实际执行时超过了上述时限，属于行政执法不当

(三) 某企业2002年3月15日领取了工商营业执照，之后设置了账簿，进行会计核算。2004年12月，该企业财务人员感到自身账簿核算很不规范，容易被查出问题，便将开业以来的账簿以及发票自行进行了销毁，后被主管税务机关发现，其受到严厉的处罚。

根据上述资料，回答下列问题：

10. 该企业设置账簿的法定时间应该是（　　）。
    A. 领取营业执照之日起15日内
    B. 领取营业执照之日起20日内
    C. 领取营业执照之日起30日内
    D. 领取营业执照之日起45日内

11. 该企业应自扣缴义务发生之日起（　　）日内，按照所代扣代缴的税种，分别设置代扣代缴、代收代缴税款的账簿。
    A. 30　　B. 20　　C. 15　　D. 10

12. 纳税人的下列做法中，正确的有（　　）。(多选题)
    A. 纳税人设置的账簿中包括总账
    B. 纳税人设置的账簿中包括明细账
    C. 若企业生产经营规模小，经企业领导批准可以建立收支凭证粘贴簿
    D. 若企业生产经营规模小，经县级以上税务机关批准，可以不设置总账

13. 纳税人发票的存根联和发票登记簿的保存期一般为（　　）年。
    A. 1　　B. 3　　C. 5　　D. 7

(四) 某县国税局接到群众举报，县属某工贸公司有进货不入账，有企图逃税的行为，经查证责令该公司在5日内缴纳税款。第2天该公司不但未去缴税，反而将账户上的资金转走，税务局得到消息后，便责令该公司提供纳税担保。该公司到县政府找到其主管部门，主管部门向国税局做了口头纳税

保证。国税局不同意，最后该公司以库存原材料作了纳税担保。

根据上述资料，回答下列问题：

14. 国税局责令该公司提供纳税担保的时间（　　）。
    A. 太早了　　　　B. 太晚了
    C. 非常恰当　　　D. 无所谓

15. 国税局不同意该公司主管部门提供纳税担保是因为（　　）。
    A. 主管部门未作书面保证
    B. 主管部门没有担保资格
    C. 国税局不信任主管部门
    D. 主管部门无经济能力

16. 该公司在上述过程中出现的错误有（　　）。(多选题)
    A. 进货不入账
    B. 转移账户资金
    C. 找主管部门担保
    D. 以库存材料作担保

17. 如果担保期满后该公司不缴税，国税局的对策是（　　）。
    A. 变卖公司库存材料抵缴税款
    B. 采取税收保全措施
    C. 找回公司转移出去的资金
    D. 请求人民法院强制执行

18. 本题中，若该公司没有提供纳税担保，国税局的对策是（　　）。(多选题)
    A. 书面通知纳税人开户银行暂停支付纳税人的金额相当于应纳税款及滞纳金的存款
    B. 书面通知纳税人开户银行从其存款中扣缴税款
    C. 扣押、查封纳税人的价值相当于应纳税款的商品、货物或者财产
    D. 扣押、查封、拍卖纳税人的价值相当于应纳税款的商品、货物或者其他财产，以拍卖所得抵缴税款
    E. 书面通知纳税人的开户银行或者其他金融机构冻结纳税人的金额相当于应纳税款的存款

参考答案及解析

一、单项选择题

1.【答案】C
【解析】税务登记的范围：
(1) 实行独立经济核算，经工商部门批准核发营业执照的企业和个体户。

(2) 领取企业法人营业执照的事业单位和社会性团体。

(3) 企业在外地设立的分支机构和从事生产经营的场所。

(4) 依法负有纳税义务的非从事生产经营的单位和个人。

其他临时取得应税收入或发生应税行为,以及只缴纳个人所得税、车船使用税的单位和个人,可不办理税务登记或者只登记不发证。

2. 【答案】B

【解析】纳税人办理税务登记后,如发生下列情形之一,应当办理变更税务登记:发生改变名称、改变法定代表人、改变经济类型或经济性质、改变住所和经营地点、改变生产经营或经营方式、增减注册资金(资本)、改变隶属关系、改变生产经营期限、改变或增减银行账号、改变生产经营权属及改变其他税务登记内容的。

3. 【答案】C

【解析】《外出经营活动税收管理证明》(简称《外管证》)的有效期限一般为30天。

4. 【答案】B

【解析】《中华人民共和国税收征收管理法》规定:纳税人超过应纳税额缴纳的税款,税务机关发现后应当立即退还;纳税人自结算缴纳税款之日起3年内发现的,可以向税务机关要求退还,并加算同期银行存款利息。

5. 【答案】C

【解析】对于变更税务登记,税务机关应当自受理之日起30日内,审核办理变更税务登记。

6. 【答案】B

【解析】扣缴义务人办理扣缴税款登记的范围和办法由国务院规定。

7. 【答案】D

【解析】从事生产、经营的纳税人领取工商营业执照(含临时工商营业执照)的,应自领取工商营业执照之日起30日内申报办理税务登记。

8. 【答案】D

【解析】纳税人到外县(市)临时从事生产经营活动的,应当在外出生产经营以前,持税务登记证向主管税务机关申请开具《外出经营活动税收管理证明》。纳税人应当在《外管证》注明地进行生产经营前向当地税务机关报验登记,并提交下列证件、资料:①税务登记证件副本;②《外管证》。从事生产、经营的纳税人外出经营,超过核定经营范围的,应当在营业地办理税务登记。

9. 【答案】C

【解析】通常情况下,税务登记证件换证的周期是3年。

10. 【答案】C

【解析】对照检查法是将用票单位发票使用和管理的实际情况,与有关的单证、账表进行核对,从中发现问题,这是在发票检查的初始阶段采用的方法。

11. 【答案】B

【解析】流转税,以1个月为一个纳税期的纳税人,于期满后10日内申报纳税;以1日、3日、5日、10日或15日为一期的纳税人,纳税期满后5日内预缴税款,次月10日内结算上月应纳税款并申报纳税。

12. 【答案】C

【解析】纳税人办理开业税务登记,税务机关对纳税人报送的《税务登记表》和有关资料进行审核,如填写内容是否准确,有无缺漏项目,内容不实的问题,在收到《税务登记表》之日起30日内审核完毕,符合规定的给予登记并发给税务登记证件。

13. 【答案】C

【解析】查账征收适用于财务会计制度较为健全,能够认真履行纳税义务的纳税单位。

14. 【答案】C

【解析】即使税务机关认可其有实际困难,也必须经县级以上税务机关批准,建立收支凭证账簿、进销货登记簿或委托事务所代理建账。

15. 【答案】C

【解析】纳税人因被工商行政管理机关吊销营业执照需要注销税务登记的,应当自营业执照被吊销之日起15日内,向原税务登记机关申请办理注销税务登记。

16. 【答案】B

【解析】旧发票存根按规定期限保存,发票的存根联和发票登记簿应保存5年。

17. 【答案】D

【解析】一般的纳税人要根据国务院财政、税务主管部门的规定和税收征管法的要求,自领取营业执照之日起15日内设置账簿,根据合法、有效凭证记账,进行核算。

18. 【答案】D

【解析】税收凭证是纳税人履行纳税义务状况和履行某种手续的证明,纳税人必须妥善保管,便于税务机关检查。

19.【答案】C

【解析】旧发票存根按规定定期保存。发票的存根联和发票登记簿应保存5年，保存期满，报经税务机关查验后方可销毁。用票单位和个人已使用的发票存根保存期满后，应向主管税务机关申请撤销。普通发票检查的内容包括：一是检查自用发票的印制是否有完备的手续；二是检查是否按规定领购、开具和使用发票；三是检查是否设置发票管理账簿，并按规定保管和缴销发票。

20.【答案】B

【解析】巡回管理指对征收面广、流动性大、季节性强、税源零星分期的纳税人进行征收管理的一种形式。一般适用于农村和集贸市场的税收征管。

21.【答案】D

【解析】纳税人在纳税期内有明显转移应税物品或应税收入迹象，属于税务机关有根据认为从事生产经营的纳税人有逃避纳税义务的行为，属于纳税担保的对象。

22.【答案】B

【解析】纳税人在规定的限期内缴纳税款的，税务机关必须立即解除税收保全措施；限期期满仍未缴纳税款的，经县级以上税务局(分局)局长批准，税务机关可以书面通知纳税人开户银行或者其他金融机构，从其冻结的存款中扣缴税款，或者依法拍卖或变卖所扣押、查封的商品、货物或者其他财产，以拍卖或者变卖所得抵缴税款。

23.【答案】D

【解析】个人及其所抚养家属维持生活所必需的住房和用品，不在税收保全措施范围之内。

24.【答案】A

【解析】减免税种类有三种，即法定减免、特案减免、临时减免。

25.【答案】C

【解析】根据规定，账簿、记账凭证、报表、完税凭证、发票、出口凭证以及其他有关涉税资料应当保存10年，法律、行政法规另有规定的除外。

26.【答案】C

【解析】发票真伪的鉴定由税务机关负责。

27.【答案】C

【解析】纳税人自结算缴纳税款之日起3年内发现多缴税款的，可以向税务机关要求退还多缴的税款并加算银行同期存款利息。

28.【答案】B

【解析】因纳税人、扣缴义务人的失误，未缴或少缴款项的，一般情况下，税务机关在3年内可以追征税款及滞纳金。

29.【答案】B

【解析】根据《中华人民共和国税收征收管理法》简称《税收征管法》的规定，纳税人超过应纳税额缴纳的税款，税务机关发现后应当立即退还给纳税人；纳税人自结算缴纳税款之日起3年内发现的，可以向税务机关要求退还多缴的税款并加算银行同期存款利息。

二、多项选择题

1.【答案】BC

【解析】AD选项属于税收保全措施；E选项不属于税收强制执行的措施，属于税收强制执行的程序。

2.【答案】ABCE

【解析】"出口货物"具备3个条件：(1)必须是属于增值税、消费税征税范围的货物；(2)必须报关离境；(3)在财务上作出口销售。

3.【答案】ABCD

【解析】纳税担保的适用对象有如下几点：(1)税务机关有根据认为从事生产经营的纳税人有逃避纳税义务的行为。税务机关有根据认为从事生产、经营的纳税人有逃避纳税义务行为的，可以在规定的纳税期限之前，责令限期缴纳税款；在限期内发现纳税人有明显的转移、隐匿其应纳税的商品、货物以及其他财产或应纳税收入迹象，税务机关可责令纳税人提供纳税担保。(2)欠缴税款的纳税人需要出境的。(3)纳税人从事临时经营以及未领取营业执照从事工程承包或提供劳务的。(4)外来经营者需要在本地购买发票的。

4.【答案】ADE

【解析】因纳税人计算错误等失误，未缴或者少缴税款的，税务机关在3年内可以追征税款、滞纳金；有特殊情况的，追征期可以延长到5年。对偷税、抗税、骗税的，税务机关追征其未缴或者少缴的税款、滞纳金或者所骗取的税款，税务机关可以无限期追征。

5.【答案】CD

【解析】执行税收保全措施的物品范围：个人及其所抚养家属维持生活所必需的住房和用品，不在税收保全措施范围之内；个人及其所抚养家属维持生活所必需的住房和用品，不包括机动车辆、金银饰品、古玩字画、豪华住宅或者一处以外的住房；税务机关对单价5000元以下的其他生活用品，不采取税收保全措施和强制执行措施。

6.【答案】ABDE

【解析】按规定不需要在工商行政管理机关或者其他机关办理注册登记的，应当自有关机关批准或者宣告终止之日起15日内，持有关证件和资料向原税务登记机关申报办理注销税务登记。

7.【答案】BCDE

【解析】纳税申报的方式有以下几种：

(1) 直接申报(上门申报)。

(2) 邮寄申报。

(3) 数据电文。

(4) 委托代理申报。

8.【答案】AC

【解析】纳税人未按照规定的期限申报办理税务登记、变更或者注销登记的，由税务机关责令限期改正，可以处2000元以下的罚款；情节严重的，处2000元以上10 000元以下的罚款。纳税人未按照规定使用税务登记证件，或者转借、涂改、损毁、买卖、伪造税务登记证件的，处2000元以上10 000元以下的罚款；情节严重的，处10 000元以上50 000元以下的罚款。

9.【答案】BC

【解析】出口退税的方式：(1)不征不退的形式；(2)免、抵、退的形式。

10.【答案】ACDE

【解析】国家权力机关、行政机关、审判机关和检察机关等国家机关不得作为纳税担保人。

11.【答案】CD

【解析】发票不得跨省、直辖市、自治区使用。发票限于领购单位和个人在本省、自治区、直辖市内开具。发票领购单位未经批准不得跨规定使用区域携带、邮寄、运输空白发票，禁止携带、邮寄或者运输空白发票出入境。

12.【答案】AD

【解析】纳税人税务登记内容发生变化的，应当向原税务机关申报办理变更税务登记。纳税人已在工商行政管理机关办理变更登记的，应当自工商行政管理机关变更登记之日起30日内，向原税务机关如实提供相关证件、资料，申报办理税务登记。纳税人按照规定不需要在工商行政管理机关办理变更登记的，或者其变更登记的内容与工商登记内容无关的，应当自税务登记内容

实际发生变化之日起30日内，或者自有关机关批准或者宣布变更之日起30日内，持相关证件到原税务登记机关申报办理变更税务登记。

13.【答案】ACDE

【解析】纳税申报的对象包括：

(1) 负有纳税义务的单位和个人；

(2) 取得临时应税收入或发生应税行为的纳税人；

(3) 享有减税、免税待遇的纳税人；

(4) 扣缴义务人。

14.【答案】ABCE

【解析】具备货物出口条件，给予退税的货物：

(1) 必须属于增值税、消费税征税范围的货物，并取得了增值税专用发票(抵扣联)，属于征收消费税的还应取得由企业开具并经税务机关和银行(国库)签章的《出口货物消费税专用缴款书》；

(2) 必须报关离境；

(3) 在财务上作出口销售。

15.【答案】ABCD

【解析】对原始凭证的审核主要包括以下几方面：

(1) 审核原始凭证所记载的经济业务是否正常，判断是否正确，符合要求。

(2) 合法性、合规性、合理性审核，是否符合规定及权限。

(3) 完整性审核，看手续是否完备。

(4) 正确性审核，看计算有无差错。

16.【答案】ABCE

【解析】纳税人办理下列事项时，必须提供税务登记证件：(1) 开立银行账户；(2) 领购发票。纳税人办理其他税务事项时，应当出示税务登记证件，经税务机关核准相关信息后办理手续，包括：①申请减税、免税、退税；②申请延期申报、延期缴纳税款；③申请开具《外出活动税收管理证明》；④办理停业、歇业；⑤其他有关税务事项。

三、案例分析题

(一)

1.【答案】B

【解析】纳税人自领取营业执照之日起15日内设置账簿。

2.【答案】ABC

【解析】无。

3.【答案】D

【解析】账簿、收支凭证粘贴簿、进销货登记簿等资料至少要保存10年，未经税务机关批准，不

得销毁。保管期满需要销毁时，应编制销毁清册，报主管部门和税务机关批准，然后在其监督下销毁。

4.【答案】BD
【解析】销毁账簿，应当编制销毁清册，报主管部门和税务机关批准，然后在其监督下销毁。

5.【答案】AB
【解析】对于账册不健全的，采用查定征收；对无完整考核依据的纳税人采用定期定额征收。

(二)
6.【答案】D
【解析】对一些无完整考核依据的纳税人，一般都是采用定期定额征收这种方式。

7.【答案】ABD
【解析】税收强制执行措施使用范围包括未按照规定的期限缴纳或者解缴税款，经责令限期缴纳，逾期仍未缴纳税款的从事生产、经营的纳税人、扣缴义务人和纳税担保人。需要强调的是：财务税收保全措施不适用于扣缴义务人、纳税担保人，对扣缴义务人、纳税担保人也没有必要采取税收保全措施。

8.【答案】D
【解析】从事生产、经营的纳税人、扣缴义务人未按规定的期限缴纳或者解缴税款，纳税担保人未按照规定的期限缴纳所担保的税款，由税务机关责令限期缴纳，逾期仍未缴纳的，经县级以上税务局(分局)局长批准，税务机关可以采取强制执行措施：(1)书面通知其开户银行或者其他金融机构从其存款中扣缴税款；(2)扣押、查封、依法拍卖或者变卖其价值相当于应纳税款的商品、货物或者其他财产，以拍卖或者变卖所得抵缴税款。

9.【答案】D
【解析】无。

(三)
10.【答案】A
【解析】企业应当自领取营业执照之日起15日

内设置账簿。

11.【答案】D
【解析】该企业应自扣缴义务发生之日起10日内，按照所代扣代缴的税种，分别设置代扣代缴、代收代缴税款的账簿。

12.【答案】ABD
【解析】无。

13.【答案】C
【解析】纳税人发票的存根联和发票登记簿的保存期一般为5年。

(四)
14.【答案】C
【解析】税务机关有根据认为从事生产、经营的纳税人有逃避纳税义务行为，在规定的纳税期之前经责令其限期缴纳应纳税款，在限期内发现纳税人有明显的转移、隐匿其应纳税的商品、货物以及其他财产或者应纳税收入的迹象，责令纳税人提供纳税担保。

15.【答案】B
【解析】国家机关不得作为纳税担保人。

16.【答案】ABC
【解析】仅以库存材料作担保是正确的做法。

17.【答案】A
【解析】如果纳税人不能提供纳税担保的，税务机关可以采取的强制执行措施是变卖公司库存材料抵缴税款。强制执行措施不需请求人民法院。

18.【答案】CE
【解析】税务机关有根据认为纳税人有逃避纳税义务的行为，可以在规定的纳税期限前就责令限期缴纳应纳税款，在限期内发现纳税人有明显的转移、隐匿其应纳的商品、货物以及其他财产或者应纳税的收入的迹象时，税务机关可责令纳税人提供纳税担保。如果纳税人提供不了纳税担保，税务机关可以采取税收保全措施。CE是税收保全措施的内容。

第八章 纳税检查

本章主要内容为纳税检查的基本方法，会计凭证、会计账簿和会计报表的检查以及四种主要税目的具体检查。

从近年的考试情况来看，本章内容出现较频繁，其中消费税、增值税、营业税、企业所得税涉及的一些会计处理方法是考查的重点，考生需掌握。

本章重要考点分析

本章涉及15个考点，在历年考试中以单项选择题、多项选择题和案例分析题的形式出现，如图8-1所示。

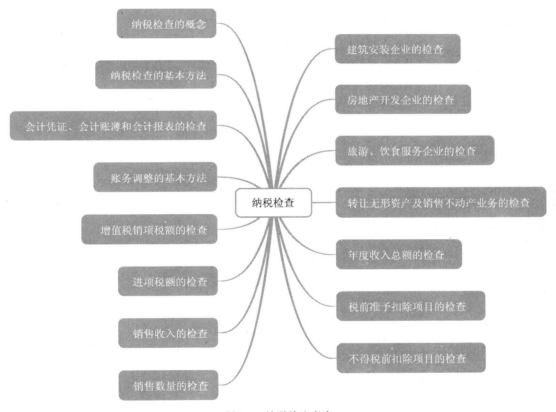

图8-1 纳税检查考点

本章近三年题型及分值总结

本章的内容在近三年的考试中以单项选择题、多项选择题和案例分析题的形式进行考查，如表8-1所示。

表8-1 纳税检查题型及分值

年　份	单项选择题	多项选择题	案例分析题
2014年	5题	1题	3题
2013年	6题	2题	5题
2012年	6题	2题	5题

第一节　纳税检查概述

纳税检查是税务机关根据国家税法和财务会计制度的规定，对纳税人履行纳税义务的情况进行检查和监督，以充分发挥税收职能作用的一种管理活动。

纳税检查的主体是税务机关。

纳税检查的客体是纳税义务人，同时包括代扣代缴义务人、代收代缴义务人、纳税担保人等。

纳税检查的对象是纳税人所从事的经济活动和各种应税行为，以及履行纳税义务的情况。

纳税检查的依据是国家的各种税收法规、会计法规、企业财务制度。当税收法规和其他财会制度发生冲突时，以税收法规为准。

 思维导图

该节涉及多个知识点和概念，如图8-2所示。

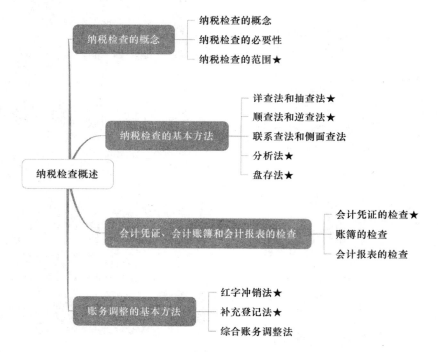

图8-2　纳税检查概述

 知识点测试

【2014年多选题】关于纳税检查的说法，正确的有（　　）。

A. 纳税检查的主体是税务机关

B. 纳税检查的客体包括代扣代缴义务人

C. 纳税检查的客体包括纳税担保人

D. 经税务所长批准可以查询纳税人的存款账户

E. 纳税检查的范围包括纳税人的账簿、记账凭证、报表

【答案】ABCE

【解析】纳税检查的主体是税务机关，A选项

正确。纳税检查的客体是纳税人，同时包括代扣代缴义务人、代收代缴义务人、纳税担保人等，BC选项正确。纳税检查的范围包括纳税人的账簿、记账凭证、报表和有关资料，检查扣缴义务人代扣代缴、代收代缴税款账簿、记账凭证和有关资料，E选项正确。经县以上税务局局长批准，凭全国统一格式的检查存款账户许可证明，查询从事生产、经营的纳税人、扣缴义务人在银行或者其他金融机构的存款账户，D选项错误。

【2013年单选题】税务机关查询案件涉嫌人员的储备存款时，需要履行的程序是(　　)。

A. 经税务所所长批准

B. 经县级税务局(分局)局长批准

C. 经稽查局局长批准

D. 经设区的市、自治州以上税务局(分局)局长批准

【答案】D

【解析】(1) 经县级以上税务局局长批准，税务检查人员可凭全国统一格式的检查存款账户许可证明，查询从事生产、经营的纳税人、扣缴义务人在银行或者其他金融机构的存款账户；

(2) 纳税机关在调查税收违法案件时，经设区的市、自治州以上税务局(分局)局长批准，可以查询案件涉嫌人员的储备存款。

【2013年单选题】某企业当期应摊销无形资产1000元，实际摊销500元，应做的账务调整分录为(　　)。

A. 借：管理费用　　　1000

　　　　贷：累计摊销　　　1000

B. 借：管理费用　　　500

　　　　贷：累计摊销　　　500

C. 借：累计摊销　　　500

　　　　贷：管理费用　　　500

D. 借：累计摊销　　　1000

　　　　贷：管理费用　　　1000

【答案】B

【解析】正确的账务处理为：

借：管理费用　　　1000

　　贷：累计摊销　　　1000

错误的账务处理为：

借：管理费用　　　500

　　贷：累计摊销　　　500

账务调整如下：

借：管理费用　　　500

　　贷：累计摊销　　　500

【2012年单选题】下列凭证中，属于自制原始凭证的是(　　)。

A. 进账单　　　　　　B. 汇款单

C. 运费发票　　　　　D. 领料单

【答案】D

【解析】自制原始凭证包括各种报销和支付款项的凭证，其中，对外自制凭证有现金收据、实物收据等；对内自制凭证有收料单、领料单、支出证明单、差旅费报销单、成本计算单等。

【2012年单选题】关于纳税检查的说法，错误的是(　　)。

A. 纳税检查的主体是税务师事务所

B. 纳税检查的客体包括纳税担保人

C. 纳税检查的对象是纳税人所从事的经济活动和各种应税行为

D. 纳税检查的依据是国家的各种税收法规、会计法规和企业财务制度

【答案】A

【解析】(1) 纳税检查是税务机关根据国家税法和财务会计制度的规定，对纳税人履行纳税义务的情况进行检查和监督，以充分发挥税收职能作用的一种管理活动。

(2) 纳税检查的主体是税务机关。

(3) 纳税检查的客体是纳税义务人，同时包括代扣代缴义务人、代收代缴义务人、纳税担保人等。

(4) 纳税检查的对象是纳税人所从事的经济活动和各种应税行为，以及履行纳税义务的情况。

(5) 纳税检查的依据是国家的各种税收法规、会计法规、企业财务制度。税收法规和其他财会制度发生冲突时，以税收法规为准。

【2011年多选题】下列会计凭证中，属于外来原始凭证的有(　　)。

A. 购货发票　　　　　B. 进账单

C. 领料单　　　　　　D. 差旅费报销单

E. 汇款单

【答案】ABE

【解析】外来原始凭证包括购货发票、进账单、汇款单、运费发票等。

第二节　增值税的检查

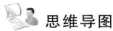 思维导图

该节涉及多个知识点和概念，如图8-3所示。

图8-3　增值税的检查

知识点测试

【2013年单选题】对于企业收取贷款时另向购买方收取的延期付款利息，正确的涉税处理为（　　）。

A. 应按5%的税率计算缴纳营业税

B. 应按3%的税率计算缴纳营业税

C. 应按收取的利息收入全额计算增值税

D. 应将利息收入换算成不含税价款后计算增值税

【答案】D

【解析】企业收取货款时另外向购买方收取的延期付款利息，属于价外费用，应当将利息换算成不含税价款后计算增值税。

【2013年多选题】某企业于2013年2月采用分期收款方式销售一批商品，不含税价款200 000元，合同规定货款分别于2014年2月和2015年2月两次等额支付。假定贴现率为10%。2013年2月所作的下列会计处理中，正确的有（　　）。

A. 贷记"主营业务收入"200 000元

B. 借记"长期应收款"200 000元

C. 计提增值税销项税额34 000元

D. 不用计提增值税销项税额

E. 借记"未实现融资收益"20 000元

【答案】BD

【解析】借：长期应收款　　200 000
　　　　贷：主营业务收入　　181 181.18
　　　　　　未实现融资收益　18 818.82

【2011年单选题】某企业（增值税一般纳税人）外购一批原材料，取得的增值税专用发票上注明的价款为10 000元，增值税为1700元，入库前的挑选整理费用为500元，则该批材料的采购成本为（　　）元。

A. 10 000　　　　　　B. 10 200

C. 10 500　　　　　　D. 11 700

【答案】C

【解析】会计制度规定，购进材料的采购成本由下列各项组成：买价（不包括增值税税额）；运杂费；运输途中的合理损耗；入库前的挑选整理费用；购入材料负担的税金和进口货物的关税（不包括增值税、外汇差价和其他费用）。因此，该批材料采购成本为10 000+500=10 500元。

【2010年单选题】2010年9月，大华商场（增值税一般纳税人，适用增值税税率为17%）零售货物并以现金形式取得含税销售收入351 000元，其正确的账务处理为（　　）。

A. 借：现金　　　　　　351 000
　　　贷：应付账款　　　　351 000

B. 借：现金　　　　　　351 000
　　　贷：应收账款　　　　351 000

C. 借：现金　　　　　　351 000
　　　贷：主营业务收入　　300 000
　　　　　应缴税费——应缴增值税
　　　　　（销项税额）　　51 000

D. 借：主营业务收入　　351 000
　　　贷：应收账款　　　　300 000
　　　　　应缴税费——应缴增值税
　　　　　（进项税额）　　51 000

【答案】C

【解析】本题利用排除法来选择，四项答案中，只有C答案是确认销项税：351 000/1.17×17%=51 000元。

【2010年单选题】税务检查人员对某企业（增值税一般纳税人，适用增值税税率为17%）进行检查，发现该企业将一笔货款20 000元（含税价格）计入"资本公积"账户，导致企业少缴增值税（　　）元。

A. 0

B. 2905.98

C. 3400

D. 4096.39

【答案】B

【解析】企业少缴纳的增值税=20 000/1.17×17%=2905.98元。

第三节　消费税的检查

 思维导图

该节涉及多个知识点和概念，如图8-4所示。

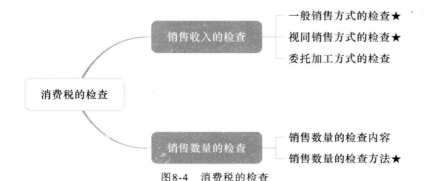

图8-4　消费税的检查

 知识点测试

【2013年单选题】对于委托加工应税消费品的业务，正确的涉税处理为(　　)。

A. 委托方就加工收入计算缴纳消费税

B. 受托方就加工收入计算缴纳消费税

C. 委托方按照受托方的同类消费品的销售价格计算缴纳消费税

D. 受托方按照委托方的同类消费品的销售价格计算缴纳消费税

【答案】C

【解析】委托加工应税消费品于受托方交货时由受托方代收代缴消费税，其计税依据为：委托方按照受托方的同类消费品的销售价格计算缴纳消费税。没有同类消费品销售价格的，按照组成计税价格计算纳税。

第四节　营业税的检查

思维导图

该节涉及多个知识点和概念，如图8-5所示。

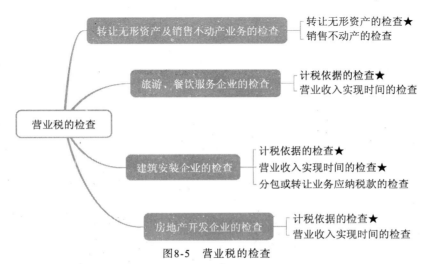

图8-5　营业税的检查

知识点测试

【2013年单选题】企业转让无形资产使用权，取得转让收入10 000元，正确的业务处理方法为(   )。

A. 贷记"营业外收入"10 000元

B. 计算缴纳营业税300元

C. 计算缴纳营业税500元

D. 计算缴纳增值税1700元

【答案】C

【解析】转让无形资产使用权时：

借：银行存款

贷：应交税费——应交营业税
（以转让收入的5%来计算）
应交税费——应交城市维护建设税
应交税费——应交教育费附加
其他业务收入

【2012年单选题】某酒厂销售白酒缴纳的消费税应计入的会计科目为(   )。

A. 主营业务成本   B. 营业税金及附加

C. 管理费用   D. 销售费用

【答案】B

【解析】企业销售应税消费品应交的消费税，应借记"营业税金及附加"科目，贷记"应交税费——应交消费税"科目。

【2011年单选题】某商贸企业销售不动产所缴纳的营业税应直接计入(   )。

A. 固定资产清理   B. 营业税金及附加

C. 其他业务支出   D. 营业外支出

【答案】A

【解析】除房地产企业外，其他企业销售不动产通过"固定资产清理"账户核算，包括所缴纳的营业税。

第五节　企业所得税的检查

 思维导图

该节涉及多个知识点和概念，如图8-6所示。

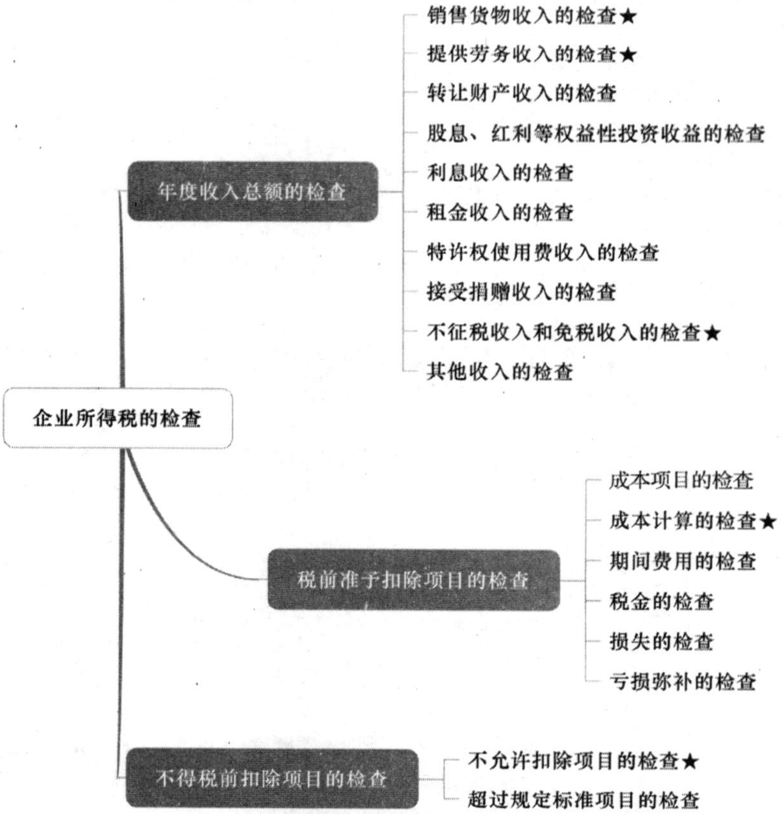

企业所得税的检查

年度收入总额的检查
- 销售货物收入的检查★
- 提供劳务收入的检查★
- 转让财产收入的检查
- 股息、红利等权益性投资收益的检查
- 利息收入的检查
- 租金收入的检查
- 特许权使用费收入的检查
- 接受捐赠收入的检查
- 不征税收入和免税收入的检查★
- 其他收入的检查

税前准予扣除项目的检查
- 成本项目的检查
- 成本计算的检查★
- 期间费用的检查
- 税金的检查
- 损失的检查
- 亏损弥补的检查

不得税前扣除项目的检查
- 不允许扣除项目的检查★
- 超过规定标准项目的检查

图8-6　企业所得税的检查

知识点测试

【2013年单选题】制造产品所耗用的直接材料费用，应记入的会计账户为(   )。

A. 生产成本——基本生产成本
B. 生产成本——辅助生产成本
C. 制造费用
D. 管理费用

【答案】A

【解析】本题考查直接材料的归集应遵循的原则。

【2013年多选题】可以在企业所得税税前扣除的项目包括(   )。

A. 消费税   B. 营业税
C. 企业违约金   D. 印花税
E. 税收滞纳金

【答案】ABCD

【解析】税收滞纳金不得在税前扣除。

【2012年单选题】某企业5月份生产领用材料的计划成本为20 000元，已知该材料的成本差异率为5%，则发出材料的实际成本为(   )元。

A. 1000   B. 19 000
C. 20 000   D. 21 000

【答案】D

【解析】实际成本=20 000×1.05=21 000元。

【2011年多选题】某企业被工商部门处以惩罚10 000元，正确的涉税会计处理有(   )。

A. 计入"营业外支出"科目
B. 不得在税前列支
C. 计入"利润分配"科目
D. 不超过科目总额12%的部分，可以税前列支
E. 冲减"营业外收入"科目

【答案】AB

【解析】罚金属于禁止税前扣除的项目。

【2010年单选题】若企业核算发出材料的成本采用加权平均法，则库存材料单价(   )。

A. 大于发出的材料单价
B. 等于发出的材料单价
C. 小于发出的材料单价
D. 等于发出材料的单价加上材料成本差异的数额

【答案】B

【解析】若企业核算发出材料的成本采用加权平均法，则库存材料单价等于发出的材料单价。

【例题 单选题】某企业5月份生产领用材料计

划成本为100万元，月底计算出的材料成本差异率为2%，则本月生产产品应负担的材料费用为(   )万元。

A. 102   B. 100
C. 98   D. 2

【答案】A

【解析】发出材料应负担的材料成本差异=发出材料的计划成本×材料成本差异率=100×2%=2万元，计划成本为100万元，因此本月生产产品应负担的材料费用为102万元。

【例题 单选题】下列项目中可以计入进口货物采购成本的是(   )。

A. 关税   B. 增值税
C. 外汇差价   D. 货款的利息支出

【答案】A

【解析】购进材料的采购成本包括进口货物的关税。

【例题 单选题】纳税人发生的下列捐赠中，不允许在税前扣除的是(   )。

A. 通过红十字会对地震灾区的物资捐赠
B. 直接对福利院的捐款
C. 通过县政府对某小学的捐款
D. 通过政府部门捐款给西部地区用于修建道路

【答案】B

【解析】公益性、救济性捐赠的检查：
(1) 审查公益性、救济性捐赠的真实性；
(2) 审查是否允许调减。被查企业直接向受赠人的捐赠不允许调减扣除；
(3) 审查扣除金额计算是否正确。

考题预测及强化训练

一、单项选择题

1. 按照查账的顺序，纳税检查的基本方法分为顺查法和(   )。
   A. 详查法   B. 抽查法
   C. 逆查法   D. 分析法

2. 对企业的投入与产出分析一般采用(   )。
   A. 推理分析法   B. 控制分析法
   C. 比较分析法   D. 盘存分析法

3. 某家具生产企业为一般纳税人，某月份销售产品200件，每件不含税价为1000元，该月收取包装物使用费20 000元。另外，为保证购买方及时退回包装物，订立了包装物使用期限为6个月的合

同，并收取押金40 000元。则本月该企业应缴纳的增值税为( )元。

A. 42 717.95　　　　B. 37 400

C. 36 905.98　　　　D. 34 000

4. 企业辅助生产工人工资及福利费应通过( )科目处理。

A. 制造费用

B. 产品成本中的直接工资

C. 销售费用

D. 管理费用

5. 纳税检查的主体是( )。

A. 国家财政部门　　B. 税务机关

C. 企事业单位　　　D. 自然人

6. 采用( )发现的问题，不能作为定案的依据。

A. 详查法　　　　　B. 顺查法

C. 分析法　　　　　D. 盘存法

7. 经( )批准，税务检查人员可凭全国统一格式的检查存款账户许可证明，查询从事生产、经营的纳税人，扣缴义务人在银行或者其他金融机构的存款账户。

A. 主管税务人员

B. 税务所所长

C. 省财政局局长

D. 县级以上税务局(分局)局长

8. 某铝合金门窗生产企业(增值税一般纳税人)将自产铝合金门窗用于本企业在建工程，已知该批铝合金门窗的成本为200 000元，无同类产品对外售价。下列正确的账务处理为( )。

A. 借：在建工程　　　200 000
　　　贷：主营业务收入　　200 000

B. 借：在建工程　　　234 000
　　　贷：主营业务收入　　200 000
　　　　　应交税费——应交增值税
　　　　　(销项税额)　　　34 000

C. 借：在建工程　　　237 400
　　　贷：库存商品　　　200 000
　　　　　应交税费——应交增值税
　　　　　(销项税额)　　　37 400

D. 借：在建工程　　　200 000
　　　贷：库存商品　　　200 000

9. 下列凭证中属于外来原始凭证的是( )。

A. 差旅费报销单

B. 成本计算单

C. 支出证明单

D. 进账单

10. 某家具生产企业为增值税一般纳税人，在收取货款时另向购买方收取延期付款利息80 000元，企业应作如下会计处理。

借：银行存款　　　　　80 000
　　贷：财务费用　　　　　80 000

下列关于该笔会计处理的表述，正确的是( )。

A. 该笔会计处理造成企业少缴增值税4800元

B. 该笔会计处理造成企业少缴增值税11 623.93元

C. 该笔会计处理造成企业少缴增值税13 600元

D. 该笔会计处理造成企业少缴营业税4000元

11. 税务机关在调查税收违法案件时，经( )批准，可以查询案件涉嫌人员的储蓄存款。

A. 调查人员

B. 设区的市、自治州以上税务局(分局)局长

C. 县以上税务局(分局)局长

D. 税务所所长

12. 下列关于营业税计税营业额的表述中正确的为( )。

A. 纳税人提供建筑业劳务，采用预收款方式的，其纳税义务发生时间为合同约定的当天

B. 对土地和商品房采取分期收款销售办法的，可按实际收到货款的时间作为营业收入的实现时间

C. 房地产企业采用预收款方式销售商品房的，应以收到预收款的当天作为纳税义务发生时间

D. 旅行社组织国内旅游者到境外旅游，应以旅行团启程时确认营业收入的实现

13. 某钢材厂为增值税一般纳税人，在销售钢材的同时收取包装物租金10 000元，该项租金( )。

A. 应纳营业税500元

B. 应纳增值税1700元

C. 应纳增值税1452.99元

D. 不发生纳税义务

14. 账内联系法和账外联系法属于( )。

A. 逆查法　　　　　B. 分析法

C. 侧面查法　　　　D. 联系查法

15. 企业辅助生产工人工资应通过( )科目处理。

A. 制造费用

B. 产品成本中的直接工资

C. 销售费用

D. 管理费用

16. 某工业企业为增值税一般纳税人，转让旧库房一幢，取得转让收入100万元，下列关于该笔转让收入应纳税的表述，正确的是( )。

A. 应计算缴纳增值税17万元

B. 应计算缴纳增值税6万元

C. 应计算缴纳增值税2万元

D. 应计算缴纳营业税5万元

17. 下列凭证属于外来原始凭证的是( )。

    A. 差旅费报销单　　B. 成本计算单

    C. 支出证明单　　　D. 进账单

18. 某房地产开发企业,某月取得建筑施工收入500万元,不动产销售收入800万元,租金收入70万元,当月应交纳营业税税额为( )万元。

    A. 57.1　　B. 68.5　　C. 41.1　　D. 58.5

19. 某粮食企业(增值税一般纳税人)上月收购的一批农产品被盗,已知其账面成本为8700元,下列账务处理中正确的为( )。

    A. 借:待处理财产损益 8700

        贷:原材料 8700

    B. 借:待处理财产损益 9831

        贷:原材料 8700

           应交税费——应交增值税

           (进项税额转出) 131

    C. 借:待处理财产损益 8700

        贷:原材料 7569

           应交税费——应交增值税

           (进项税额转出) 1131

    D. 借:待处理财产损益 10 000

        贷:原材料 8700

           应交税费——应交增值税

           (进项税额转出) 1300

20. 下列凭证中属于自制原始凭证的是( )。

    A. 进账单　　　　　B. 汇款单

    C. 运费发票　　　　D. 收料单

21. 税务机关在年终结账前,检查某饭店营业税的缴纳情况,发现"其他应付款"账户贷方记录的一笔往来款项金额为10 000元,系该饭店的关系户就餐款,未计收入,因而未缴营业税。经计算应补交营业税=10 000×5%=500元,暂不考虑城市维护建设税和教育费附加,则下列账务调整中错误的会计分录是( )。

    A. 借:其他应付款 10 000

        贷:营业外收入 10 000

    B. 借:其他应付款 10 000

        贷:主营业务收入 10 000

    C. 借:营业税金及附加 500

        贷:应缴税费——应缴营业税 500

    D. 借:应缴税费——应缴营业税 500

        贷:银行存款 500

22. 纳税检查中对会计报表检查时,不包括在损益表中的检查分析的项目内容是( )。

    A. 主营业务收入

    B. 主营业务成本

    C. 各项存货项目

    D. 营业费用

23. 税务机关审查某工业企业所得税时,发现该企业将发生的固定资产修理费用直接记入"制造费用"科目,其中会造成虚增生产成本的事项是( )。

    A. 企业将办公楼增加了楼层

    B. 对车间进行一年一次的粉刷

    C. 对车间机器设备每半年进行一次调试、检测、更换部分零配件

    D. 对房屋建筑物的轻微损伤进行修补

24. 采用分期收款方式销售产品,纳税义务发生时间为( )。

    A. 货物发出的时间

    B. 最后一次收到货款时间

    C. 合同规定的收款日期

    D. 购销双方协商的时间

25. 税务机关对某工业企业所得税纳税情况进行检查,该企业2006年度营业收入净额为1600万元,在"管理费用——业务招待费"明细账上累计发生数为12万元,在"销售费用"账户中反映交际应酬费合计为3万元,则税务机关审查后,认为该企业仅此一项该调增企业所得税,则应调增应纳税所得额为( )万元。

    A. 4.2　　　　　　　B. 7

    C. 7.2　　　　　　　D. 10.2

26. 随同货物出售单独计价的包装物,取得收入计入( )科目。

    A. 主营业务收入　　B. 银行存款

    C. 其他业务收入　　D. 营业费用

27. 某钢铁厂将20吨自制钢材用于本企业厂房建设,已知该批钢材的市场销售价格为每吨1200元(不含税),成本价为每吨800元。企业在移送使用时应视同销售缴纳增值税( )元。

    A. 2720　　　　　　B. 3487.2

    C. 0　　　　　　　　D. 4080

28. 下列关于税率的说法不正确的是( )。

    A. 企业将包装物作为资产单独出租收取租金,租金收入为企业的副营业收入,记入"其他业务收入"科目,应按租赁业征收5%的营业税

B. 职工福利费是企业根据国家规定按工资总额的14%提取，计入成本、费用账户，用于职工福利方面的支出

C. 按照财务会计制度的规定，企业应按当期计税工资总额的2%和1.5%，分别提取工会经费和职工教育经费，列入成本费用

D. 土地转让、开发产品销售、租金收入，应按3%的税率申报纳税

29. 企业转让某项商标的所有权，取得转让收入10 000元，其正确的账务处理方法是（　　）。
    A. 应计算缴纳营业税300元
    B. 应计算缴纳营业税500元
    C. 应计算缴纳增值税600元
    D. 应计算缴纳增值税1700元

30. 下列关于计划成本法的表述，正确的是（　　）。
    A. 发出材料的成本差异率等于结存材料的成本差异率
    B. 发出材料的成本差异率大于结存材料的成本差异率
    C. 发出材料的成本差异率小于结存材料的成本差异率
    D. 实际成本低于计划成本的差异称为蓝字差异

31. 企业发生视同销售行为，没有同类消费品销售价格时，消费税的计税价格为（　　）。
    A. (成本-利润)/(1-消费税率)
    B. (成本-利润)/(1-增值税率)
    C. (成本+利润)/(1-消费税率)
    D. (成本+利润)/(1-增值税率)

32. 某商业企业为增值税一般纳税人，2007年5月向消费者销售一批服装，开具的普通发票上注明的价款为10 000元。款项已收到。企业账务处理为：
    借：银行存款　　　　10 000
    　　贷：资本公积　　　　10 000
    企业上述账务处理会造成（　　）。
    A. 少计提销项税额1700元
    B. 少计提销项税额1452.99元
    C. 少计提销项税额400元
    D. 少计提销项税额384.62元

二、多项选择题
1. 对企业外来原始凭证的检查，一般应注意以下几个方面（　　）。
    A. 审查凭证的合法性
    B. 审查凭证的真实性
    C. 审查凭证的完整性

D. 审查凭证手续是否完备
    E. 审查凭证的连续性

2. 纳税检查的客体是（　　）。
    A. 纳税人　　　　　　B. 代扣代缴义务人
    C. 纳税担保人　　　　D. 代收代缴义务人
    E. 税务机关

3. 下列各项中，增值税一般纳税人发生的进项税额可以从销项税额中抵扣的有（　　）。
    A. 外购货物用于职工福利
    B. 混合销售行为所涉及的非应税劳务所用的购进货物
    C. 由于保管不善损失的产成品所耗用的购进货物
    D. 兼营非应税行为一并征收增值税时，其兼营的非应税劳务所用的购进货物
    E. 用于在建工程的购进货物

4. 总分类账的审查分析，主要包括（　　）。
    A. 账账关系的审核　　B. 账表关系的审核
    C. 账证关系的审核　　D. 纵向关系的审核
    E. 横向关系的审核

5. 若一个企业账簿资料较乱，在对该企业进行检查时，适宜采用的方法为（　　）。
    A. 详查法　　　　　　B. 抽查法
    C. 顺查法　　　　　　D. 逆查法
    E. 盘存法

6. 下列项目中，不属于企业工资总额的有（　　）。
    A. 年终加薪
    B. 独生子女补贴
    C. 雇员离退休、退职待遇的各项支出
    D. 各项劳动保护支出
    E. 补贴

7. 准予从销项税额中抵扣的进项税额的项目包括（　　）。
    A. 从销售方取得的增值税专用发票上注明的增值税额
    B. 购进固定资产的增值税扣税凭证上注明的增值税额
    C. 从海关取得的完税凭证上注明的增值税额
    D. 用于集体福利的购进货物或者应税劳务的所属增值税额
    E. 购进免税农业产品的买价和购销货物支付的运输费，按买价依13%的扣除率计算的进项税额

8. 下列属于企业制造费用分配方法的有（　　）。
    A. 材料比例分配法
    B. 生产工人工资比例分配法
    C. 机器工时比例分配法

D. 产品比例分配法

E. 生产工时比例分配法

9. 价外费用，是指价格之外又向购买方收取的(　　)。

　A. 手续费　　　　　　　B. 基金

　C. 增值税　　　　　　　D. 消费税

　E. 延期付款利息

10. 增值税暂行条例中规定，应视同销售货物行为征收增值税的有(　　)。

　A. 将自产货物用于在建工程

　B. 外购货物用于集体福利

　C. 将自产货物用于企业内部职工消费

　D. 电信企业提供通信服务的同时销售手机

　E. 将购进货物无偿赠送他人

11. 某化妆品厂为增值税一般纳税人，将新试产的一批化妆品用于职工福利，该产品没有同类产品价格，已知该批产品的成本为10 000元，成本利润率为5%，消费税税率为30%，下列表述中正确的有(　　)。

　A. 该笔业务应纳增值税2550元

　B. 该笔业务应纳消费税4500元

　C. 该笔业务缴纳消费税，不缴纳增值税

　D. 该笔业务所缴纳的税款应计入"产品销售税金及附加"科目

　E. 该笔业务应缴纳营业税

12. 下列关于纳税义务发生时间的表述中正确的有(　　)。

　A. 企业采取预收货款方式销售货物的，其纳税义务的发生时间为收到货款的当天

　B. 企业采取预收货款方式销售货物的，其纳税义务的发生时间为货物发出的当天

　C. 企业采取分期收款方式销售货物的，其纳税义务的发生时间为合同规定的收款日期

　D. 企业采取分期收款方式销售货物的，其纳税义务的发生时间为收到货款的日期

　E. 企业采取委托收款方式销售货物的，其纳税义务的发生时间为收到货款的日期

13. 下列关于包装物计税的表述中正确的是(　　)。

　A. 随同货物出售单独计价的包装物，取得的销售收入应按所包装货物的适用税率计征增值税

　B. 单独销售包装物取得的销售收入应计征营业税

　C. 在货物销售的同时收取的包装物租金应计征营业税

　D. 在货物销售的同时收取的包装物租金应计征增值税

E. 企业将包装物作为资产单独出租收取的租金应计征营业税

14. 在纳税检查中若发现以前年度有多计费用、少计收入的现象，正确的会计处理方法有(　　)。

　A. 对于多计的费用，应调增"本年利润"科目的借方金额

　B. 对于多计的费用，应调增"以前年度损益调整"科目的贷方金额

　C. 对于少计的收入，应调增"本年利润"科目的借方金额

　D. 对于少计的收入，应调增"以前年度损益调整"科目的贷方金额

　E. 对于少计的收入，应调增"以前年度损益调整"科目的借方金额

15. 会计制度规定，购进材料的采购成本包括(　　)。

　A. 运输中的合理损耗

　B. 入库前的挑选整理费用

　C. 关税

　D. 运杂费

　E. 采购人员工资

三、案例分析题

(一) 某化妆品公司，是增值税一般纳税人。主要生产化妆品及护肤护发品并组成套装销售。2006年1月，税务机关对该公司2005年12月份纳税情况进行了检查，查出如下两笔经济业务及账务处理情况：

(1) 该月实现成套礼品销售收入1 100 000元，其中化妆品销售收入500 000元，护肤护发品销售收入600 000元。分别开出增值税专用发票，货款1 100 000元，税率为17%，税额187 000元，账务处理为：

　　借：银行存款　　　　　　1 287 000

　　　　贷：主营业务收入　　　　　1 100 000

　　　　　　应交税费——应缴增值税

　　　　　　(销项税额)　　　　　　187 000

　　借：营业税金及附加　　　150 000

　　　　贷：应交税费——应交消费税　150 000

(2) 该公司将一批化妆品用于职工福利，其售价为20 000元，成本价为3000元，账务处理为：

　　借：应付福利费　　　　　3000

　　　　贷：库存商品　　　　　　3000

　　根据上述资料，回答下列问题：

　　1. 该企业应补缴增值税(　　)元。

　　A. 190 400　　　　　　B. 187 000

　　C. 1 870 510　　　　　D. 3400

2. 应补缴消费税为( )元(化妆品的消费税税率为30%)。

　　A. 186 000　　　　　B. 3400
　　C. 102 000　　　　　D. 180 000

（二）某生产企业位于某省会城市，2006年5月转让一座旧办公楼，取得转让收入500 000元，并收到转账支票一张。已知该办公楼的原价为2 000 000元，已提折旧1 400 000元，转让过程中发生清理费用和印花税10 000元，款项以银行存款支付，企业会计处理如下。

(1) 取得收入时
　　借：银行存款　　　　　500 000
　　　贷：其他应付款　　　　　500 000

(2) 转销固定资产时
　　借：固定资产清理　　　600 000
　　　累计折旧　　　　1 400 000
　　　贷：固定资产　　　　　2 000 000

(3) 支付清理费用
　　借：固定资产清理　　　10 000
　　　贷：银行存款　　　　　10 000

(4) 结转净收益
　　借：营业外支出　　　　610 000
　　　贷：固定资产清理　　　　610 000

营业税税率5%，城市维护建设税税率7%，教育费附加为3%。

根据上述资料，回答下列问题：

3. 下列表述中正确的有( )。(多选题)
　　A. 该项固定资产应补提未提足的折旧600 000元
　　B. 该项固定资产转让后不再计提折旧
　　C. 该项固定资产出售后应按其原价转销该固定资产
　　D. 该项固定资产出售后应按其净值转销该项固定资产

4. 取得转让收入时，正确的账务处理为( )。
　　A. 借：银行存款　　　　　50 000
　　　　贷：固定资产清理　　50 000
　　B. 借：银行存款　　　　　50 000
　　　　贷：主营业务收入　　50 000
　　C. 借：银行存款　　　　　50 000
　　　　贷：其他业务收入　　50 000
　　D. 借：银行存款　　　　　50 000
　　　　贷：营业外收入　　　50 000

5. 该项转让旧办公楼业务发生净损失为( )元。
　　A. 50 000　　　　　B. 137 500

　　C. 65 000　　　　　D. 90 000

6. 下列关于该企业本笔业务账务调整分录正确的有( )。(多选题)
　　A. 借：其他应付款　　　　500 000
　　　　贷：固定资产清理　　　500 000
　　B. 借：固定资产清理　　　　2500
　　　　贷：应交税金——应交营业税　25 000
　　　　　　　　——应交城建税　　1750
　　　　其他应交款——应交教育费
　　　　　　　　　　附加　　　750
　　C. 借：固定资产清理　　　472 500
　　　　贷：营业外收入　　　　472 500
　　D. 借：固定资产清理　　　137 500
　　　　贷：营业外收入　　　　137 500

7. 该企业的账务处理影响的企业所得税额为( )。
　　A. 多缴企业所得税155 925元
　　B. 多缴企业所得税165 000元
　　C. 少缴企业所得税155 925元
　　D. 少缴企业所得税165 000元

（三）甲企业为增值税一般纳税人，主要生产M产品，每件产品的不含税售价为1000元，成本为每件200元；购进原材料均能取得增值税专用发票，购销货物适用增值税税率为17%(城市维护建设税及教育费附加不考虑)。2011年8月，税务机关对甲企业2010年度的纳税情况进行检查，甲企业有关账务资料如下：

(1) 销售给A企业M产品10件，同时收取包装物租金1000元，账务处理如下。
　　借：银行存款　　　　　12 700
　　　贷：资本公积　　　　　11 700
　　　　其他业务收入　　　1000

(2) 销售给B企业(小规模纳税人)M产品2件，账务处理如下。
　　借：银行存款　　　　　2340
　　　贷：其他应付款　　　　2340

(3) 职工福利部门领用M产品5件，账务处理如下。
　　借：应付职工薪酬　　　1000
　　　贷：库存商品　　　　　1000

(4) 在建工程领用生产用原材料10 000元(该项目工程至2011年8月尚未完工)，账务处理如下。
　　借：在建工程　　　　　10 000
　　　贷：原材料　　　　　　10 000

根据以上资料，回答下列问题：

8. 甲企业销售给A企业产品，正确的涉税处理

为( )。(多选题)

A. 计算主营业务收入

B. 计算增值税销项税额

C. 其进项税额不得抵扣

D. 其进项税额作转出处理

9. 甲企业向A企业收取的包装物租金应调增增值税销项税额为( )元。

A. 0   B. 50

C. 145.3   D. 170

10. 甲企业销售给B企业产品应调增增值税销项税额为( )元。

A. 0   B. 70.2

C. 340   D. 397.8

11. 甲企业职工福利部门领用产品应做的正确账务调整为( )。

A. 借：应付职工薪酬   5000

       贷：以前年度损益调整   5000

B. 借：应付职工薪酬   850

       贷：应交税费——应交增值税

          (销项税额)   850

C. 借：应付职工薪酬   5850

       贷：以前年度损益调整   5850

D. 借：应付职工薪酬   170

       贷：应交税费——应交增值税

          (销项税额)   170

12. 甲企业在建工程领用原材料应做的正确账务调整为( )。

A. 借：在建工程   1700

       贷：应交税费——应交增值税

          (进项税额转出)   1700

B. 借：在建工程   1452.99

       贷：应交税费——应交增值税

          (销项税额)   1452.99

C. 借：在建工程   1700

       贷：应交税费——应交增值税

          (销项税额)   1700

D. 借：在建工程   1452.99

       贷：应交税费——应交增值税

          (进项税额转出)   1452.99

参考答案及解析

一、单项选择题

1. 【答案】C

【解析】按照顺序的不同，查账分为顺查法和逆查法。

2. 【答案】B

【解析】控制分析法，一般用于对生产企业的投入与产出、耗用与补偿的控制分析。

3. 【答案】C

【解析】包装物押金没有逾期，因此，本月不计算缴纳增值税。应纳增值税=[200×1000+20 000/(1+17%)]×17%=36 905.98元。

4. 【答案】A

【解析】辅助生产工人工资及福利费计入"制造费用"科目。

5. 【答案】B

【解析】纳税检查的主体是税务机关。

6. 【答案】C

【解析】分析法仅能揭露事物内部的矛盾，不宜作为查账定案结论的依据，因此还应结合其他查账方法来证实问题的本质。

7. 【答案】D

【解析】经县级以上税务局(分局)局长批准，税务检查人员可凭全国统一格式的检查存款账户许可证明，查询从事生产、经营的纳税人，扣缴义务人在银行或者其他金融机构的存款账户。

8. 【答案】C

【解析】此处用组成计税公式：应交增值税(销项税额)为200 000×(1+10%)×17%=37 400元。

9. 【答案】D

【解析】自制原始凭证包括各种报销和支付款项的凭证，其中对外自制凭证有现金收据、实物收据等，对内自制凭证有收料单、领料单、支出证明单、差旅费报销单、成本计算单等。

10. 【答案】B

【解析】少缴纳的增值税为：80 000/(1+17%)×17%=11 623.93元。

11. 【答案】B

【解析】税务机关在调查税收违法案件时，经设区的市、自治州以上税务局(分局)局长批准，可以查询案件涉嫌人员的储蓄存款。

12. 【答案】C

【解析】纳税人提供建筑业劳务，采用预收款方式的，其纳税义务发生时间为收到预收款的当天；对土地和商品房采取分期收款销售的，可按合同规定的收款时间分次转入收入；旅行社组织国内旅游者到境外旅游，应以旅行团结束返回时确认营业收入的实现。

13. 【答案】C

【解析】在销售货物的同时收取的包装物租

金，属于价外费用的范围，应并入销售额按包装货物适用税率计征增值税；另外，这10 000元是含税销售额，需要换算成不含税销售额。具体计算过程为：[10 000/(1+17%)]×17%=1452.99元。

14.【答案】D

【解析】联系查法，是对相关资料有联系的地方进行相互对照检查的一种方法。联系查法，又分为账内联系法和账外联系法。

15.【答案】A

【解析】企业辅助生产工人工资应通过制造费用科目处理。

16.【答案】D

【解析】该工业企业转让旧库房，其行为属销售不动产，销售不动产的营业额为纳税人销售不动产向对方收取的全部价款和价外费用，税率为5%。所以该笔转让收入应纳营业税为100×5%=5万元。

17.【答案】D

【解析】外来原始凭证包括进货发票、进账单、汇款单、运费发票等。

18.【答案】D

【解析】当月应交纳营业税税额=500×3%+800×5%+70×5%=58.5万元。

19.【答案】D

【解析】粮食企业购进的免税农产品发生了非正常损失，其原来已经抵扣的进项税需要转出去，通过"应交税费——应交增值税（进项税转出）"处理。由于免税农产品按照买价×13%来抵扣进项税，买价扣除进项税后的金额计入成本。所以成本=买价-买价×13%；8700=买价-买价×13%，所以买价=8700(1-13%)=10 000元；进项税=10 000×13%=1300元。

分录：

借：待处理财产损益 10 000

　　贷：原材料 8700

　　　　应交税费——应交增值税

　　　　（进项税转出） 1300

20.【答案】D

【解析】自制原始凭证包括各种报销和支付款项的凭证，其中，对外自制凭证有现金收据、实物收据等；对内自制凭证有收料单、领料单、支出证明单、差旅费报销单、成本计算单等。

21.【答案】A

【解析】A答案，饭店就餐费应记入"主营业务收入"；B答案，属于确认"主营业务收入"的分录；C答案，是计算营业税的分录；D答案，属于上交营业税的分录。

22.【答案】C

【解析】损益表的检查分析：

(1) 主营业务收入。一是核实账面销售收入额；二是核实销售收入净额；三是核查漏计的销售收入额。

(2) 主营业务成本。

(3) 营业费用。一般应注意以下几点：必须是与营业业务有关的费用；必须是费用性质的，不属于购置固定资产或门市部的翻建装潢或奖金分配性质；必须符合制度规定的开支范围和开支标准，一般不允许预提或按比例列支；对销售机构的费用，必须据实查证并按规定制度列支。

23.【答案】A

【解析】企业将办公楼增加了楼层属于固定资产的改扩建支出，应计入"在建工程"最终计入固定资产的成本。

24.【答案】C

【解析】应将合同规定的收款日期作为销售收入的实现时间。

25.【答案】B

【解析】企业发生的与生产经营活动有关的业务招待费支出，按照发生额的60%扣除，但最高不得超过当年销售（营业）收入的5‰。实际发生额的60%=(12+3)×60%=9万元；扣除限额=营业收入×0.5%=1600×0.5%=8万元；应调整应纳税所得额=(12+3)-8=7万元。

26.【答案】C

【解析】随同货物出售单独计价的包装物。这种情况出售包装物属于销售货物。取得收入计入"其他业务收入"科目，应按所包装货物的适用税率计征增值税。

27.【答案】D

【解析】1200×20×17%=4080元。

28.【答案】D

【解析】在对房地产开发企业进行检查时，要注意"主营业务收入"科目设置的明细账，是否按其所适用的税率申报纳税，如土地转让、开发产品销售、租金收入，应按5%的税率申报纳税，企业是否错按建筑业以3%的税率申报缴纳税款等。

29.【答案】B

【解析】转让无形资产的营业税税率为5%，应纳营业税=10 000×5%=500元。

30.【答案】A

【解析】对按计划价格核算材料的检查，主要是对"材料成本差异"账户和"材料成本差异率"的检查。必须明确，同一时间的发出材料和结存材料据以分配的成本差异率应是一致的。检查时，如果发现两者出现高低不一的现象，就会出现多转或少转材料成本的问题。

31.【答案】C

【解析】企业发生视同销售行为，在计算增值税的同时，应计算相应的消费税。其计税依据与检查方法同增值税相同。企业发生视同销售行为，其计税价格确定顺序如下：

(1) 为纳税人生产的同类产品的当月销售价格，如果当月同类消费品销售价格高低不同：应按加权平均价格计算。

(2) 当月无销售价格的，应按照同类消费品上月或最近月份的销售价格计算纳税。

(3) 没有同类消费品销售价格时，按照组成计税价格计算纳税。

实行从价定率办法计算纳税的组成计税价格计算公式：

组成计税价格=(成本+利润)/(1-比例税率)；

实行复合计税办法计算纳税的组成计税价格计算公式：

组成计税价格=(成本+利润+自产自用数量×定额税率)/(1-比例税率)。

32.【答案】B

【解析】增值税是以不含税的价款作为计税依据的，其销项税额的计算方法为10 000/(1+17%)×17%=1452.99元。

二、多项选择题

1.【答案】ABCD

【解析】外来原始凭证包括进货发票、进账单、汇款单、运费发票等。对外来凭证审查时，一般应注意以下几个方面：审查凭证的合法性；审查凭证的真实性；审查凭证的完整性；审查凭证手续是否完备；对多联式发票，要注意是否系报销联，防止用其他联报销。

2.【答案】ABCD

【解析】纳税检查的客体包括纳税义务人，还包括代扣代缴义务人、代收代缴义务人、纳税担保人等。

3.【答案】BD

【解析】根据规定，ACE三项都是不能抵扣的。

4.【答案】ABDE

【解析】总分类账的审查分析包括如下几个方面：

(1) 账账关系的查核；

(2) 账表关系的查核；

(3) 纵向关系的查核；

(4) 横向关系的查核。

5.【答案】ACE

【解析】若一个企业账簿资料较乱，在对该企业进行检查时，适宜采用详查法、顺查法和盘存法。

6.【答案】BCD

【解析】企业的工资总额不包括独生子女补贴、雇员离退休、退职等待遇的各项支出、各项劳动保护支出。

7.【答案】ACE

【解析】准予从销项税额中抵扣的进项税额，限于增值税扣税凭证上注明的增值税额，即从销售方取得的增值税专用发票上注明的增值税额；从海关取得的完税凭证上注明的增值税额；购进免税农业产品的买价和购销货物支付的运输费，按买价依13%，按支付的运费依7%的扣除率计算的进项税额。

8.【答案】BCE

【解析】分配制造费用的方法有：按生产工时比例分配；按生产工人工资比例分配；按机器工时比例分配。

9.【答案】ABE

【解析】价外费用是指价格之外向购买方收取的手续费、补贴、基金、集资费、返还利润、奖励费、违约金(延期付款利息)、包装费、包装物租金、储备费、优质费、运输装卸费、代收款项、代垫款项及其他各种性质的价外收费。

10.【答案】ACE

【解析】B项是缴纳营业税；D项是营业税的混合销售。

11.【答案】ABD

【解析】对于不征消费税的货物，计算增值税时的组成计税价格公式为：成本×(1+成本利润率)；但对于征收消费税的货物，其组成计税价格应加计消费税，公式为：[成本×(1+成本利润率)]/(1-消费税税率)。本题中：

组成计税价格=[10 000×(1+5%)]/(1-30%)=15 000元；

应纳增值税=15 000×17%=2550元；

应纳消费税=15 000×30%=4500元。

12.【答案】BC

【解析】企业采取预收货款方式销售货物的，其纳税义务的发生时间为货物发出的当天；企业采取分期收款方式销售货物的，其纳税义务的发生时间为合同规定的收款日期；企业采取委托收款方式销售货物的，其纳税义务的发生时间为发出货物并办妥托收手续的当天。

13.【答案】ADE

【解析】随同货物出售单独计价的包装物，取得收入时记入"其他业务收入"科目，并按所包装货物的适用税率计征增值税。在货物销售的同时收取的包装物租金，这时的包装物租金为随物销售收取的价外费用，应并入销售额按包装货物适用税率计征增值税。企业将包装物作为资产单独出租收取租金，租金收入为企业的副营业务收入，应记入"其他业务收入"科目，并按租赁业征收5%的营业税。

14.【答案】BD

【解析】在纳税检查中若发现以前年度有多计费用、少计收入的现象，对于多计的费用，应调增"以前年度损益调整"科目的贷方金额，对于少计的收入，应调增"以前年度损益调整"科目的贷方金额。

15.【答案】ABCD

【解析】会计制度规定，购进材料的采购成本由下列各项组成：(1)买价；(2)运杂费；(3)运输途中的合理损耗；(4)入库前的挑选整理费用；(5)购入材料负担的税金和进口货物的关税。

三、案例分析题

(一)

1.【答案】D

【解析】第1笔业务增值税计算是正确的。第2笔业务应视同销售，按售价计算销项税额为20 000×17%=3400元。

2.【答案】A

【解析】在第1笔业务中，化妆品和护肤护发品组成的成套化妆品应该按照成套化妆品的售价及化妆品的适用税率计算消费税。

消费税额=1 100 000×30%=330 000元。

第2笔业务视同销售。

消费税额=20 000×30%= 6000元。

总计应纳消费税额=330 000+6000=336 000元。

应补缴消费税额=336 000-150 000=186 000元。

(二)

3.【答案】BD

【解析】未提足折旧的固定资产转让或者报废等

不再补提折旧；固定资产出售后应该按照净值转销固定资产。

4.【答案】A

【解析】出售、报废、毁损固定资产，无论是收到款项，还是支付款项，均需要通过"固定资产清理"账户核算。

5.【答案】B

【解析】本笔业务应纳营业税额=500 000×5%=25 000元。

应缴纳的城建税及教育费附加=25 000×(7%+3%)=2500元。

净损益=500 000-(2 000 000-1 400 000)-10 000-25 000-2500=-137 500元，即净损失为137 500元。

6.【答案】ABC

【解析】A答案，是调整取得收入时的会计分录；B答案，是补提税金时的会计分录；C答案，本笔业务应确认的净损失是137 500元，企业实际确认的是610 000元，多确认损失472 500元，应调回。

7.【答案】C

【解析】净损失多计了472 500元，导致利润少记472 500元，从而导致少缴纳的企业所得税为472 500×33%=155 925元。

(三)

8.【答案】AB

【解析】销售A产品的进项税额可以抵扣，进项税额不需要作转出处理。

9.【答案】C

【解析】出租给购买单位收取租金的包装物，在货物销售的同时收取包装物租金，这时的包装物租金为随货物销售收取的价外费用，并入销售额按包装物货物适用税率计征增值税。调增的增值税销项税额=1000/(1+17%)×17%=145.3元。

10.【答案】C

【解析】应调增的增值税销项税额=2340/(1+17%)×17%=340元。

11.【答案】B

【解析】职工福利部门领用产品视同销售，需要缴纳增值税。

12.【答案】A

【解析】用于非应税项目的购进货物的增值税税额不得从销项税额中抵扣，应该做进项税额转出。

第九章 国　　债

　　本章的内容不多，比较容易掌握，但考点较多。从近年的考试情况来看，国债的发行是经常考查的内容，因此，考生在学习的过程中，需要特别留意这方面的知识。

本章重要考点分析

　　本章涉及17个考点，在历年考试中多以单项选择题和多项选择题的形式出现，如图9-1所示。

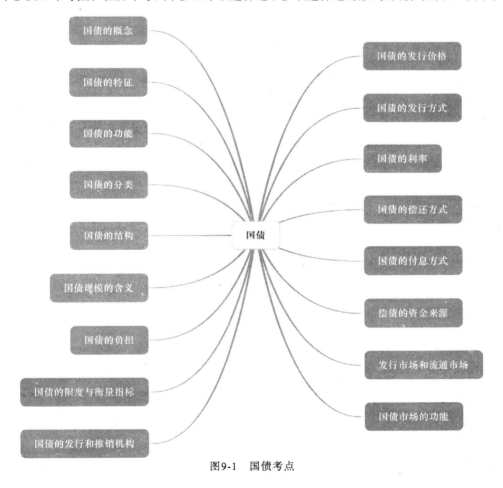

图9-1　国债考点

本章近三年题型及分值总结

　　本章的内容在近三年的考试中出现的题型主要以单项选择题和多项选择题为主，如表9-1所示。

表9-1　国债题型及分值

年　份	单项选择题	多项选择题	案例分析题
2014年	2题	1题	0题
2013年	3题	1题	0题
2012年	3题	1题	0题

第一节　国债的概念与分类

国债是国家公债的简称，它是国家为维持其存在和满足其履行职能的需要，在有偿条件下，筹集财政资金时所形成的国家债务，是国家取得财政收入的一种形式。在市场经济条件下，政府可以通过多种形式取得满足其履行职能所需要的财政收入。这些财政收入形式大体上可以分为有偿的和无偿的两种：政府以社会管理者的身份，凭借政治权利取得财政收入和以资产所有者的身份，凭借财产所有权取得财政收入，是无偿的形式，如税收、规费、国有企业利润上缴；政府以债务人的身份，依据有借有还的信用原则取得财政收入，是有偿的形式，如发行国债。

 思维导图

该节涉及多个知识点和概念，如图9-2所示。

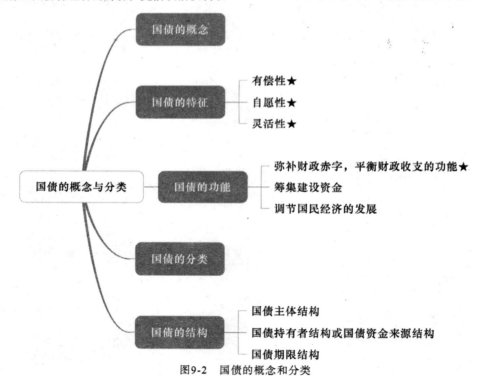

图9-2　国债的概念和分类

知识点测试

【2014年单选题】10年以上还本付息的国债称为(　　)。

A. 短期国债　　　　　B. 中期国债

C. 中长期国债　　　　D. 长期国债

【答案】D

【解析】以偿还期限为标准，可以将国债分为短期国债、中期国债和长期国债。通常将10年以上还本付息的国债称为长期国债。

【2013年单选题】国债最基本的功能是(　　)。

A. 弥补财政赤字　　　B. 筹集建设资金

C. 调节货币余缺　　　D. 调节国民经济的发展

【答案】A

【解析】国债的功能主要有以下三个方面：

(1) 弥补财政赤字，平衡财政收支的功能；

(2) 筹集建设资金；

(3) 调节国民经济的发展。

其中，弥补财政赤字是国债最基本的功能。

【2012年单选题】关于国债的说法，正确的是( )。

A. 发行国债是以国有资产作为担保的

B. 政府是国债的债权人

C. 国债发行的具体数额视财政状况灵活确定

D. 政府拥有国债资金的所有权

【答案】C

【解析】国债的特征是灵活性。灵活性是指国债发行与否以及发行多少，一般由政府根据国家财政资金的丰裕程度灵活加以确定，而不通过法律形式预先加以规定。

【2012年多选题】国债调节国民经济的功能主要表现在( )。

A. 调节经济主体盈利水平

B. 调节货币流通和资金供求

C. 调节国民收入的使用结构

D. 调节产业结构

E. 调节金融市场

【答案】BCE

【解析】国债调节国民经济的功能主要表现在：

(1) 国债可以调节国民收入的使用结构；

(2) 国债可以调节国民经济的产业结构；

(3) 国债可以调节社会的货币流通和资金供求，是调节金融市场的重要手段。

【2011年单选题】关于国债概念的说法，错误的是( )。

A. 国债是国家信用的一种基本形式

B. 国债仅限于内债

C. 国债的债务人是国家

D. 国债是国家以有偿方式取得的财政收入

【答案】B

【解析】国债不局限于内债。一国的国债，既可在本国境内发行，也可到境外发行。在国内发行的国债，称国内国债，简称"内债"。

【例题 单选题】国债因其有很高的信誉，故经常被称为( )。

A. 信誉债券　　　　B. 公共债券

C. 金边债券　　　　D. 契约债券

【答案】C

【解析】国债是国家公债，它与私债的本质差别在于发行的依据或担保物的不同。民间借债一般须以财产或收益为担保，而国债的担保物并不是财产或收益，而是政府的信誉，在一般情况下，国债比私债要可靠得多，通常被称为"金边债券"。

【例题 多选题】按照借债的方法不同，可以把国债分为( )。

A. 国内债务　　　　B. 国外债务

C. 强制国债　　　　D. 自由国债

E. 保值国债

【答案】CD

【解析】按照借债的方法不同可以把国债分为：强制国债、爱国国债、自由国债。

第二节 国债的规模

 思维导图

该节涉及多个知识点和概念，如图9-3所示。

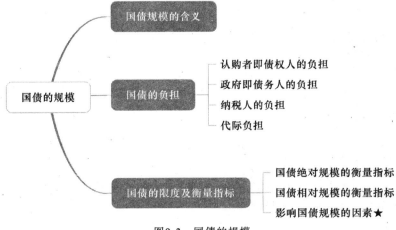

图9-3 国债的规模

📖 **知识点测试**

【2014年单选题】决定国债规模的重要因素是( )。

A. 政府偿债能力

B. 金融市场的利率

C. 认购者的负担能力

D. 经济与社会发展战略

【答案】C

【解析】决定国债规模的重要因素是认购者的负担能力。

【2014年多选题】衡量国债规模的绝对量指标包括( )。

A. 历年累计债务的总规模

B. 国有经济持有的国债规模

C. 当年发行国债的总额

D. 未来5年内发行国债的规模

E. 当年到期需还本付息的债务总额

【答案】ACE

【解析】国债规模的衡量指标包括：历年累计债务的总规模；当年发行国债的总额；当年到期需还本付息的债务总额。选项ACE正确。

【2013年单选题】发行国债对认购者形成的经济负担称为( )。

A. 纳税人的负担

B. 债权人的负担

C. 债券人的负担

D. 代际负担

【答案】B

【解析】国债的负担包括：

(1) 认购者即债权人的负担；

(2) 政府即债务人的负担；

(3) 纳税人的负担；

(4) 代际负担。

【2013年多选题】影响国债规模的因素有( )。

A. 国民经济的产业结构

B. 国民经济宏观调控的任务

C. 认购者的负担能力

D. 政府的偿债能力

E. 经济与社会发展战略

【答案】BCDE

【解析】影响国债规模的因素：(1)国民经济的分配结构；(2)经济与社会发展战略；(3)国民经济宏观调控的任务；(4)认购者的负担能力；(5)政府偿债能力；(6)国债的使用方向、结构和效益也是制约国债负担能力和限度的重要因素。

【2012年单选题】国债负担率是指( )。

A. 国债发行额占当年财政支出的比率

B. 国债还本付息额占当年财政收入的比率

C. 国债余额占国内生产总值的比率

D. 国债发行额占国内生产总值的比率

【答案】C

【解析】国债负担率，即国债余额占国内生产总值的比率。用公式表示：国债负担率=国债余额/国内生产总值×100%。这一指标反映了国家国债余额与国内生产总值的数量比例关系。一般认为，应控制在10%左右，不宜超过15%。

【2011年多选题】关于国债规模衡量指标的说法，正确的有( )。

A. 国债依存度一般以不超过30%为宜

B. 财政偿债率=当年国债还本付息额/当年财政支出总额

C. 国债负担率一般在10%左右，不超过15%

D. 国债发行额占国内生产总值的比率一般应控制在5%～8%

E. 国民经济偿债率=当年国债还本付息额/当年国内生产总值

【答案】CDE

【解析】(1) 当年财政支出对国债的依赖程度，是控制国债规模的重要指标。根据国际通用的控制指标，国债依存度一般在15%～20%之间为宜。

(2) 财政偿还到期国债本息的能力。一般认为，财政偿债率应小于20%。

(3) 国债余额与国内生产总值的数量比例关系。一般认为应控制在10%左右，不宜超过15%。

(4) 国债发行额占国内生产总值的比率。这一指标一方面反映国债发行总量与经济总规模的数量关系，另一方面则反映了当年国家通过国债再分配对国内生产总值的占有情况。按照经验，对这一指标的控制范围应在5%～8%之间。

(5) 国家债务偿还额与国内生产总值的数量比例关系。通常情况下，该指标在5%～6%之间为宜。应当指出的是，控制偿债率的关键便是控制国债的发行额。

【2010年单选题】假设当年国债的发行额为3000亿元，还本付息额为2000亿元，财政收入额为36 000亿元，财政支出额为39 000亿元，当年的财政偿债率为( )。

A. 8.33%   B. 7.69%

C. 5.56%   D. 5.13%

【答案】C

【解析】财政偿债率，即当年国债还本付息额占当年财政收入的比率，用公式表示为：

财政偿债率=当年国债还本付息额/当年财政收入总额×100%=2000/36 000×100%=5.56%。

这一指标反映了财政偿还到期国债本息的能力。一般认为，财政偿债率应小于20%。

【例题 单选题】当年国债还本付息额占当年财政收入的比率被称为（ ）。

A. 国债依存度　　B. 财政偿债率
C. 居民应债率　　D. 国债负担率

【答案】B

【解析】财政偿债率，即当年国债还本付息额占当年财政收入的比率。

【例题 多选题】国债的负担主要包括（ ）。

A. 认购者的负担
B. 政府的负担

C. 推销机构的负担
D. 纳税人的负担
E. 金融市场的负担

【答案】ABD

【解析】可以从四个方面分析国债的负担：认购者即债权人的负担；政府即债务人的负担；纳税人的负担；代际负担。

第三节 国债的发行

思维导图

该节涉及多个知识点和概念，如图9-4所示。

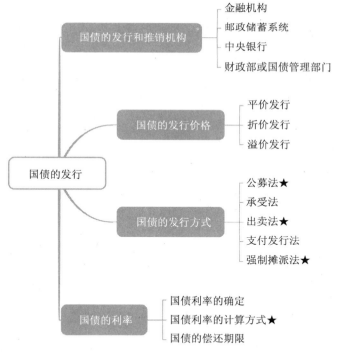

图9-4 国债的发行

知识点测试

【2012年单选题】政府委托推销机构利用金融市场直接售出国债，这种发行方式是（ ）。

A. 公募法
B. 出卖法

C. 支付发行法
D. 承受法

【答案】B

【解析】出卖法，即政府委托推销机构利用金融市场直接售出国债。

【2011年单选题】关于以公募法拍卖国债的

说法，错误的是(　　)。

A. 国债的拍卖价格不能低于其面值

B. 发行机构根据投标利率的高低，从低到高依次出售

C. 发行机构按照拍卖价格及购买数额从高到低依次出售

D. 采用非竞争性出价拍卖方法，通常只限于小额认购者

【答案】A

【解析】国债的投标价格可低于债券面值，也可高于债券面值。

【2011年单选题】带有强制性色彩发行国债的方法是(　　)。

A. 公募法

B. 承受法

C. 出卖法

D. 支付发行法

【答案】D

【解析】支付发行法，即政府应对支付现金的支出改为以债券代付。这是带有强制性色彩的一种特殊发行方法。一般在两种情况下使用：其一，国家暂时无力筹集大宗现金；其二，受款者无法拒绝非现金。

【2010年单选题】在债券票面利率高出市场利率较多的情况下，国债发行价格可采取(　　)。

A. 平价发行

B. 溢价发行

C. 折价发行

D. 议价发行

【答案】B

【解析】债券利率高出市场利率较多的情况下才会采用溢价发行方式。

【2010年单选题】我国国债利率的确定，主要是以(　　)为基准的。

A. 金融市场利率

B. 公司债券利率

C. 股票市场收益率

D. 银行利率

【答案】D

【解析】国债利率主要是参照金融市场利率、银行利率、政府信用状况和社会资金供给量等因素来确定的。在我国，国债利率主要是以银行利率为基准，一般应略高于同期银行存款的利率水平。

【2010年多选题】在国债的发行方式中，必须通过金融市场或金融机构发行的是(　　)。

A. 公募法

B. 承受法

C. 出卖法

D. 支付发行法

E. 强制发行法

【答案】ABC

【解析】公募法，亦称公募拍卖法，公募投标法，即通过在金融市场上公开招标的方式发行国债；承受法，即由金融机构承购全部公债，然后转向社会销售，未能售出的差额由金融机构自身承担；出卖法，即政府委托推销机构利用金融市场直接售出国债。

【例题 多选题】国债的发行价格有(　　)。

A. 平价发行　　　　　　B. 议价发行

C. 溢价发行　　　　　　D. 贴现发行

E. 折价发行

【答案】ACE

【解析】国债的发行价格分为：

(1) 平价发行，发行价格等于证券票面标明的金额。国债利率等于市场利率。

(2) 折价发行，发行价格低于证券票面标明的金额。

(3) 溢价发行，发行价格高于证券票面标明的金额。这种发行方式在国债利率高于市场利率较多的情况下才会出现。

【例题 单选题】我国国债的发行机关是(　　)。

A. 中国人民银行

B. 财政部

C. 商业银行

D. 邮政储蓄系统

【答案】B

【解析】国债是由中央政府直接举借的债务，即发行机关是中央政府或中央财政部门。

第四节　国债的偿还

 思维导图

该节涉及多个知识点和概念，如图9-5所示。

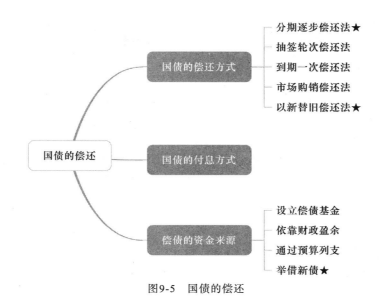

图9-5　国债的偿还

 知识点测试

【例题 多选题】偿还国债的资金来源主要有（　　）。

A. 偿债基金　　　　B. 财政盈余
C. 预算列支　　　　D. 举借新债
E. 增加税收

【答案】ABCD

【解析】偿债的资金来源：

(1) 设立偿债基金，也称为"减债基金"。从历史经验来看，设立偿债基金弊多利少。

(2) 依靠财政盈余，依靠财政结余作为偿债来源的方法实属理论上的假设。

(3) 编制预算列支，表面看似稳妥，在实践中会遇到种种问题。"偿债支出"科目可能会有名无实。

(4) 举借新债，既有理论上的合理性，也有实践上的必然性。

【例题 单选题】从一般情况来看，实属理论假设的偿还国债的资金来源是（　　）。

A. 偿债基金　　　　B. 财政盈余
C. 预算列支　　　　D. 举借新债

【答案】B

【解析】依靠财政结余作为偿债来源的方法实属理论上的假设。

第五节　国债市场

 思维导图

该节涉及多个知识点和概念，如图9-6所示。

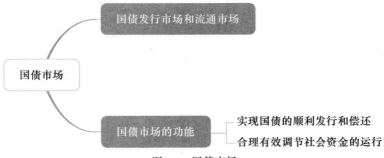

图9-6　国债市场

知识点测试

【例题 单选题】以下不属于国债市场功能的是(　　)。

　　A.实现国债的顺利发行和偿还

　　B.合理有效调节社会资金的运行

　　C.提高社会资金效率

　　D.调节收入分配

【答案】D

【解析】国债市场的功能：(1)实现国债的顺利发行和偿还；(2)合理有效调节社会资金的运行，提高社会资金效率。

考题预测及强化训练

一、单项选择题

1.以国家信用筹资的主要方式是(　　)。

　　A.国债　　　　　　　　B.税收

　　C.罚款　　　　　　　　D.规费

2.下列关于国债的说法不正确的是(　　)。

　　A.国债是由中央政府举借的债务

　　B.是非经常性财政收入

　　C.不列入国家预算

　　D.遵循"有借有还"的信用原则

3.国债的最基本功能是(　　)。

　　A.弥补财政赤字

　　B.筹集建设资金

　　C.调节国民经济的发展

　　D.调节国民经济的产业结构

4.发行价格低于证券票面标明的价格被称为(　　)。

　　A.平价发行　　　　　　B.折价发行

　　C.低价发行　　　　　　D.溢价发行

5.举借国债依据的是(　　)。

　　A.财产所有者身份　　　B.政治权力

　　C.债务人的身份　　　　D.债权人的身份

6.当年国债发行额与当年财政支出的比率被称为(　　)。

　　A.国债依存度　　　　　B.财政偿债率

　　C.居民应债率　　　　　D.国债负担率

7.中央政府在国内外所形成的债务称为(　　)。

　　A.民间债务　　　　　　B.私债

　　C.国债　　　　　　　　D.地方公债

8.在我国，国债利率主要以(　　)为基准。

　　A.公司债券利率　　　　B.公司股票收益

C.银行利率　　　　　　D.私募债券利率

9.国债按发行的区域分类，可以分为(　　)。

　　A.国内和国外公债

　　B.中央债和地方债

　　C.可转让国债和不可转让国债

　　D.建设国债和赤字国债

10.假设某年国债发行额为6000亿元，当年国债还本付息额为4000亿元，财政收入额为72 000亿元，财政支出额为78 000亿元，则当年的财政偿债率为(　　)。

　　A.8.33%　　　　　　　B.7.69%

　　C.5.56%　　　　　　　D.5.13%

11.偿还期限在1年以上10年以下的国债称为(　　)。

　　A.中期国债　　　　　　B.短期国债

　　C.长期国债　　　　　　D.中长期国债

12.在各种偿债资金来源中，比较可行的做法是(　　)。

　　A.设立偿债基金　　　　B.依靠财政盈余

　　C.通过预算列支　　　　D.举借新债

13.短期国债的还本付息时间一般是(　　)。

　　A.半年以内　　　　　　B.一年以内

　　C.两年以内　　　　　　D.三年以内

14.根据国际通用的控制标准，国债依存度应控制在(　　)。

　　A.5%～6%　　　　　　B.5%～8%

　　C.10%～15%　　　　　D.15%～20%

15.国债依存度是指(　　)。

　　A.当年国债发行总额/当年财政收入总额

　　B.当年国债发行总额/当年财政支出总额

　　C.当年国债余额/当年财政收入总额

　　D.当年国债余额/当年财政支出总额

16.国债是一个特殊的债务范畴，它与私债的本质区别在于(　　)。

　　A.发行主体不同　　　　B.债务人范围不同

　　C.收益不同　　　　　　D.担保物不同

17.发行短期债券从财政上来说主要目的是(　　)。

　　A.平衡国库短期收支

　　B.平衡社会总供求

　　C.平衡国际收支

　　D.发展基础设施和重点建设项目

18.衡量经济总规模对国债承受能力的重要指标是(　　)。

　　A.国债依存度　　　　　B.国债负担率

　　C.财政偿债率　　　　　D.国债偿还率

19. 下列关于国债相对规模衡量指标的说法正确的是( )。
   A. 一般认为，财政偿债率应该小于30%
   B. 国债发行额占国内生产总值的比率=国债发行总额/国内生产总值×100%
   C. 国民经济偿债率是指国债余额占国内生产总值的比率。
   D. 国债负担率反映了当年国家债务偿还额与国内生产总值的数量比例关系

20. 在下面哪一种情况下，国债利率可定得高些( )。
   A. 国家信用好
   B. 社会资金量充足
   C. 偿还期限较长
   D. 金融市场利率下降

21. "人民胜利折实公债"发行的年份是( )年。
   A. 1948   B. 1949
   C. 1950   D. 1951

22. 在实际收益率相等的情况下，单利计息国债的票面利率一般会( )复利计息的票面利率。
   A. 不一定   B. 高于
   C. 低于   D. 等于

23. 国债二级市场一般是( )之间的交易。
   A. 政府与证券承销机构
   B. 国债承购机构与认购者
   C. 国债持有者与政府
   D. 国债发行者与国债认购者

二、多项选择题

1. 国债的发行和推销机构包括( )。
   A. 金融机构   B. 邮政储蓄系统
   C. 中央银行   D. 财政部或国债局
   E. 中国人民银行

2. 下列属于国债特征的有( )。
   A. 有偿性   B. 固定性
   C. 自愿性   D. 灵活性
   E. 强制性

3. 我国国债的功能包括( )。
   A. 筹集建设资金   B. 调节收入分配
   C. 调节国际收支   D. 弥补财政赤字
   E. 调节国民经济的发展

4. 下列项目中，属于影响国债规模的因素有( )。
   A. 国债发行额占国内生产总值的比率
   B. 国民经济的分配结构
   C. 经济与社会发展战略
   D. 国民经济宏观调控的任务
   E. 认购者负担能力

5. 国债调节国民经济的作用主要表现在( )。
   A. 调节国民收入的使用结构
   B. 调节国民经济的产业结构
   C. 调节社会的货币流通和资金供求
   D. 调节货币总量
   E. 调节分配关系

6. 下列关于国债的分类说法正确的有( )。
   A. 按照债券是否流通，可以将国债分为可转让国债和不可转让国债
   B. 按照利率情况为标志，可以将国债分为固定利率国债、市场利率国债和保值国债
   C. 按照借债的方法不同，可以将国债分为强制国债、爱国国债和自由国债
   D. 按照国债的计量单位为标准，可以将国债分为货币国债、实物国债和折实国债
   E. 按照偿还期限为标准，可以将国债分为短期国债、中期国债、中长期国债和长期国债

7. 分析国债规模包括( )。
   A. 历年发行国债的累计余额
   B. 当年新发行国债的总额
   C. 当年到期需还本付息的债务总额
   D. 历年国债的还本付息总额
   E. 历年国债发行额

8. 发行国债采用公募拍卖法，拍卖的方法有( )。
   A. 价格拍卖   B. 收益拍卖
   C. 竞争性出价   D. 非竞争性出价
   E. 期限拍卖

9. 国债的偿还方式有( )。
   A. 分期逐步偿还   B. 到期一次偿还
   C. 提前偿还   D. 市场购销偿还
   E. 延期偿还

10. 国债市场的功能有( )。
   A. 实现国债发行
   B. 实现国债偿还
   C. 调节资金总量
   D. 调节社会资金的运行
   E. 调节收入分配

11. 政府用于偿还国债的资金来源有( )。
   A. 市场购销偿还   B. 举借新债
   C. 设立偿债基金   D. 依靠财政盈余
   E. 编制预算列支

12. 从历史的角度考察，引致发行国债的原因主要有( )。
   A. 筹措军费   B. 调节季节性资金余缺
   C. 偿还到期债务   D. 消费需求
   E. 以上都正确

13. 国债与税收相比较，具有（　　）的特殊性。
   A. 国债不是国家经常性财政收入
   B. 国债具有偿还性
   C. 国债认购具有强制性
   D. 国债需还本付息
   E. 国债发行具有固定性
14. 国债绝对规模的衡量指标包括（　　）。
   A. 历年累积债务的总规模
   B. 社会需求总规模
   C. 当年发行国债的总额
   D. 当年到期需还本付息的债务总额

参考答案及解析

一、单项选择题

1.【答案】A
   【解析】国债是国家公债的简称，是国家为维持其存在和满足其履行职能的需要，在有偿条件下，筹集财政资金时形成的国家债务，是国家取得财政收入的一种形式。

2.【答案】C
   【解析】国债列入国家预算。

3.【答案】A
   【解析】国债的最基本功能是弥补财政赤字。

4.【答案】B
   【解析】发行价格低于证券票面标明的价格，被称为折价发行。作为应债人，不仅可以得到本息，还可以得到减价优惠。发行价格高于证券票面标明的价格，被称为溢价发行，这种价格的发行，一般只在债券利率高出市场利率较多的情况下才会出现。

5.【答案】C
   【解析】举借国债依据的是债务人的身份。

6.【答案】A
   【解析】当年国债发行额与当年财政支出的比率被称为国债依存度。

7.【答案】C
   【解析】中央政府在国内外所形成的债务被称为国债。

8.【答案】C
   【解析】我国国债利率主要以银行利率为基准。

9.【答案】A
   【解析】按照国债发行的区域为标准，可以将国债分为国内债务和国外债务。

10.【答案】C
   【解析】财政偿债率=4000/72 000×100%＝5.56%。

11.【答案】A
   【解析】介于1年以上10年以下的国债被称为中期国债。

12.【答案】D
   【解析】举借新债——既有理论上的合理性，也有实践上的必然性。

13.【答案】B
   【解析】偿还期限较短的称短期国债，通常把一年以内还本付息的国债称为短期国债。

14.【答案】D
   【解析】根据国际通用的控制标准，国债依存度一般控制在15%～20%为宜。

15.【答案】B
   【解析】国债依存度是指当年国债发行额与当年财政支出的比率，其计算公式为国债依存度＝当年国债发行总额/当年财政支出总额×100%。

16.【答案】D
   【解析】国债与私债的本质差别在于发行的依据或者担保物不同。

17.【答案】A
   【解析】发行短期债券，主要是用于平衡国库短期收支，同时作为中央银行公开市场操作的工具；长期国债通常用于周期较长的基础设施或重点建设项目。

18.【答案】B
   【解析】国债负担率，即国债余额占国内生产总值的比率。

19.【答案】B
   【解析】一般认为，财政偿债率应小于20%。国债负担率是指国债余额占国内生产总值的比率。国民经济偿债率是指当年国债还本付息额占当年国内生产总值的比率。这一指标反映了当年国家债务偿还额与国内生产总值的数量比例关系。通常情况下，该指标以在5%～6%之间为宜。

20.【答案】C
   【解析】一般来说，偿还期限较长的国债，利率应定得高一些；偿还期限较短的国债，利率可定得低一些。尤其是在采取单利计息方式的情况下，利率的确定必须与偿还期限挂钩。

21.【答案】C
   【解析】我国在1950年发行了人民胜利折实公债；1954—1958年发行了国家经济建设公债；从1981年开始，国债规模呈现逐步扩大趋势；1994年《中华人民共和国预算法》规定中央财政不得向银行透支，国债发行规模剧增。

22.【答案】B

【解析】在实际收益率相等的情况下，单利计息国债的票面利率一般会高于复利计息的票面利率。

23.【答案】B

【解析】国债二级市场，是国债承购机构与认购者之间的交易，也包括国债持有者与政府或者国债认购者之间的交易。

二、多项选择题

1.【答案】ABCD

【解析】国债的推销机构包括：(1)金融机构；(2)邮政储蓄系统；(3)中央银行；(4)财政部或国债局。

2.【答案】ACD

【解析】国债特征包括：有偿性、自愿性和灵活性。

3.【答案】ADE

【解析】国债的功能包括：弥补财政赤字，平衡财政收支的功能；筹集建设资金；调节国民经济的发展。

4.【答案】BCDE

【解析】影响国债规模的因素包括：

(1) 国民经济的分配结构；

(2) 经济与社会发展战略；

(3) 国民经济宏观调控的任务；

(4) 认购者负担能力；

(5) 政府偿债能力；

(6) 国债的使用方向、结构和效益。

5.【答案】ABC

【解析】国债调节国民经济的作用主要表现在以下方面：调节国民收入的使用结构；调节国民经济的产业结构；调节社会的货币流通和资金供求，是调节金融市场的重要手段。

6.【答案】ABCD

【解析】按照偿还期限为标准，可以将国债分为短期国债、中期国债和长期国债。其余的四个分类方式都是正确的。

7.【答案】ABC

【解析】所谓国债的规模，包括三层意思：历年发行国债的累计余额；当年到期需还本付息的债务总额；当年新发行国债的总额。

8.【答案】ABCD

【解析】公募拍卖法，亦称公募投标法，即通过在金融市场上公开招标的方式发行国债。其主要特点：一是发行条件通过投标决定；二是拍卖过程由财政部门或中央银行负责组织；三是主要适用于中短期政府债券，特别是国库券的发行。

具体的拍卖方法包括：(1)价格拍卖，即国债的利率与票面价格相联系并固定不变，认购者根据固定的利率和对未来金融市场利率走势的预期对价格进行投标。(2)收益拍卖，即固定债券出售价格，认购者对固定价格的利息率，也就是投资收益率进行投标。(3)竞争性出价，即财政部门事先公布债券发行量，认购者据此自报愿接受的利率和价格。(4)非竞争性出价，即对一般小额认购者或不懂此项业务的认购者，可只报拟购债券的数量。

9.【答案】ABD

【解析】一般来讲，可选择使用的国债偿还方式主要有以下五种：(1)分期逐步偿还法；(2)抽签轮次偿还法；(3)到期一次偿还法；(4)市场购销偿还法；(5)以新替旧偿还法。

10.【答案】ABD

【解析】国债既是财政政策工具，又是货币政策工具，国债市场总的来说具有两种功能：一是实现国债的顺利发行和偿还；二是合理有效地调节社会资金的运行和提高社会资金效率。

11.【答案】BCDE

【解析】政府用于偿还国债的资金来源包括：设立偿债基金、依靠财政盈余、编制预算列支和举借新债。

12.【答案】ABC

【解析】从历史的角度考察，引致发行国债的原因主要有：

(1) 筹措军费；

(2) 调节季节性资金余缺；

(3) 偿还到期债务。

13.【答案】ABD

【解析】国债认购具有自愿性；国债发行具有灵活性。

14.【答案】ACD

【解析】国债绝对规模的衡量指标包括：

(1) 历年累积债务的总规模；

(2) 当年发行国债的总额；

(3) 当年到期需还本付息的债务总额。

第十章 政府预算理论与管理制度

　　本章内容较往年有很大的改动，合并了原来的第十一章和十二章，并且考点也有所变化，虽然内容相对来说较多，但是比较简单，多为概念，重在记忆。考生应反复阅读本章内容，并多做练习题。

本章重要考点分析

　　本章涉及15个考点，在历年考试中以单项选择题和多项选择题的形式出现，如图10-1所示。

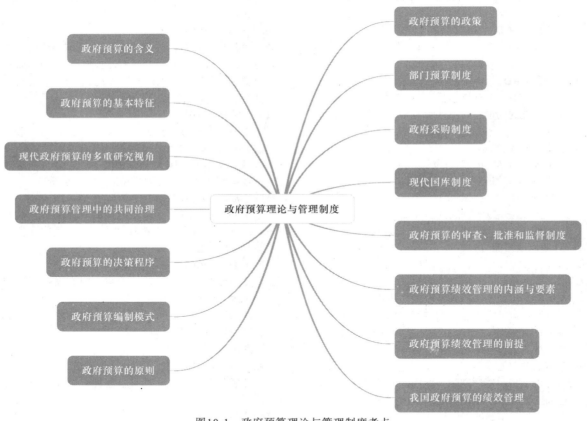

图10-1　政府预算理论与管理制度考点

本章近三年题型及分值总结

　　本章知识点多为概念、定义等，需要记忆掌握的内容较多，近三年出现的题型有单项选择题和多项选择题，如表10-1所示。

表10-1　政府预算理论与管理制度题型及分值

年　份	单项选择题	多项选择题	案例分析题
2014年	3题	2题	0题
2013年	5题	3题	0题
2012年	4题	2题	0题

第一节　政府预算的含义及特征

政府预算是指经法定程序审核批准的、具有法律效力的、综合反映国民经济和社会发展情况的政府财政收支计划，是政府筹集、分配和管理财政资金的重要工具，也是调节、控制和管理社会政治经济活动的重要手段。狭义的预算是指预算文件或预算书；广义的预算是指编制、批准、执行、决算、审计结论的公布与评价等所有环节。

 思维导图

该节涉及多个知识点和概念，如图10-2所示。

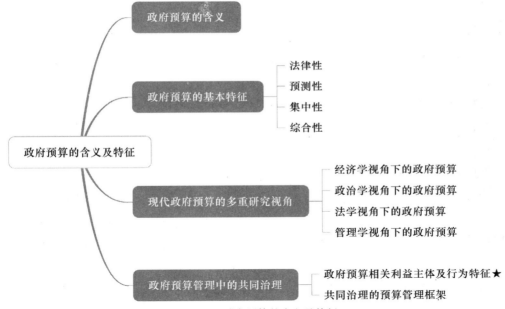

图10-2　政府预算的含义及特征

知识点测试

【2013年单选题】关于政府预算资金供给方行为特征的说法，正确的是(　　)。

A. 有追求预算规模最大化的冲动

B. 有诱发设租寻租收益的可能

C. 有委员会决策机制的特点

D. 面临不同偏好加总的困难

【答案】B

【解析】预算资金的供给方是指履行向广大资金需求者配置预算资金的职能的政府预算部门。预算资金供给方的主要行为特征有以下几个：(1)具有双重委托—代理关系；(2)政府预算管理活动中有诱发设租寻租收益的可能。

【2012年单选题】现代政府预算与封建专制政府的预算相比较所具有的鲜明特征是(　　)。

A. 集中性　　　　　　B. 法律性

C. 计划性　　　　　　D. 年度性

【答案】B

【解析】与封建专制的预算相比较，现代预

算的一个鲜明的特征就是它的法律约束。

【2011年单选题】预算资金监督制衡方最基本的行为特征是（　　）。

A. 具有委员会决策机制的特点

B. 代表人民的利益

C. 具有双重委托代理关系

D. 对不同的偏好面临组织协调的交易成本

【答案】B

【解析】预算资金的监督制衡方的主要行为特征有：其一，代表人民利益，这是监督制衡方最基本的行为特征；其二，具有委员会决策机制的特点。

【例题 单选题】政府预算是各项财政收支的汇集点和枢纽，这体现了政府预算的（　　）。

A. 预测性　　　　　B. 法律性

C. 集中性　　　　　D. 综合性

【答案】D

【解析】综合性是指政府预算是各项财政收支的汇集点和枢纽，综合反映财政收支活动的全貌。

【例题 单选题】从性质上看，政府预算是（　　）。

A. 年度政府财政收支计划

B. 政府调控经济和社会发展的重要手段

C. 具有法律效力的文件

D. 月度政府财政收支计划

【答案】C

【解析】从性质上看，政府预算是具有法律效力的文件。政府预算的形成过程实际上是国家权力机关审定预算内容和赋予政府预算执行权的过程。

【例题 多选题】下列关于政府预算的表述中，正确的有（　　）。

A. 政府预算是政府年度财政收支计划

B. 政府预算必须经过国家行政机关批准后据以执行

C. 政府预算是具有法律效力的文件

D. 政府预算反映政府集中支配财力的分配过程

E. 政府预算是政府调控经济和社会发展的重要手段

【答案】ACDE

【解析】政府预算的执行过程要受到严格制约，要经过法定程序审查批准。

【例题 单选题】从分析公共政策的决策过程以及预算如何执行入手进行的政府预算研究，其视角属于（　　）。

A. 经济学　　　　　B. 政治学

C. 管理学　　　　　D. 法学

【答案】B

【解析】政治学者认为政府预算本身就是一种政治活动。因此研究政府预算应从分析公共政策的决策过程以及预算如何执行入手。从政治学角度研究的重点在于预算过程的政治性本身，它主要考察政治制度、政治行为与预算过程、结果之间的因果关系。从政治学视角看，预算改革实质上是政治体制改革，是重新构造用于资源配置的公共权力的制衡结构，是在构造新的政治与行政程序。

【例题 多选题】政府预算的调控作用主要表现在（　　）。

A. 实现社会总供给和总需求的平衡

B. 调节国民经济和社会发展中的各种比例关系

C. 控制市场投资的总量

D. 公平社会分配

E. 筹集财政资金，健全财政政策

【答案】ABD

【解析】政府预算的调控作用主要表现在以下几个方面：第一，通过预算收支规模的变动，调节社会总供给与总需求的平衡；第二，通过调整政府预算支出结构，调节国民经济和社会发展中的各种比例关系；第三，公平社会分配。

第二节　政府预算的决策程序及模式

本节内容包含两个考点：政府预算的决策程序和政府预算编制模式。政府预算的决策程序包含了政府预算决策程序的法定性，政府预算决策过程的实质是对公共偏好的选择，优化政府预算决策的路径；而政府预算编制模式是解决政府机构如何分配和管理公共资金，并将它有效地转化为公共产品和公共服务，以完成公众委托的事项。

 思维导图

该节涉及多个知识点和概念，如图10-3所示。

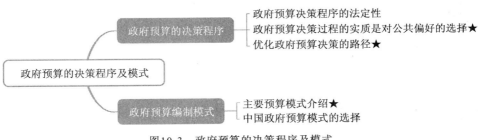

图10-3　政府预算的决策程序及模式

知识点测试

【2013年单选题】有利于防止预算收支结构僵化的预算编制模式是(　　)。

A. 单式预算　　　　　B. 复式预算
C. 基数预算　　　　　D. 零基预算

【答案】D

【解析】零基预算是指在编制预算时对预算收支指标的安排，根据当年政府预算政策要求、财力状况和经济与社会事业发展需要重新核定，而不考虑该指标以前年度收支的状况或基数。零基预算的优点在于预算收支安排不受以往年度的约束，预算编制有较大回旋余地，可突出当年政府经济社会政策重点，充分发挥预算政策的调控功能，防止出现预算收支结构僵化和财政拖累。其缺点在于不是所有的预算收支项目都能采用零基预算，有些收支一定时期内具有刚性，如国债还本付息支出、公务员的工资、福利支出等；另外，每年对所有的收支都进行审核，是一项需要消耗大量人力、物力和财力的工作，难免会出现不必要的浪费。

【2013年多选题】政府预算决策时对公共偏好的选择，其特征有(　　)。

A. 公共偏好以个人偏好为基础
B. 公共偏好以国家偏好为基础
C. 公共偏好由公民直接决策
D. 公共偏好由政治程序决策
E. 公共偏好由国家进行归集

【答案】AD

【解析】(1) 预算决策是对公共偏好的选择。

(2) 公共偏好以个人为评价基础。

(3) 公共偏好采取政治行政程序决策。

【2012年单选题】关于预算模式的说法，属于投入导向预算模式典型特征的是(　　)。

A. 全部预算收支汇集编入一个总预算中
B. 以上年度预算收支作为编制预算的依据

C. 限制资金在不同预算项目间的转移
D. 在成本—效益分析的基础上确定支出预算

【答案】A

【解析】基于投入导向的预算模式是指传统的线性预算在编制、执行时主要强调严格遵守预算控制规则，限制甚至禁止资金在不同预算项目之间转移，它只反映投入项目的用途和支出金额，而不考虑其支出的经济效果的预算。

【2012年单选题】目前我国国有企业上缴国有资本经营预算的利润比例是(　　)。

A. 按行业确定　　　　B. 按企业确定
C. 按地区确定　　　　D. 按性质确定

【答案】A

【解析】建立国有资本经营预算，确定国有资本收益上缴比例要合理、适度，统筹兼顾企业自身积累、自身发展和国有经济结构调整及国民经济宏观调控的需要，适度集中国有资本收益，合理确定预算收支规模。目前的企业上缴国有资本经营实施预算利润的比例是按行业实施差异化的，且比例较低。

【2011年多选题】全口径预算管理体系中的政府公共预算支出的重点应集中于(　　)。

A. 政权建设　　　　　B. 事业发展
C. 公共投资　　　　　D. 社会保障
E. 收入分配调节

【答案】ABCE

【解析】政府公共预算指的是国家以社会管理者的身份取得税收收入，用于维持政府行政、保障国家安全、稳定社会秩序、发展公益事业等政府职能实现的收支预算。政府公共预算的支出重点主要集中在政权建设、事业发展、公共投资及部分的收入分配调节四大领域。

【2010年单选题】投入预算的政策重点是(　　)。

A. 是否实现政府的政策目标
B. 控制资源的投入和使用

C. 资金投入与产出比较的效率

D. 反映资金使用结果

【答案】B

【解析】基于投入导向的预算模式是指传统的线性预算在编制、执行时主要强调严格遵守预算控制规则，限制甚至禁止资金在不同预算项目之间的转移，它是只反映投入项目的用途和支出金额，而不考虑其支出的经济效果的预算。因此，投入预算反映的是投入，也就是政府对资源的使用，而不是结果或者产出。

【2010年多选题】关于复式预算的说法，正确的有(   )。

A. 复式预算的典型形式是双重预算

B. 丹麦是最早实行复式预算的国家之一

C. 复式预算便于立法机构的审议和监督

D. 复式预算有利于反映预算的整体性

E. 复式预算的产生是政府职责范围扩大的结果

【答案】ABE

【解析】复式预算，是把预算年度内的全部财政收支按收入来源和支出性质，分别编成两个或两个以上的预算，从而形成两个或两个以上的收支对照表。复式预算的典型形式是双重预算：一为经常预算；二为资本预算。最早实行复式预算的国家是丹麦、瑞典，后来为英国、法国、印度等国陆续采用。

【例题 单选题】零基预算的优点不包括(   )。

A. 预算收支安排不受以往年度收支的约束

B. 可以充分发挥预算政策的调控功能

C. 编制工作简便易行

D. 可突出当年政府的经济社会政策重点

【答案】C

【解析】零基预算每年对所有的收支都进行审核，是一项需要消耗大量人力、物力和财力的工作。

【例题 多选题】我国政府预算改革的目标是逐步建立起复式预算体系，包括(   )。

A. 公共预算   B. 国有资本经营预算

C. 社会保障预算   D. 产出预算

E. 投入预算

【答案】ABC

【解析】我国政府预算改革的目标是逐步建立起复式预算体系，包括公共预算、国有资本经营预算、社会保障预算。

第三节　政府预算的原则与政策

预算的原则是指国家选择预算形式和体系的基本思想，是一国预算立法、编制及执行所必须遵循的。预算原则是伴随现代预算制度的产生而产生的，并且是随着社会经济和预算制度的发展变化而不断变化的。早期的预算原则比较注重控制性，即将预算作为监督和控制政府工作的手段；而后随着财政收支内容的日趋复杂，开始强调预算的周密性，即注重研究预算技术的改进；自功能预算理论发展后，政府预算的功能趋于多样化，由此，预算原则就更注重发挥预算的功能性作用，即正确合理地运用预算功能来实现国家的整体利益。

 思维导图

该节涉及多个知识点和概念，如图10-4所示。

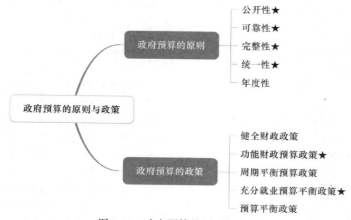

图10-4　政府预算的原则与政策

知识点测试

【2014年单选题】预算原则是伴随社会发展不断变化的，早期的预算原则强调注重(　　)。

A.控制性　　　　　　B.周密性

C.功能性　　　　　　D.绩效性

【答案】A

【解析】早期的预算原则比较注重控制性，即将预算作为监督和控制政府的工具；而后随着财政收支内容的日趋复杂，开始强调预算的周密性，即注重研究预算技术的改进；自功能预算理论发展后，政府预算的功能趋于多样化，由此，预算原则又更注重发挥预算的功能性作用，即正确合理地运用预算功能来实现国家的整体利益。D选项为不相关选项。

【2013年单选题】要求预算部门的收支应以总额列入预算，而不应当只列入收支相抵后的净额，这体现了政府预算的(　　)原则。

A.可靠性　　　　　　B.完整性

C.统一性　　　　　　D.年度性

【答案】C

【解析】统一性原则要求预算收支要按照统一的程序来编制，任何单位的收支都要以总额列入预算，不应当只列入收支相抵后的净额。统一性的原则实际上就是要求各级政府都只能编制一个统一的预算，不要以临时预算或特种基金的形式另外编制预算。

【2011年单选题】根据经济社会发展的政策目标，采用相机抉择方式安排预算收支的政策称为(　　)。

A.健全财政政策

B.功能财政预算政策

C.周期平衡预算政策

D.充分就业预算平衡政策

【答案】B

【解析】功能财政预算政策的核心内容是要说明政府不必局限于预算收支之间的对比关系、保持预算收支的平衡，还应当保持国民经济整体的平衡，采用相机抉择方式来实现政策目标。

【例题 单选题】不只限于保持预算收支平衡，而且还要通过预算收支调节经济，以保持国民经济整体平衡的政策是(　　)。

A.健全财政政策

B.功能财政预算政策

C.充分就业预算政策

D.预算平衡政策

【答案】B

【解析】功能财政预算政策的核心内容是要说明政府不必局限于预算收支之间的对比关系、保持预算收支的平衡，更重要的是应当保持国民经济整体的平衡。

【例题 单选题】提出财政预算应在一个完整的经济周期内保持收支平衡理论的经济学家是(　　)。

A.阿尔文·汉森

B.勒纳

C.巴斯坦布尔

D.亚当·斯密

【答案】B

【解析】美国经济学家勒纳于20世纪40年代提出了功能财政预算政策，核心内容是要说明政府不必局限于预算收支之间的对比关系、保持预算收支的平衡，而是还应当保持国民经济整体的平衡。

【例题 单选题】现代预算制度的原则不包括(　　)。

A.公开性　　　　　　B.完整性

C.可靠性　　　　　　D.周期性

【答案】D

【解析】现代预算制度原则包括公开性、可靠性、完整性、统一性和年度性。

第四节　政府预算的编制、执行及审批监督制度

部门预算是编制政府预算的一种制度和方法，是由政府各部门依据国家有关法律法规及履行职能的需要而编制的，反映部门所有收入和支出情况的综合财政计划，是政府各部门履行职能和事业发展的物质基础。

思维导图

该节涉及多个知识点和概念，如图10-5所示。

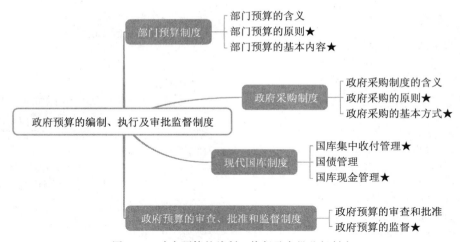

图10-5　政府预算的编制、执行及审批监督制度

 知识点测试

【2014年单选题】部门预算编制首先要保证基本支出的需要，体现的原则是(　　)。

A. 合法性原则　　　　B. 科学性原则

C. 稳妥性原则　　　　D. 重点性原则

【答案】D

【解析】根据重点性原则，要先保证基本支出，后安排项目支出；先重点、急需项目，后一般项目。A选项，合法性原则强调符合国家法律法规；B选项，科学性，具体指预算收入的预测和安排预算支出的方向要科学，预算的核定要科学等；C选项，稳妥性原则，即稳妥可靠，量入为出，收支平衡，不得编制赤字预算。

【2014年单选题】我国政府采购法对政府采购主体所做的界定中不包括(　　)。

A. 国家机关　　　　B. 事业单位

C. 社会团体　　　　D. 国有企业

【答案】D

【解析】政府采购是指国家机关、事业单位和团体组织，使用财政性资金采购依法制定的集中采购目录以内的或者采购限额标准以上的货物、工程和服务的行为。

【2013年单选题】现代国库管理的基本制度是(　　)。

A. 财政收入的收纳制度

B. 财政收入的划分和报解办法

C. 库款的支拨程序

D. 国库的集中收付管理

【答案】D

【解析】国库集中收付管理作为现代国库管理的基本制度，是指通过建立国库单一账户体系，规范财政资金收入和支付运行机制，逐步提高预算执行的透明度以及资金运行效率和使用效益的财政管理活动。

【2010年单选题】部门支出预算的优先保障编制原则的要求有(　　)。

A. 优先保障合理的基本支出需要

B. 优先保障国务院已研究确定的项目支出

C. 优先保障经常性专项业务费支出

D. 优先保障新增项目支出

【答案】A

【解析】基本支出预算的编制原则是：(1)综合预算的原则；(2)优先保障的原则；(3)定员定额管理的原则。与传统的预算编制方法相比，编制基本支出预算最大的变化是：核定部门或单位基本支出的方法由原来的基数法改为以定员定额为基础的因素核定法。

【2010年单选题】《中华人民共和国政府采购法》中建立的回避制度符合(　　)。

A. 公开透明原则

B. 公平竞争原则

C. 公正原则

D. 诚实信用原则

【答案】C

【解析】为确保政府采购活动中的公正原则，《中华人民共和国政府采购法》建立了回避制度，即在政府采购活动中，采购人员及相关人员与供应商有利害关系时，必须回避。

【2010年多选题】国库单一账户制度的含义

有(　　)。

　　A. 集中收入管理　　　B. 集中支出管理

　　C. 集中账户管理　　　D. 集中供应商管理

　　E. 集中代理银行管理

　　【答案】ABC

　　【解析】国库集中收付管理，就是对财政资金实行集中收缴与支付的制度。其核心是通过国库单一账户对现金进行集中管理，因此又称为国库单一账户制度，其核心环节是集中支付，包括三方面的含义：(1)集中收入管理；(2)集中支出管理；(3)集中账户管理。

　　【例题 单选题】最具竞争性的招标采购方式是(　　)。

　　A. 公开性招标采购　　B. 邀请性招标采购

　　C. 限制性招标采购　　D. 选择性招标采购

　　【答案】A

　　【解析】公开招标采购是指通过公开程序，邀请所有有兴趣的供应商参加投标。

　　【例题 单选题】我国开始进行国库集中收付制度改革试点的时间是(　　)年。

　　A. 1999　　　　　　　B. 2000

　　C. 2001　　　　　　　D. 2002

　　【答案】C

　　【解析】在广泛借鉴国际先进经验的基础上，结合我国具体国情，从2001年起我国开始实施以国库单一账户体系为基础、资金缴拨以国库集中收付为主要形式的财政国库管理制度改革。

　　【例题 单选题】适用于紧急情况或涉及高科技应用产品和服务的采购方式是(　　)。

　　A. 单一来源采购　　　B. 竞争性谈判采购

　　C. 公开招标采购　　　D. 国内国外询价采购

　　【答案】B

　　【解析】竞争性谈判采购，是指采购机关通过与多家供应商进行谈判，最后决定中标者的方法。适用于紧急情况或涉及高科技应用产品和服务的采购。

　　【例题 多选题】《中华人民共和国政府采购法》确立的基本原则有(　　)。

　　A. 公开透明　　　　　B. 公平竞争

　　C. 公正　　　　　　　D. 诚实信用

　　E. 招标采购

　　【答案】ABCD

　　【解析】《中华人民共和国政府采购法》确立的基本原则有公开透明、公平竞争、公正、诚实信用原则。

第五节　政府预算的绩效管理

　　政府预算绩效管理是把市场经济的一些基本理念融入公共管理之中，强调投入与产出的关系，即政府通过公共产品及服务的提供并与其相应的成本或费用比较，要求以较小的成本或费用投入取得较大的产出与成果。其宗旨在于有效降低政府提供公共产品的成本，提高财政支出的效率，约束政府支出的扩张，因此又被称为以结果为导向的预算管理。

 思维导图

　　该节涉及多个知识点和概念，如图10-6所示。

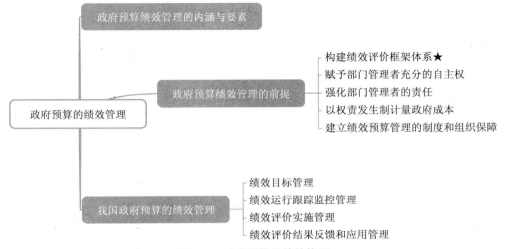

图10-6　政府预算的绩效管理

知识点测试

【2013年单选题】政府预算绩效管理的核心是( )。

A. 设定绩效目标　　B. 跟踪绩效运行
C. 进行绩效评价　　D. 注重结果反馈

【答案】C

【解析】预算支出绩效评价是预算绩效管理的核心。

【2013年多选题】政府预算绩效管理的前提有( )。

A. 构建绩效评价框架体系
B. 赋予部门管理者充分的自主权
C. 强化部门管理者的责任
D. 以收付实现制计量政府成本
E. 建立绩效预算管理的制度和组织保障

【答案】ABCE

【解析】政府预算绩效管理的前提是：
(1) 构建绩效评价框架体系；
(2) 赋予部门管理者充分的自主权；
(3) 强化部门管理者的责任；
(4) 以权责发生制计量政府成本；
(5) 建立绩效预算管理的制度和组织保障。

【2012年单选题】在政府对会计模式的选择上，采用修正的权责发生制预算会计的国家是( )。

A. 美国　　　　　　B. 英国
C. 澳大利亚　　　　D. 新西兰

【答案】A

【解析】目前，在会计核算上，美国、法国、加拿大等国已经有选择地采用了改良或修正的权责发生制。澳大利亚、新西兰和英国三个国家则实行完全的权责发生制。其中，澳大利亚、新西兰还将权责发生制应用到预算管理上。

【2010年单选题】在中央部门绩效考评中，组织实施绩效考评工作的职责归属于( )。

A. 全国人大　　　　B. 财政部
C. 审计署　　　　　D. 中央各部门

【答案】D

【解析】绩效考评工作由财政部统一领导，中央各部门具体组织实施。

【例题 单选题】我国目前建立的预算绩效评价体系所要达到的目标是( )。

A. 完善政府预算体系
B. 实现绩效预算

C. 提高政府预算透明度
D. 健全政府预算管理制度

【答案】B

【解析】实现绩效预算是我国目前建立的预算绩效评价体系所要达到的目标。

考题预测及强化训练

一、单项选择题

1. 把预算年度内的全部财政收支按照收入来源和支出性质，分别编成两个或两个以上的预算，从而形成两个或两个以上的收支对照表，这种预算形式属于( )。
   A. 单式预算　　　　B. 复式预算
   C. 基数预算　　　　D. 零基预算

2. 狭义的预算是指( )。
   A. 预算文件或预算书
   B. 政府决算
   C. 审计结果的公布及评价
   D. 执行预算方案

3. 在各种财政政策手段中，居于核心地位的是( )。
   A. 税收　　　　　　B. 公债
   C. 公共支出　　　　D. 预算

4. 我国现行的国债规模管理方法是( )。
   A. 国债发行额管理
   B. 国债回购管理
   C. 国债总额管理
   D. 国债余额管理

5. 经济学对政府预算的研究，最为注重的是政府预算的( )。
   A. 功能性特征　　　B. 政治性问题
   C. 效率问题　　　　D. 公平问题

6. 政府预算从其内容上看是( )。
   A. 具有法律效率的文件
   B. 体现政府集中性的财政分配过程
   C. 政府调控经济的手段
   D. 政府的年度财政收支计划

7. 从管理学的角度研究，主要强调政府预算的( )。
   A. 功能性特征　　　B. 政治性问题
   C. 效率问题　　　　D. 公平问题

8. 管理学的研究观点主张，影响组织行为唯一的、最有效的工具是( )。

A. 结构　　　　　　B. 计划
C. 控制　　　　　　D. 预算

9. 政府预算区别于其他财政范畴的一个重要特征
是( )。
A. 综合性　　　　　B. 预测性
C. 法律性　　　　　D. 集中性

10. 复式预算中经常预算的资金来源主要是( )。
A. 税收收入　　　　B. 债务收入
C. 利润收入　　　　D. 收费收入

11. 狭义的预算法也称为( )。
A. 特定的预算法
B. 一般意义上的预算法
C. 实质意义上的预算法
D. 形式意义上的预算法

12. 按预算编制的政策导向，可将预算划分为投入
预算和( )。
A. 总预算　　　　　B. 零基预算
C. 复式预算　　　　D. 绩效预算

13. 不是所有的预算收支项目都能采用该预算形
式，有些收支在一定时期内具有刚性，这是以
下哪种预算模式的缺点( )。
A. 基数预算　　　　B. 资本预算
C. 零基预算　　　　D. 单式预算

14. 政府预算分为单式预算和复式预算，是按照
( )为标准。
A. 预算收支的平衡状况
B. 预算的编制方法
C. 预算项目能否反映其经济效果
D. 预算编制的形式

15. ( )是指国家以社会管理者的身份取得税收收
入，用于维持政府行政、保障国家安全、稳定
社会秩序、发展公益事业等政府职能实现的收
支预算。
A. 单式预算
B. 公共预算
C. 国有资本经营预算
D. 社会保障预算

16. 只反映投入项目的用途和支出金额，而不考虑
其支出经济效果的预算是( )。
A. 绩效预算　　　　B. 投入预算
C. 零基预算　　　　D. 资本预算

17. 主张运用财政支出、税收、债务作为调节经济
的重要工具的预算政策是( )。
A. 健全财政政策
B. 功能财政预算政策

C. 充分就业预算政策
D. 预算平衡政策

18. 下列关于复式预算的说法不正确的是( )。
A. 复式预算分为经常预算和资本预算
B. 政府的经常预算主要包括政府一般行政费支出
C. 政府的经常预算的收入来源主要是经常性收
支盈余
D. 政府的资本预算收入来源主要是国债收入

19. ( )作为国库管理的基本制度，是指通过建立
国库单一账户体系，规范财政资金收入和支付
运行机制。
A. 国库集中收付管理
B. 国库管理
C. 国库现金管理
D. 国债管理

20. 部门预算重点性原则表现为( )。
A. 先统一管理，后统一安排
B. 先一般项目，后急需项目
C. 先保证项目支出，后安排基本支出
D. 先保证基本支出，后安排项目支出

21. 现代国库管理制度负债管理职能的重要体现
是( )。
A. 收入管理　　　　B. 支出管理
C. 国债管理　　　　D. 现金管理

22. 具有财政直接支付并具有与国库单一账户进行
支出清算功能的账户是( )。
A. 国库存款账户
B. 财政部门零余额账户
C. 预算单位的零余额账户
D. 特设专户

23. 下列不属于非税收入存在前提条件的是( )。
A. 准公共产品的存在
B. 受益公平原则的要求
C. 提高交易费用的要求
D. 自然垄断和外部性的存在

24. 在国库支出的支出方式中，工资性支出应实
行( )。
A. 财政授权支付
B. 财政直接支付
C. 直接缴库
D. 集中汇缴

二、多项选择题

1. 下列项目中属于政府预算基本特征的有( )。
A. 法律性　　　　　B. 准确性
C. 预测性　　　　　D. 集中性
E. 综合性

2. 作为政府公共财政收支计划的政府预算有如下含义( )。
   A. 从形式上看，政府预算是以年度政府财政收支计划的形式存在的
   B. 从性质上看，政府预算是具有法律效力的文件
   C. 从内容上看，政府预算反映政府集中支配财力的分配过程
   D. 从作用上看，政府预算是政府调控经济和社会发展的重要手段
   E. 从结果上看，政府预算是没有用处的

3. 政府预算的基本特征包括( )。
   A. 集中性　　　　　　B. 科学性
   C. 法律性　　　　　　D. 综合性
   E. 预测性

4. 复式预算的典型形式是双重预算，它包括( )。
   A. 经常预算　　　　　B. 国家预算
   C. 地区预算　　　　　D. 企业预算
   E. 资本预算

5. 按预算编制的政策导向划分，可以把预算划分为( )。
   A. 基数预算　　　　　B. 投入预算
   C. 绩效预算　　　　　D. 公共预算
   E. 零基预算

6. 下列关于政府预算的分类方式正确的有( )。
   A. 按预算的编制方法分类，政府预算可分为基数预算和零基预算
   B. 按预算收支的平衡状况划分，可将预算分为平衡预算和差额预算
   C. 按预算分级管理的要求划分，可以将预算分为中央预算和地方预算
   D. 按收支管理范围和编制程序划分，可以将预算分为总预算和部门单位预算
   E. 按预算作用的时间长短划分，可以将预算分为年度预算和多年预算

7. 下列属于政府预算一般性原则的有( )。
   A. 统一性　　　　　　B. 年度性
   C. 周期性　　　　　　D. 可靠性
   E. 公开性

8. 最早实行复式预算的国家是( )。
   A. 英国　　　　　　　B. 法国
   C. 丹麦　　　　　　　D. 美国
   E. 瑞典

9. 政府预算政策包括( )。
   A. 健全财政政策
   B. 年度平衡预算政策

C. 充分就业预算平衡政策
   D. 预算平衡政策
   E. 功能财政预算政策

10. 部门预算是总预算的基础，它由各预算部门编制。部门预算的原则包括( )。
    A. 合法性原则、科学性原则
    B. 重点性原则、完整性原则
    C. 绩效性原则、稳妥性原则
    D. 效率性原则、公平性原则
    E. 真实性原则、透明性原则

11. 部门收入是预算单位从不同来源取得的各种收入的总称，是部门行使职能的经济保障。部门收入预算主要包括( )。
    A. 一般收入预算
    B. 政府性基金收入预算
    C. 专项收入预算
    D. 财政拨款收入预算
    E. 预算外资金收入预算

12. 项目支出按照项目类别进行分类，可以分为( )。
    A. 新增项目
    B. 国务院已研究确定项目
    C. 经常性专项业务费项目
    D. 延续项目
    E. 跨年支出项目

13. 基本支出预算的编制原则包括( )。
    A. 综合预算的原则
    B. 专款专用原则
    C. 优先保障的原则
    D. 定员定额管理的原则
    E. 单独编列预算的原则

14. 政府采购主要是集中采购所需的( )。
    A. 货物　　　　　　　B. 服务
    C. 工程　　　　　　　D. 自然资源
    E. 无形资产

15. 国库集中支付制度是国外普遍采用的政府财政资金管理办法，其核心环节含义包括( )。
    A. 集中收入管理　　　B. 集中支出管理
    C. 集中账户管理　　　D. 集中监督管理
    E. 集中预算管理

16. 按照采购的规模分类，可分为( )。
    A. 小额采购　　　　　B. 单一采购
    C. 大额采购　　　　　D. 批量采购
    E. 无竞争采购

17. 我国国库集中收付制度的监督者有( )。

A. 财政部门　　　　　B. 中国人民银行
C. 审计部门　　　　　D. 供应商
E. 人民检察院

18. 国库集中收付制度的基本内容包括(　　)。
A. 设置国库单一账户体系
B. 规范收入收缴程序
C. 有效利用财政资金
D. 国库现金管理
E. 规范支出拨付方式

参考答案及解析

一、单项选择题

1.【答案】B
【解析】复式预算是指把预算年度内的全部财政收支按照收入来源和支出性质，分别编成两个或两个以上的预算，从而形成两个或两个以上的收支对照表。

2.【答案】A
【解析】狭义的预算是指预算文件或预算书；广义的预算是指编制、批准、执行、决算、审计结果的公布与评价等所有环节。

3.【答案】D
【解析】在各种财政政策手段中，预算居于核心地位。

4.【答案】D
【解析】我国全国人大常委会批准2006年开始实行国债余额管理。

5.【答案】C
【解析】经济学对政府预算的研究，最为注重的是政府预算的效率问题。

6.【答案】B
【解析】从内容上看，政府预算反映政府集中支配财力的分配过程。

7.【答案】A
【解析】从管理学的角度研究，主要强调政府预算的功能性特征，即预算的控制、管理和计划等功能。

8.【答案】D
【解析】管理学的研究观点主张：影响组织行为唯一的、最有效的工具就是预算。

9.【答案】C
【解析】所谓法律性是指政府预算的形成和执行结果都要经过立法机关审查批准，它是一个法律性文件。这是政府预算区别于其他财政范畴的一

个重要特征。

10.【答案】A
【解析】在复式预算中的经常预算，税收为其主要资金来源。

11.【答案】D
【解析】狭义的预算法也称为形式意义上的预算法。

12.【答案】D
【解析】按预算编制的政策导向划分，可分为投入预算和绩效预算。

13.【答案】C
【解析】零基预算的优点是在于预算收支安排不受以往年度的约束，预算编制有较大回旋余地，可突出当年政府经济社会政策重点，充分发挥预算政策的调控功能，防止出现预算收支结构僵化和财政拖累。其缺点在于不是所有的预算收支项目都能采用零基预算，有些收支一定时期内具有刚性，如国债还本付息支出、公务员的工资福利支出等。

14.【答案】D
【解析】政府预算按政府预算编制的形式可划分为单式预算和复式预算。

15.【答案】B
【解析】政府公共预算是指国家以社会管理者的身份取得税收收入，用于维持政府行政、保障国家安全、稳定社会秩序、发展公益事业等政府职能实现的收支预算。

16.【答案】B
【解析】投入预算的政策重点在于如何控制资源的投入和使用，保证预算按预定的规则运行，而不是只强调是否达到政府的政策目标，投入与产出比较效率如何。

17.【答案】B
【解析】美国经济学家勒纳于20世纪40年代提出的功能财政预算政策，强调政府不应只保持健全财政的观点，还应当运用财政支出、税收、债务等作为调节经济的重要工具，即应以财政措施实施的后果对宏观经济所产生的作用为依据来安排政府的预算收支。功能财政预算政策的核心内容是要说明政府不必局限于预算收支之间的对比关系、保持预算收支的平衡，还应当保持国民经济整体的平衡。

18.【答案】C
【解析】政府的经常预算的收入来源，主要包括各项税收收入以及一部分非税收入。

19.【答案】A
【解析】将国库集中收付管理作为现代国库管理的基本制度，是指通过建立国库单一账户体系，规范财政资金收入和支付运行机制，从而提高预算执行的透明度以及资金运行效率和使用效益的财政管理活动。

20.【答案】D
【解析】根据重点性原则，要先保证基本支出，后安排项目支出；先重点、急需项目，后一般项目。

21.【答案】C
【解析】国债管理是现代国库管理制度负债管理职能的重要体现。

22.【答案】B
【解析】在国库单一账户体系中，财政部门将零余额账户用于财政直接支付和与国库单一账户支出清算。这也是国际集中支付制度改革的一个重要内容。

23.【答案】C
【解析】非税收入存在的前提条件有：准公共产品的存在；受益公平原则的要求；降低交易费用的要求；自然垄断和外部性的存在。

24.【答案】B
【解析】财政直接支付是由财政部门开具支付令，通知国库单一账户体系，直接将财政资金支付给收款人(商品和劳务供应者)或用款单位账户。实行财政直接支付的支出包括：工资支出，购买支出以及中央对地方的专项转移支付，拨付企业大型工程项目或大型设备采购的资金等，直接支付给收款人。

二、多项选择题

1.【答案】ACDE
【解析】政府预算的基本特征包括：(1)法律性；(2)预测性；(3)集中性；(4)综合性。

2.【答案】ABCD
【解析】作为政府公共财政收支计划的政府预算有如下含义：
(1) 从形式上看，政府预算是以年度政府财政收支计划的形式存在的。
(2) 从性质上看，政府预算是具有法律效力的文件。政府预算的形成过程实际上是国家权力机关审定预算内容和赋予政府预算执行权的过程。
(3) 从内容上看，政府预算是反映政府集中支配财力的分配过程。
(4) 从作用上看，政府预算是政府调控经济和社会发展的重要手段。政府预算的调控作用主要表现在如下几个方面：第一，通过预算收支规模的变动，调节社会总供给与总需求的平衡；第二，通过调整政府预算支出结构，调节国民经济和社会发展中的各种比例关系；第三，公平社会分配。

3.【答案】ACDE
【解析】政府预算的基本特征主要如下：预测性、法律性、集中性和综合性。

4.【答案】AE
【解析】复式预算的典型形式是双重预算：一为经常预算；二为资本预算。

5.【答案】BC
【解析】按预算编制的政策导向划分可分为投入预算和绩效预算。

6.【答案】ABCDE
【解析】五种分类方式都是正确的。

7.【答案】ABDE
【解析】政府预算的一般性原则为：公开性、可靠性、完整性、统一性、年度性。

8.【答案】CE
【解析】最早实行复式预算的国家是丹麦、瑞典，后来为英国、法国、印度等国所陆续采用。

9.【答案】ACDE
【解析】政府预算政策包括：健全财政政策；功能财政预算政策；周期平衡预算政策；充分就业预算平衡政策；预算平衡政策。

10.【答案】ABCE
【解析】在编制部门预算的过程中应遵循以下原则：合法性原则；真实性原则；稳妥性原则；重点性原则；完整性原则；透明性原则；部门参与性原则；绩效性原则。

11.【答案】AB
【解析】部门收入主要包括：一般收入预算和政府性基金收入预算。

12.【答案】BCE
【解析】项目支出按项目类别划分为：国务院已研究确定项目、经常性专项业务费项目、跨年度支出项目、其他项目。按项目属性划分为：新增项目、延续项目。

13.【答案】ACD
【解析】基本支出预算的编制原则是：(1)综合预算的原则；(2)优先保障的原则；(3)定员定额管理的原则。与传统的预算编制方法相比，编制基本支出预算最大的变化是：核定部门或单位基本支出的方法由原来的基数法改为以定员定额为基础的因素核定法。

14.【答案】ABC

【解析】政府采购是集中采购所需货物、工程和服务的一种交易活动。

15.【答案】ABC

【解析】国库集中收付制度是国外普遍采用的政府财政资金管理办法，其核心环节是集中支付。它包括三方面的含义：一是集中收入管理；二是集中支出管理；三是集中账户管理。

16.【答案】ACD

【解析】按采购规模分类，可以分为小额采购、批量采购和大额采购。

17.【答案】ABCD

【解析】我国国库集中收付制度的有效实施，其主要监督者有财政部门、中国人民银行国库部门、国家审计署、政府支出部门和供应商。

18.【答案】ABE

【解析】国库集中收付制度的基本内容包括：设置国库单一账户体系；规范收入收缴程序；规范支出拨付方式三个方面。

第十一章 政府间财政关系

在本章的内容中，考生要熟悉财政分权理论，掌握分税方法的两种形式、我国分税制管理体制的主要内容、实行政府间转移支付的理论依据、政府间转移支付的种类、我国现行中央对地方的转移支付的种类。

本章重要考点分析

本章涉及15个考点，在历年考试中以单项选择题和多项选择题的形式出现，如图11-1所示。

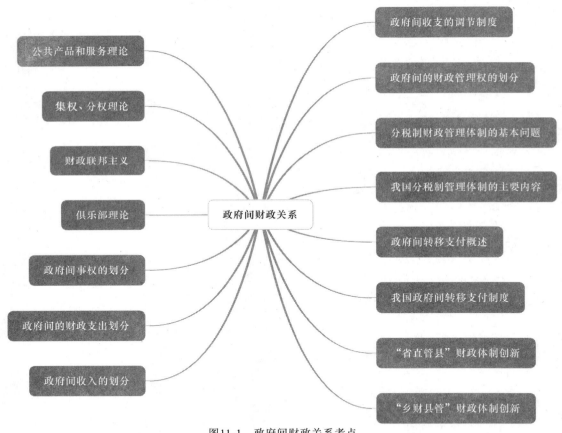

图11-1 政府间财政关系考点

本章近三年题型及分值总结

本章的内容在近三年的考试中以单项选择题、多项选择题的形式进行考查，题型及分值如表11-1所示。

表11-1 政府间财政关系题型及分值

年 份	单项选择题	多项选择题	案例分析题
2014年	2题	0题	0题
2013年	1题	0题	0题
2012年	3题	1题	0题

第一节 财政分权理论

财政分权理论主要包括四个内容:公共产品和服务理论、集权分权理论、财政联邦主义和俱乐部理论。

公共产品和服务理论是财政学的理论基础,财政分权问题也不例外。因此,研究财政分权问题,应该将分析公共产品和服务收益范围的层次性作为出发点。一般来说,在任何国家,无论是联邦制国家还是单一制国家,中央政府(联邦政府)都是国家利益的代表者,而地方政府是地方利益的代表者。国家利益是一个国家的整体利益,而地方利益则是一个国家内部各个地方的局部利益。由此,就必然会引起政府的集权与分权问题。财政联邦主义是指各级政府间财政收入和支出的划分以及由此产生的相关制度。俱乐部理论是指研究非纯公共产品的供给、需求与均衡数量的理论。

思维导图

该节涉及多个知识点和概念,如图11-2所示。

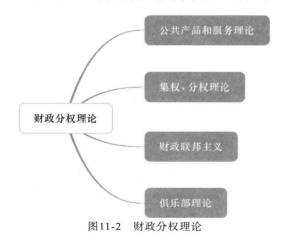

图11-2 财政分权理论

知识点测试

【2014年单选题】下列理论中,研究非纯公共品的供给、需求与平衡数量的理论是( )。

A.公共产品及服务理论 B.集权分权理论
C.财政联邦主义 D.俱乐部理论

【答案】D

【解析】俱乐部理论是指研究非纯公共物品的供给、需求与均衡数量的理论。A选项,研究公共物品和服务的收益范围,实际上就是研究公共物品和服务的层次性问题;B选项,集权分权理论的观点是,无论是联邦制国家还是单一制国家,中央政府都是国家利益的代表者,而地方政府则是地方利益的代表者;C选项,财政联邦主义是指各级政府间财政收入和支出的划分以及由此产生的相关制度。

【2012年单选题】查尔斯·提布特提出地方政府之间竞争理论的著作是( )。

A.《国富论》
B.《财政联邦主义》
C.《地方支出的纯理论》
D.《政府间财政关系·理论与实践》

【答案】C

【解析】提布特在《地方支出的纯理论》一书中提出了地方政府之间的竞争理论。

【2011年单选题】地方政府应具有独立的宪法所保障的权利,这个理论属于( )。

A.公共产品及服务理论 B.集权、分权理论
C.财政联邦主义 D.俱乐部理论

【答案】C

【解析】财政联邦主义是指各级政府间财政收入和支出的划分以及由此产生的相关制度。或者说,财政联邦主义从某种意义上说就是财政分权,即给予地方政府一定的税收权利和支出责任范围,并允许地方政府自主决定其预算支出规模与结构,其精髓在于使地方政府拥有合适与合意的财政自主权进行决策。财政联邦主义意味着两种可能情形:

(1)得到上级授权的地方当局进行地方决策;
(2)地方当局具有独立的宪法所保障的权利。

前者是法律所规定的在集权体制下的分权,而后者则是地方政府根据宪法拥有独立权力的分权。

【2010年多选题】关于财政联邦主义的理解，正确的有( )。

A. 政治上一定要实行联邦主义
B. 在上级授权下可以进行地方决策
C. 地方政府具有独立的宪法所保障的权利
D. 地方政府提供区域性公共产品更符合帕累托效率
E. 地方政府间的竞争有利于资源配置效率的提高

【答案】BCDE

【解析】财政联邦主义是指各级政府间财政收入和支出的划分以及由此产生的相关制度。财政联邦主义为地方分权提供了强有力的理由，首先，地方政府存在的理由是它比中央政府更接近民众，也就是说它比中央政府更加了解其辖区民众的需求和效用；其次，一个国家内部不同地区的人有权对不同种类和数量的公共产品和服务进行各自的选择，而地方政府就是实现不同地区、不同选择的机制。提布特在其著作《地方支出的纯理论》中提出了地方政府之间的竞争理论。上述理由得出以下结论：

(1) 为了实现资源配置的有效性与分配的公平性，某些公共决策应该在较低层次的政府中进行；

(2) 地方政府之间也会存在竞争，但这种竞争更有利于资源配置效率的提高。

第二节　政府间收支划分的制度安排

政府间的财政关系主要通过政府预算管理体制具体体现，政府预算管理体制是正确处理各级政府之间的分配关系，确定各级预算收支范围和管理职权的一项根本制度。其中，预算收支范围涉及的是国家财力在中央与地方，以及地方各级政府间如何分配的问题，而预算管理职权则是各级政府在支配国家财力上的权限和责任问题。建立政府预算管理体制的根本任务就是通过正确划分各级政府预算的收支范围，规定预算管理权限及相互间的制衡关系，使国家财力在各级政府及各区域间合理分配，保障相应级次或区域的政府行使职能的资金需要。

预算管理体制是财政管理体制的主导环节，占有核心的地位。

 思维导图

该节涉及多个知识点和概念，如图11-3所示。

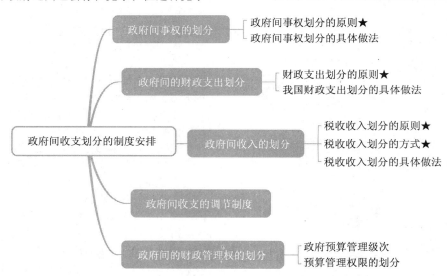

图11-3　政府间收支划分的制度安排

 知识点测试

【2014年单选题】以国家整体为服务对象的公共产品应由中央政府提供，这所体现的原则是( )。

A. 受益范围原则　　　B. 效率原则
C. 法律规范原则　　　D. 重点性原则

【答案】A

【解析】受益范围原则是指将各项事权项目受益的对象和范围大小作为各级政府履行职责的依

据。凡具有以国家整体为服务对象，全体公民都能从中受益的公共性质项目，如国防、外交等，由中央政府负责。B选项，效率性原则是指应该考虑某项事物应交由哪级政府办理成本最低、效率最高；C选项，法律规范原则是指中央政府与地方政府的事权划分，应该通过严格的法律程序加以规范，并用法律手段解决各国政府之间的利益冲突，从而使各级政府间的事权划分科学化、规范化；D选项为不相关选项。

【2014年单选题】以税基的宽窄为标准划分中央与地方收入，这所体现的原则是( )。

A.效率原则　　　B.适应原则
C.恰当原则　　　D.经济利益原则

【答案】B

【解析】适应原则是以税基的宽窄为标准来划分中央与地方收入。A选项，效率原则是以征税效率的高低作为标准来划分中央和地方收入；C选项，恰当原则是以税收负担的分配是否公平作为标准来划分中央与地方收入；D选项，经济利益原则是以增进经济利益为标准来划分中央与地方收入。

【2014年多选题】政府间事权划分的效率原则包括( )。

A.收入划分效率　　B.支出划分效率
C.财权划分效率　　D.转移支付效率
E.机构划分效率

【答案】ABD

【解析】政府间事权划分的效率原则包括：收入划分效率、支出划分效率、转移支付效率。

【2012年单选题】以税收负担的分配是否公平为标准划分中央与地方收入遵循的是( )。

A.效率原则　　　B.适应原则
C.恰当原则　　　D.经济利益原则

【答案】C

【解析】恰当原则以税收负担的分配是否公平作为标准来划分中央与地方政府的收入。税种归哪一级政府，要看哪一级政府更能保证税收负担的公平分配。所得税划归中央政府。

【2012年多选题】政府间财政支出划分的原则是( )。

A.与事权对称原则
B.公平性原则
C.效率性原则
D.考虑支出性特点原则
E.权责相结合原则

【答案】ABDE

【解析】财政支出划分的原则有：与事权相对称原则、公平性原则、考虑支出性质特点的原则和权责结合原则。

【2011年单选题】以国家整体为服务对象的公共产品应由中央政府提供，体现的是( )。

A.受益范围原则　　B.效率原则
C.法律规范原则　　D.重点性原则

【答案】A

【解析】受益范围原则是指将各项事权项目受益的对象和范围大小作为各级政府履行职责的依据。凡具有以国家整体为服务对象，全体公民都能从中受益的公共性质的项目，如国防、外交等由中央政府负责；凡具有以地方为服务对象，其受益范围仅限于某一区域的公共性质的项目，如地方的基层设施，则由地方政府负责。

【2011年单选题】在税收收入划分方式中，"总额分成"属于( )。

A.分割税制　　　B.分割税种
C.分割税率　　　D.分割税额

【答案】D

【解析】分割税额是指先统一征税，然后再将税收收入的总额按照一定比例在中央与地方政府之间加以分割，这种方式又可以称为收入分享。我国以前曾经实行的"总额分成"的做法实际上就属于这种方式。

【2010年单选题】适合于划归地方政府的税种有( )。

A.税基流动性大的税种
B.税源分布较分散的税种
C.与收入再分配有关的税种
D.与在各地区间分布不均的自然资源相关的税种

【答案】B

【解析】将那些税基流动性较小的、税源分布较广(不易统一征收)的税种，如房产税、土地税、土地增值税等划归地方政府。

第三节　分税制财政管理体制

本小节内容包括分税制财政管理体制的基本问题和我国分税制管理体制的主要内容。

分税制财政管理体制，简称分税制，是指在明确划分中央和地方事权和支出范围的基础上，按照事权与财权财力统一的原则，结合税种的特性，划分中央与地方的税收管理权限与税收收入，并辅之以补助制的一种财政管理体制。它是财政分权管理体制的典型代表，也是市场经济国家普遍推行的一种财政管理体制模式。

我国自1994年1月1日起，在全国各省、自治区、直辖市以及计划单列市正式实行分税制财政管理体制。

思维导图

该节涉及多个知识点和概念，如图11-4所示。

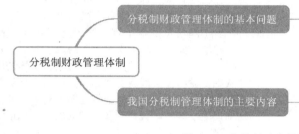

图11-4　分税制财政管理体制

知识点测试

【2014年多选题】 分税制的含义包括(　　)。

A. 分事　　　　　　　B. 分税
C. 分权　　　　　　　D. 分管
E. 分利

【答案】 ABCD

【解析】 分税制主要包括："分事、分税、分权、分管"四层含义。

【例题　单选题】 在我国的分税制中，中央分享75%，地方分享25%的税种是(　　)。

A. 增值税　　　　　　B. 消费税
C. 所得税　　　　　　D. 印花税

【答案】 A

【解析】 中央与地方共享税包括如下几种。

(1) 国内增值税：中央分享75%，地方分享25%。

(2) 营业税：铁道部、各银行总行、各保险总公司集中缴纳的部分归中央政府，其余部分归地方政府。

(3) 企业所得税：铁路运输、国家邮政、中国工商银行、中国农业银行、中国银行、中国建设银行、国家开发银行、中国农业发展银行、中国进出口银行、中国石油天然气股份有限公司、中国石油化工股份有限公司和海洋石油、天然气企业缴纳的部分归中央政府，其余部分中央与地方政府共享。现在共享比率：中央为60%；地方为40%。

(4) 个人所得税：分享比例与企业所得税相同。

(5) 资源税：海洋石油企业缴纳的部分归中央政府，其余部分归地方政府。

(6) 城市维护建设税：铁道部、各银行总行、各保险总公司集中缴纳的部分归中央政府，其余部分归地方政府。

(7) 印花税：证券交易印花税收入的97%归中央政府，其余3%和其他印花税收入归地方政府。

【例题　单选题】 根据分税制体制规定，将同经济发展直接相关的主要税种划分为(　　)。

A. 中央税
B. 中央与地方共享税
C. 地方税
D. 中央与地方共管税

【答案】 B

【解析】 将维护国家权益、实施宏观调控所必需的税种划分为中央税；将同经济发展直接相关的主要税种划分为中央与地方共享税；将适合地方征管的税种划分为地方税。

第四节　政府间转移支付制度

政府间转移支付是当今世界各国所普遍采用的，用来与分税制体制相配套，规范中央政府与地方政府之间的财政关系，执行收入分配政策，调控经济运行，促进地区经济协调发展的重要手段。从国际经验来看，任何国家客观上都需要维护中央政府的权威，这就要求中央政府通过分税制财政管理体制在按照统一规定划分收入和支出后，集中相对较多的财权、财力，因而通常会产生中央与地方政府之间以及各地方政府之间财政的纵向不均衡和横向不均衡，使地方政府的行政财力有赖于中央政府的支持，以保证政令畅通，经济协调稳定发展。这种不均衡必须通过各种形式的政府间转移支付来解决。从这个意义上来说，政府间转移支付是与政府间财政关系问题密不可分的，中央政府与地方政府实行真正的分级管理是建立转移支付制度的前

提，而规范的转移支付制度是实施分税制财政管理体制的保障。

 思维导图

该节涉及多个知识点和概念，如图11-5所示。

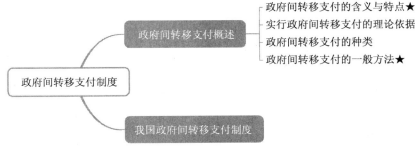

图11-5　政府间转移支付制度

 知识点测试

【2012年单选题】在下列转移支付项目中，属于专项转移支付的是(　　)。

A. 村税费改革转移支付

B. 民族地区转移支付

C. "三奖一补"转移支付

D. 国债补助

【答案】D

【解析】专项转移支付包括：一般预算专项拨款、国债补助等。

【2011年单选题】在下列转移支付项目中，属于中央对地方专项转移支付的是(　　)。

A. 一般性转移支付

B. 调整工资转移支付

C. 民族地区转移支付

D. 国债补助

【答案】D

【解析】专项转移支付，是中央政府对地方政府承担中央委托事务、中央地方共同事务以及符合中央政策导向事务进行的补助，享受拨款的地方政府需要按照规定用途使用资金，实行专款专用。专项转移支付包括一般预算专项拨款、国债补助等。

【2010年单选题】若某个地区出现义务教育提供不足，需要进行政府间转移支付，其理论依据是(　　)。

A. 纠正政府间的纵向财政失衡

B. 纠正政府间的横向财政失衡

C. 纠正公共产品或服务的外部性

D. 加强中央对地方的宏观调控

【答案】C

【解析】纠正某些公共产品或服务的外部性。严格地讲，地方政府提供地方性公共产品或者服务的收益范围几乎不可能恰好被限定在地方政府的辖区之内。主要有两种情况：(1)地方性公共产品或服务的受益或受损范围很可能会超过地方政府辖区的界限，使其他地区在受益或受损的同时并不承担任何成本或者没有得到任何补偿；(2)某些地方性公共产品或服务出现提供数量不足和质量不佳的问题，如义务教育、公共卫生等。

第五节　省以下预算管理体制的改革创新

"乡财县管"是以乡镇为独立核算主体，由县级财政部门直接管理并监督乡镇财政收支，实行县乡"预算共编、账户统设、集中收支、采购统办、票据统管"的财政管理方式。

 思维导图

该节涉及多个知识点和概念，如图11-6所示。

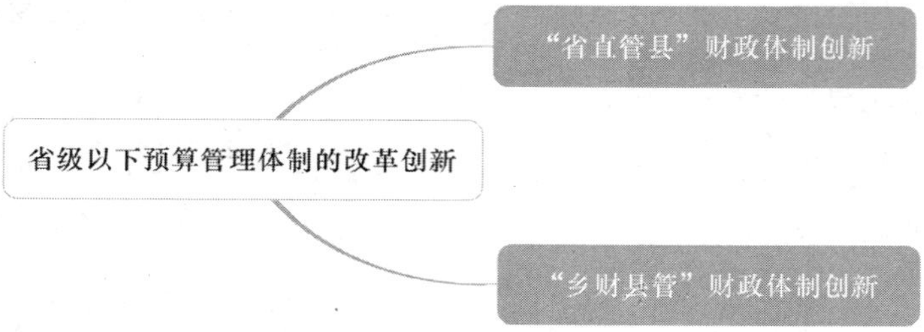

图11-6　省以下预算管理体制的改革创新

考题预测及强化训练

一、单项选择题

1. 关于地方性公共产品和服务下列说法中正确的是（　　）。
   A. 提供者为中央政府
   B. 其受益范围具有地方局限性
   C. 其受益范围被限定在整个国家的疆域之内
   D. 数量巨大

2. （　　）以征税效率的高低作为标准来划分中央和地方收入。
   A. 效率原则　　　　　　B. 公平性原则
   C. 适应原则　　　　　　D. 恰当原则

3. 研究财政分权问题的出发点是（　　）。
   A. 财政联邦主义　　　B. 俱乐部理论
   C. 公共产品和服务理论　D. 集权分权理论

4. （　　）是以税基的宽窄为标准来划分中央与地方收入。
   A. 效率原则　　　　　　B. 公平性原则
   C. 适应原则　　　　　　D. 恰当原则

5. 俱乐部理论主要论证的问题是（　　）。
   A. 中央政府分权
   B. 地方政府的适当规模
   C. 政治体制及经济体制
   D. 以上都不对

6. 决定本级政府预备费用的机构是（　　）。
   A. 各级人民代表大会
   B. 各级人民代表大会常务委员会
   C. 各级政府
   D. 各级财政部门

7. 政府间的财政关系具体体现主要是通过（　　）。
   A. 政府行政管理体制　　B. 权力的分配
   C. 财力分配　　　　　　D. 政府预算管理体制

8. 经济利益原则以（　　）为标准来划分中央与地方收入。

   A. 征税效率的高低
   B. 税基的宽窄
   C. 税收负担的分配是否公平
   D. 增进经济利益

9. 财政管理体制的主导环节是（　　）。
   A. 行政事业财务管理体制
   B. 税收管理体制
   C. 预算管理体制
   D. 财政监督管理体制

10. 政府间转移支付不包括（　　）。
    A. 上级政府对下级政府的各项补助
    B. 下级政府向上级政府的上解收入
    C. 减少不发达地区税收收入上缴
    D. 发达地区向不发达地区的补助

11. 具有地区外溢性的公共产品，适合由（　　）。
    A. 地方政府提供
    B. 中央政府提供
    C. 中央与地方联合提供
    D. 各地方政府联合提供

12. 阐述财政分权理论的经典著作《财政联邦主义》的作者是（　　）。
    A. 沃伦斯·欧茨　　　B. 查尔斯·提布特
    C. 洛伦兹　　　　　　D. 亚当·斯密

13. 划分各级预算收支范围的基本依据是（　　）。
    A. 各级政府承担的事权范围
    B. 政策关系的企事业单位的隶属关系
    C. 各级政府的财力大小
    D. 财政部收入的多少

14. 建立我国政府预算管理体制的基本原则是（　　）。
    A. 统一领导、分级管理、权责结合原则
    B. 公平与效率原则
    C. 与政治经济体制相适应原则
    D. 贯彻党的民族政策原则

15. 预算管理体制中的横向均衡是指（　　）。
    A. 基本公共产品的供给标准和供给数量在各地区的均等化

B. 基本公共产品的供给标准和供给数量在中央与地区的均等化

C. 基本公共产品的供给标准和供给数量在上下级间的均等化

D. 基本公共产品的供给标准和供给数量在全国的均等化

16. 下列说法中正确的是(　　)。

    A. 1993年我国预算管理体制进入重大改革时期，开始实行分税制财政体制

    B. 中央财政对地方税收返还数额以1993年为基准年核定

    C. 中央对地方的税收返还在转移支付总额中占60%以上。

    D. 采用税收返还转移支付资金是我国转移支付制度的发展方向

17. 在现代经济社会条件下，一个国家通常采取的税收分割方式是(　　)。

    A. 分割税额　　　　　B. 分割税

    C. 分割税制　　　　　D. 混合型

18. 分税制的内容中不包括(　　)。

    A. 分税　　　　　　　B. 分级

    C. 分事　　　　　　　D. 分管

19. 下列税种中不属于中央税的是(　　)。

    A. 关税

    B. 国内消费税

    C. 海洋石油企业的资源税

    D. 契税

20. 为有效贯彻上级政府的调控意图，在实行分税制的同时还需建立(　　)。

    A. 收支两条线制度　　B. 总额分成制度

    C. 分类分成制度　　　D. 转移支付制度

二、多项选择题

1. 下列属于政府间事权划分原则的有(　　)。

    A. 受益范围原则　　　B. 权责结合原则

    C. 公平性原则　　　　D. 法律规范原则

    E. 效率原则

2. 政府间事权划分原则中的效率原则包括(　　)。

    A. 成本划分效率　　　B. 收入划分效率

    C. 税收划分效率　　　D. 支出划分效率

    E. 财政转移支付效率

3. 全国性公共产品和服务具有的特征是(　　)。

    A. 其受益范围被限定在整个国家的疆域之内

    B. 其受益范围被限定在某个地区之内

    C. 其提供者为中央政府

    D. 其提供者为地方政府

    E. 数量巨大

4. 下列属于财政支出划分原则的有(　　)。

    A. 受益范围原则

    B. 与事权相对称原则

    C. 公平性原则

    D. 考虑支出性质特点的原则

    E. 权责结合原则

5. 财政分权理论主要包括(　　)。

    A. 公共产品和服务理论

    B. 拉弗曲线

    C. 集权、分权理论

    D. 财政联邦主义

    E. 俱乐部理论

6. 下列属于税收收入划分原则的有(　　)。

    A. 效率原则　　　　　B. 公平性原则

    C. 适应原则　　　　　D. 恰当原则

    E. 经济利益原则

7. 财政联邦主义得出的主要结论有(　　)。

    A. 地方政府提供地区性产品会有更高的效率

    B. 分级管理

    C. 权责结合

    D. 地方政府间存在竞争

    E. 首长负责

8. 主要应由中央政府提供的公共产品与服务有(　　)。

    A. 海洋开发　　　　　B. 空间开发

    C. 就业培训　　　　　D. 文化教育

    E. 社会治安

9. 分税制的分税方法有(　　)。

    A. 总额分成

    B. 按照税源分率分征

    C. 收入分成

    D. 按照税种分类分成

    E. 分割税制

10. 政府间转移支付的必要性主要体现在(　　)。

    A. 补充辖区间外溢

    B. 弥补地方财政缺口

    C. 优化资源配置

    D. 保证各地最高服务标准

    E. 作为调节经济的手段

11. 政府间转移支付的特点有(　　)。

    A. 范围只限于政府之间

    B. 范围仅限于中央与地方之间

    C. 是无偿的支出

    D. 范围仅限于地方之间

    E. 并非政府的终极支出

12. 根据地方政府使用补助资金权限的大小，可以把政府间转移支付分为( )。
    A. 纵向转移支付　　　B. 无条件转移支付
    C. 横向转移支付　　　D. 混合转移支付
    E. 有条件转移支付

13. 实行政府间转移支付的理论依据有( )。
    A. 纠正政府间的纵向财政失衡
    B. 同步进行税收管理体制改革
    C. 纠正政府间的横向财政失衡
    D. 加强中央对地方的宏观调控
    E. 纠正某些公共产品或服务的外部性

14. 以纵向为主，纵横交错的转移支付模式的特点有( )。
    A. 是世界多数国家转移支付的主要形式
    B. 可促进各地区之间的共同发展
    C. 可迅速、准确地划转、结清财力的转移
    D. 中央财政的压力和工作难度增大
    E. 对地方补助的模型设计比较复杂

参考答案及解析

一、单项选择题

1. 【答案】B
   【解析】从理论意义上讲，全国性公共产品和服务应该具有两个方面的突出特征：
   (1) 其受益范围被限定在整个国家的疆域之内；
   (2) 全国性公共产品和服务的提供者为中央政府，而不应该是某一级地方政府。

2. 【答案】A
   【解析】效率原则以征税效率的高低作为标准来划分中央和地方收入。

3. 【答案】C
   【解析】研究财政分权问题，应将分析公共产品和服务受益范围的层次性作为出发点，即研究财政分权问题的出发点是公共产品和服务理论。

4. 【答案】C
   【解析】适应原则是以税基的宽窄为标准来划分中央与地方收入。

5. 【答案】B
   【解析】俱乐部理论实际上论证了地方政府的适当规模问题，即一个地方政府的规模，应该确定在拥挤成本(边际成本)正好等于由新成员承担税收份额所带来的边际收益这一点上。

6. 【答案】C
   【解析】各级政府是决定本级政府预备费用的机构。

7. 【答案】D
   【解析】政府间的财政关系主要通过政府预算管理体制具体体现，政府预算管理体制是正确处理各级政府之间的分配关系，确定各级预算收支范围和管理职权的一项根本制度。

8. 【答案】D
   【解析】经济利益原则。该原则以增进经济利益为标准来划分中央与地方收入。税收究竟归属哪级政府，应以便利经济发展，不减少经济利益为标准。增值税、消费税划归中央。

9. 【答案】C
   【解析】预算管理体制是财政管理体制的主导环节，占有核心的地位。

10. 【答案】C
    【解析】政府间转移支付包括上级政府对下级政府的各项补助，下级政府向上级政府的上解收入，共享税的分配以及发达地区对不发达地区的补助等。

11. 【答案】C
    【解析】受益具有地区外溢性的公共产品或部分地区共同受益的公共产品，则适合由中央与地方联合提供。

12. 【答案】A
    【解析】从公共产品和服务及个人偏好角度出发来构建财政分权理论框架的，以沃伦斯·欧茨和查尔斯·提布特的理论最具代表性。欧茨在1972年出版的经典名著《财政联邦主义》中提出，财政分权理论是以这样一个现实为基础的。

13. 【答案】A
    【解析】中央和地方预算收支划分的依据主要有：依据各级政府承担的职能任务大小来划分。各级政府的职能任务即事权是划分各级预算收支范围的基本依据。各级政府的职能任务即事权，是指哪些事由中央办，哪些事由地方办，这是划分各级预算收支的基本依据。依据隶属关系来划分。

14. 【答案】A
    【解析】统一领导、分级管理、权责结合，是我国政府预算管理体制的基本原则。

15. 【答案】A
    【解析】地方政府间财政关系的横向均衡是指基本公共产品的供给标准和供给数量在各地区的均等化。

16. 【答案】B
    【解析】1994年我国预算管理体制进入重大改

革时期，开始实行分税制财政体制。税收返还补助属一般性补助，不指定特定用途，主要补充各地财力不足。中央对地方的税收返还是我国无条件转移支付的最主要形式，在转移支付总额中占70%以上。采用公式化分配转移支付资金是我国转移支付制度的发展方向。

17.【答案】D
【解析】在现代经济社会条件下，一个国家分割税收时所采取的方式往往不是单纯的四种方式，而通常采取混合型的税收分割方式。

18.【答案】B
【解析】分税制主要包括"分事、分税、分管"三层含义。

19.【答案】D
【解析】契税属于地方税种。

20.【答案】D
【解析】实行分税制必须配合以中央对地方、上级政府对下级政府的转移支付制度，以此来调节不同地区间预算财力的差距，实现公平分配原则的要求和财权与事权的最终统一。

二、多项选择题
1.【答案】ADE
【解析】政府间事权划分的原则包括：受益范围原则、效率原则和法律规范原则。

2.【答案】BDE
【解析】效率原则包括：收入划分效率、支出划分效率和财政转移支付效率三个方面。

3.【答案】AC
【解析】从理论意义上讲，全国性公共产品和服务应该具有两个方面的突出特征：其受益范围被限定在整个国家的疆域之内；全国性公共产品和服务的提供者为中央政府，而不应该是某一级地方政府。

4.【答案】BCDE
【解析】财政支出划分的原则：
(1) 与事权相对称原则；
(2) 公平性原则；
(3) 考虑支出性质特点的原则；
(4) 权责结合原则。

5.【答案】ACDE
【解析】财政分权理论主要包括四个内容：公共产品和服务理论，集权、分权理论，财政联邦主义和俱乐部理论。

6.【答案】ACDE
【解析】税收收入划分的原则：效率原则、适应原则、恰当原则和经济利益原则。

7.【答案】AD
【解析】财政联邦主义得出的主要结论为：
(1) 为了实现资源配置的有效性与分配的公平性，某些公共决策应该在最低层次的政府间进行，由地方政府做可能会比让中央政府做更有效率。
(2) 地方政府之间也会存在竞争，但这种竞争更有利于资源配置效率的提高。

8.【答案】AB
【解析】凡本国公民都可以无差别地享有公共产品和服务所带来的利益，因而适合于由中央来提供。选项中的海洋开发与空间开发都应该由中央政府来提供。

9.【答案】BD
【解析】分税制的分税方法有两种形式：一种是完全按照税种划分，多数西方国家都实行这种办法；另一种是按照税源实行分率分征，即对同一税源各级预算同时按不同税率征收，美国主要实行这种方法。

10.【答案】ABCE
【解析】随着社会经济发展不平衡的加剧，实行政府间转移支付制度的必要性体现在以下几个方面：补偿辖区外溢；弥补地方财政缺口；保证实现各地的最低服务标准；优化资源配置；作为调节经济的一种手段。

11.【答案】ACE
【解析】政府间转移支付的特点有如下几个：
(1) 政府间转移支付的范围只限于政府之间；
(2) 政府间转移支付是无偿的支出；
(3) 政府间的转移支付并非政府的终极支出。

12.【答案】BE
【解析】根据地方政府使用补助资金权限的大小，可以将政府间转移支付分为无条件转移支付、有条件转移支付。

13.【答案】ACDE
【解析】实行政府间转移支付的理论依据有：纠正政府间的纵向财政失衡；纠正政府间的横向财政失衡；纠正某些公共产品或服务的外部性；加强中央财政对地方财政的宏观调控。

14.【答案】BC
【解析】纵向转移支付和横向转移支付的相结合，以纵向转移为主，横向转移为辅，这种转移方式被称为混合转移支付。这种转移支付模式可促进各地区之间的共同发展，并可以迅速、准确地划转、结清财力的转移。

第十二章　国有资产管理

　　本章内容为 2013 年新增，涉及的知识点不多，比较容易掌握。从近年的考试情况来看，经营性国有资产管理、行政事业单位国有资产管理、资源性国有资产管理的内容是考查的重点，主要是对易混淆概念的记忆，考生需特别留意。

本章重要考点分析

　　本章涉及10个考点，在2013年和2014年的考试中以单项选择题和多项选择题的形式出现，如图12-1所示。

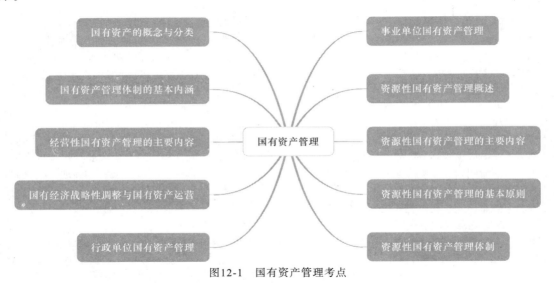

图12-1　国有资产管理考点

本章近两年题型及分值总结

　　本章知识点多为概念、定义等，主要以记忆为主，近两年出现的题型有单项选择题和多项选择题，如表12-1所示。

表12-1　国有资产管理题型及分值

年　份	单项选择题	多项选择题	案例分析题
2014年	1题	7题	0题
2013年	2题	1题	0题

第一节　国有资产管理概述

　　国有资产是指在法律上由国家代表全民拥有所有权的各类资产。具体来讲，国有资产的概念有广义和狭义之分。广义的国有资产，是指国家以各种形式投资及其收益、拨款、接受馈赠、凭借国家权力取得或者依据法律认定的各种类型的财产或财产权利，既包括经营性国有资产，也包括非经营性国有资产，以及以自然资源形态存在的国有资产。而狭义的国有资产即为经营性国有资产，是指投入社会再生产过程，从事生产经营活动的资产，存在于各类国有及国家参股、控股的企业中。

所谓国有资产管理，是指对所有权属于国家的各类资产的经营和使用，进行组织、指挥、协调、监督和控制的一系列活动的总称。国有资产管理既有一般经济管理的普遍特征，又有其特殊性。在宏观领域，国有资产管理是政府经济的重要内容，国有资产管理体制是经济管理体制的重要组成部分，与政府财政管理体制存在密切关系。

 思维导图

该节涉及多个知识点和概念，如图12-2所示。

图12-2 国有资产管理概述

知识点测试

【2014年单选题】在中央与地方以及地方各级政府之间，划分国有资产管理权限的根本制度是（　　）。

A. 财政管理体质　　　　B. 国有资产分类

C. 税收管理体质　　　　D. 国有资产管理体制

【答案】D

【解析】国有资产管理体制指的是在中央与地方之间，及地方各级政府之间划分国有资产管理权限，建立国有资产经营管理机构与体系的一项根本制度，它是我国经济管理体制的重要组成部分。

【2013年单选题】我国国有资产监督管理委员会代表国务院监管国有资产，履行的是（　　）。

A. 债权人职责　　　　B. 债务人职责

C. 出资人职责　　　　D. 执行人职责

【答案】C

【解析】(1)经营性国有资产，由国务院授权国家国有资产监督管理委员会代表国家履行出资人职责，监管国有资产，确保国有资产保值增值，并进一步搞好国有企业。(2)行政事业国有资产，各级财政部门是政府负责行政事业单位国有资产管理的职能部门，对行政事业单位的国有资产实行综合管理。(3)资源性国有资产，实行国有资产专司机构综合管理与财政部门专项管理、资源主管部门专业管理相结合的方式。

【2013年多选题】国有流动资产的具体形态包括（　　）。

A. 机器设备　　　　B. 银行存款

C. 短期投资　　　　D. 存货

E. 待处理财产

【答案】BCD

【解析】流动资产，是指可以在一年内或长于一年的一个营业周期内变现或运用的资产，一般包括现金、银行存款、短期投资、应收及预付款项、存货等。

第二节　经营性国有资产管理

经营性国有资产存在于各类国有独资及国家参股、控股的企业中。经营性国有资产占我国全部国有资产总量的2/3左右，是我国国有资产中最重要的组成部分。因此，对经营性国有资产进行管理，是国有资产管理中最为重要的核心内容。

 思维导图

该节涉及多个知识点和概念，如图12-3所示。

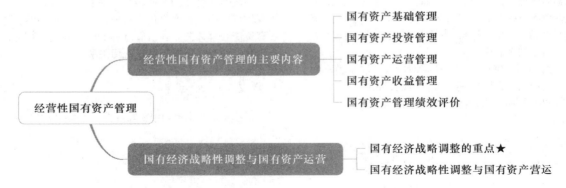

图12-3　经营性国有资产管理

 知识点测试

【2013年单选题】国有资产产权登记工作属于国有资产的（　　）。

A. 投资管理　　　　B. 基础管理
C. 运营管理　　　　D. 收益管理

【答案】B

【解析】国有资产基础管理是整个国有资产管理的基础，包括国有资产的产权界定、产权登记、清产核资和统计等工作。

第三节　行政事业单位国有资产管理

行政事业单位国有资产是指各级行政事业单位

占有、使用和管理的，依法确认为国家所有，能以货币计量的各种经济资源的总和，主要存在于国家机关、人民团体、科教文卫、军队、警察等公共部门。行政事业单位国有资产是我国国有资产的重要组成部门，研究与探索、管好与用好这一部门的国有资产，不仅对保证国家行政机关履行各项管理职责、促进社会各项公共事业发展具有重要意义，而且对于充分运用国有资产，促进国家经济建设和社会全面文明、进步具有重要的作用。

 思维导图

该节涉及多个知识点和概念，如图12-4所示。

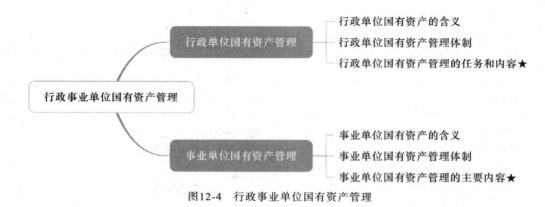

图12-4　行政事业单位国有资产管理

知识点测试

【例题 单选题】( )是政府负责行政单位国有资产管理的职能部门，对行政单位国有资产实行综合管理。

A. 各级国有资产监督管理委员会

B. 各级财政部门

C. 各级人民代表大会

D. 各级政府

【答案】B

【解析】财政部门是政府负责行政单位国有资产管理的职能部门。

第四节　资源性国有资产管理

资源性国有资产管理在国有资产管理中处于重要地位。资源性国有资产的所有权归国家，即由全民共同拥有，管理和保护资源性国有资产就是维护全民的共同利益。与其他国有资产不同的是，资源性国有资产是典型的稀缺性经济资源，必须通过加强管理来避免资源遭到破坏、损失和浪费，以实现资源的优化配置，并通过节约利用资源和提高资源的利用效率，促进经济的可持续发展，维护生态平衡和建设节约型社会。

思维导图

该节涉及多个知识点和概念，如图12-5所示。

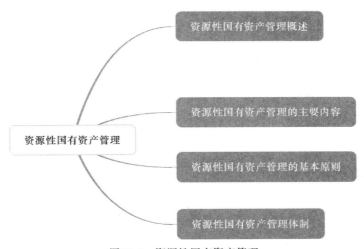

图12-5　资源性国有资产管理

知识点测试

【2014年单选题】我国对行政事业单位国有资产实行综合管理的职能部门是( )。

A. 财政部门

B. 中国人民银行

C. 国有资产监督管理委员会

D. 海关总署

【答案】A

【解析】2006年颁布的《行政单位国有资产管理暂行办法》和《事业单位国有资产管理暂行办法》中规定，各级财政部门是政府负责行政事业单位国有资产管理的职能部门，对行政事业单位国有资产实行综合管理。

【例题 多选题】资源性国有资产的特点包括( )。

A. 天然性　　　　B. 有用性

C. 可计量性　　　D. 垄断性

E. 价值单一性

【答案】ABCD

【解析】资源性国有资产具有以下特点：(1)天然性；(2)有用性；(3)有限性；(4)可计量性；(5)垄断性；(6)价值多重性。

考题预测及强化训练

一、单项选择题

1. ( )是形成国有资产的起点。
   A. 国有资产基础　　　　B. 国有资产投资
   C. 国有资产运行　　　　D. 国有资产收益

2. 狭义的国有资产是指( )。
   A. 经营性国有资产　　　B. 非经营性国有资产
   C. 资源性国有资产　　　D. 行政单位国有资产

3. 对于关系到国家的国防、经济安全，或者不适合于其他企业组织形式但又要求政府控制的行业、部门，如军工企业、邮政企业、一些重要的公用企业等，适合采用( )形式。
   A. 国有独资企业　　　　B. 国有控股企业
   C. 国家参股企业　　　　D. 国有民营企业

4. 国家作为投资人，投入到社会再生产领域，从事生产经营活动的各类资产是( )。
   A. 非经营性国有资产
   B. 经营性国有资产
   C. 资源性国有资产
   D. 行政事业单位国有资产

5. 整个经营性国有资产管理的基础是( )。
   A. 国有资产投资管理
   B. 国有资产基础管理
   C. 国有资产运营管理
   D. 国有资产管理绩效评价

6. 衡量国有资产管理目标实现程度的重要手段是( )。
   A. 国有资产运营管理
   B. 国有资产基础管理
   C. 国有资产投资管理
   D. 国有资产管理绩效评价

7. 我国在国有经济战略性调整过程中，对城市供水、供气、供热、公共交通、污水处理、垃圾处理等自然垄断行业实行特许经营，引入社会资本进行竞争，特许经营期限最长不得超过( )年。
   A. 10　　　　　　　　　B. 20
   C. 30　　　　　　　　　D. 50

二、多项选择题

1. 按照国有资产与社会经济活动的关系划分，国有资产可分为( )。
   A. 经营性国有资产　　　B. 行政事业性国有资产
   C. 地方国有资产　　　　D. 资源性国有资产
   E. 中央国有资产

2. 国有资产投资管理主要内容包括( )。
   A. 产权登记
   B. 国有资产投资资金来源管理
   C. 清产核资和统计
   D. 国有资产投资方向
   E. 规模与结构管理

3. 按照在国家机构中的地位和作用，行政单位可分为( )。
   A. 权力机关　　　　　　B. 审判机关
   C. 检察机关　　　　　　D. 行政机关
   E. 国家机关

4. 下列属于经营性国有资产管理主要内容的有( )。
   A. 资源产权管理
   B. 国有资产基础管理
   C. 国有资产运营管理
   D. 国有资产投资管理
   E. 国有资产管理绩效评价

5. 我国国有经济和国有资产集中的重点领域有( )。
   A. 航天航空　　　　　　B. 军事装备
   C. 公共交通　　　　　　D. 有色金属
   E. 食品制造

6. 下列属于行政单位的有( )。
   A. 监狱　　　　　　　　B. 医院
   C. 国务院　　　　　　　D. 最高人民法院
   E. 全国人民代表大会

参考答案及解析

一、单项选择题

1. 【答案】B
   【解析】国有资产投资是形成国有资产的起点。国有资产投资，是政府或国有资产经营结构，根据国民经济和社会发展的需要，为取得预期的经济社会效益，将资金投入社会再生产领域和社会公共服务领域，形成国有资产的活动。

2. 【答案】A
   【解析】狭义的国有资产即为经营性国有资产，是指投入社会再生产过程，从事生产经营活动的资产，存在于各类国有及国家参股、控股的企业中。

3. 【答案】A
   【解析】对于关系到国家的国防、经济安全，或者不适合于其他企业组织形式但又要求政府控制的行业、部门，如军工企业、邮政企业、一些重要的公用企业等，适合采用国有独资企业形式。

4. 【答案】B

【解析】经营性国有资产，是指国家作为投资者，投入到社会再生产领域，从事生产经营活动的各类资产。

5. 【答案】B

【解析】国有资产基础管理是整个国有资产管理的基础，包括国有资产的产权界定、产权登记、清产核资和统计等工作。

6. 【答案】D

【解析】国有资产管理绩效评价，是衡量国有资产管理目标实现程度的重要手段。

7. 【答案】C

【解析】我国在国有经济战略性调整过程中，对城市供水、供气、供热、公共交通、污水处理、垃圾处理等自然垄断行业实行特许经营，引入社会资本进行竞争，特许经营期限最长不得超过30年。

二、多项选择题

1. 【答案】ABD

【解析】按国有资产与社会经济活动的关系划分，国有资产可分为经营性国有资产、行政事业性国有资产及资源性国有资产。

2. 【答案】BDE

【解析】国有资产投资管理主要内容包括：国有资产投资资金来源管理，国有资产投资方向、规模与结构管理等。

3. 【答案】ABCD

【解析】所谓的行政单位，指的是履行国家职能、管理国家事务的各种机关的统称。按照其在国家机构中的地位和作用，可分为：权力机关，即全国人民代表大会和地方各级人民代表大会及其常务委员会；行政机关，即国务院和地方各级人民政府及其工作机构；审判机关和检察机关，即最高人民法院、最高人民检察院和地方各级人民法院、检察院。

4. 【答案】BCDE

【解析】经营性国有资产管理的主要内容有：国有资产基础管理、国有资产投资管理、国有资产运营管理、国有资产收益管理和国有资产管理绩效评价。选项A是资源性国有资产管理的主要内容。

5. 【答案】ABCD

【解析】具体而言，在国有经济的战略调整中，我国国有经济和国有资产集中的重点区域有如下几个：

(1) 国家安全行业，是指涉及国家国防安全、经济安全的行业，包括军事装备制造、航天航空、邮政通信、金融保险等领域。

(2) 自然垄断行业，主要是指供电、供水、供气、公共交通、道路、桥梁等公用事业。

(3) 提供重要公共物品和服务的行业，主要是指科技、教育、文化、卫生、社会保障、环境保护等公共服务。

(4) 重要的资源行业，包括石油、天然气、有色金属、黑色金属等行业。

(5) 支柱产业和高新技术产业中的骨干企业。

6. 【答案】ACDE

【解析】医院属于事业单位。

第十三章　财政平衡与财政政策

　　本章主要介绍了财政平衡的含义、财政赤字的分类、财政赤字的弥补方式、财政政策的功能、财政政策目标、财政政策与货币政策配合的必要性、财政政策与货币政策的配合运用等相关知识，内容不多，比较容易掌握。

本章重要考点分析

　　本章涉及12个考点，在历年考试中以单项选择题和多项选择题的形式出现，如图13-1所示。

图13-1　财政平衡与财政政策考点

本章近三年题型及分值总结

　　本章知识点多为概念、定义等，主要以记忆为主，近三年出现的题型包括单项选择题和多项选择题，题型及分值如表13-1所示。

表13-1　财政平衡与财政政策题型及分值

年　份	单项选择题	多项选择题	案例分析题
2014年	5题	1题	0题
2013年	6题	0题	0题
2012年	3题	1题	0题

第一节 财政平衡

所谓财政平衡，是指财政收支之间的对比关系。这种收支对比关系表现为三种情况：一是收入大于支出，出现结余；二是支出大于收入，出现赤字；三是收入与支出相等，出现数量上的绝对平衡。

 思维导图

该节涉及多个知识点和概念，如图13-2所示。

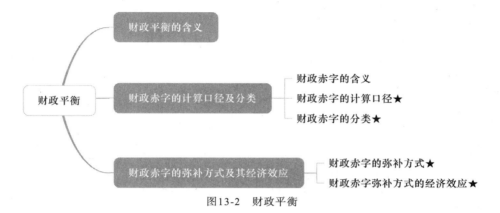

图13-2 财政平衡

 知识点测试

【2014年单选题】造成财政收支不平衡的最主要原因是( )。

A. 财政收入的均衡性和部分财政支出的集中性导致财政收支在时间上的不一致

B. 对财政支出需要的无限性与财政收入可能的有限性之间的矛盾

C. 财政决策的失误、计划与实际的不一致引起财政收支的矛盾

D. 生产力发展水平与经济管理水平会对财政收支计划的执行产生影响，造成收支矛盾

【答案】B

【解析】对财政支出需要的无限性与财政收入可能的有限性之间的矛盾，是财政收支不平衡的最主要原因。

【2013年单选题】在经济实现充分就业目标的前提下仍然存在的财政赤字，称为( )。

A. 结构性赤字　　　　B. 周期性赤字

C. 硬赤字　　　　　　D. 软赤字

【答案】A

【解析】充分就业赤字(结构性赤字)，是指在经济实现充分就业目标的前提下，仍然存在的赤字。

【2013年单选题】财政政策的主体是( )。

A. 中国人民银行

B. 行政事业单位

C. 中国进出口银行

D. 各级人民政府

【答案】D

【解析】财政政策的主体只能是各级政府，主要是中央政府。

【2013年单选题】在金融市场中，作为调节货币流通量最重要手段的是( )。

A. 预算　　　　　　　B. 税收

C. 国债　　　　　　　D. 补贴

【答案】C

【解析】在发达国家，国债是调节金融市场的重要手段。

【2013年单选题】通过财政分配活动刺激社会总需求的财政政策称为( )。

A. 紧缩性财政政策

B. 扩张性财政政策

C. 中性财政政策

D. 综合财政政策

【答案】B

【解析】根据在国民经济总量方面的不同功能，财政政策可以分为扩张性财政政策、紧缩性财政政策和中性财政政策。所谓扩张性财政政策，是指通过财政分配活动来增加和刺激社会的总需求的财政政策。

【2013年单选题】关于财政平衡的说法，错误的是( )。

A. 财政收支在数量上的绝对平衡才是财政平衡

B. 财政收支略有结余可视为财政基本平衡

C. 财政收支略有赤字可视为财政大体平衡

D. 财政收支平衡是指财政收支之间的对比关系

【答案】A

【解析】所谓财政平衡，是指财政收支之间的对比关系。一般来讲，财政收支略有结余或略有赤字，可以视作财政基本平衡或大体平衡。

【2012年单选题】充分利用财政资源，但又要防止从财政渠道引发通货膨胀的做法就是要坚持(　　)。

A. 财政收入大于财政支出

B. 财政支出大于财政收入

C. 财政收支平衡

D. 货币供求平衡

【答案】C

【解析】财政赤字和信用膨胀是造成通货膨胀的重要原因。坚持财政收支平衡就能防止从财政渠道引发通货膨胀。

【2011年单选题】世界各国弥补财政赤字的普遍做法是(　　)。

A. 发行公债　　　　B. 向银行借款

C. 向银行透支　　　D. 压缩支出

【答案】A

【解析】政府通过发行公债为赤字融资，称为债务融资或赤字债务化。发行公债来弥补赤字通常只是购买力的转移，不会凭空增加购买力，所以一般被认为是最为理想的弥补财政赤字的方法，是世界各国弥补财政赤字的普遍做法。

【2011年多选题】财政政策包括(　　)。

A. 税收政策

B. 货币政策

C. 预算政策

D. 国债政策

E. 信贷政策

【答案】ACD

【解析】财政政策就是由税收政策、支出政策、预算平衡政策、国债政策等构成的一个完整的政策体系。

【2010年单选题】就财政政策本身而言，其焦点是如何处理(　　)问题。

A. 财政收入　　　　B. 财政支出

C. 财政赤字　　　　D. 财政平衡

【答案】D

【解析】运用财政政策调节经济、调节社会总需求，是国民经济宏观调控的重要内容。就财政政策本身来说，问题的焦点是怎样处理财政平衡问题。

【2010年单选题】由于财政赤字的弥补而导致私人经济部门投资以及个人消费减少的现象，就是财政赤字的(　　)。

A. 债务化效应　　　B. 排挤效应

C. 收入效应　　　　D. 替代效应

【答案】B

【解析】财政赤字的排挤效应是指由于财政赤字的弥补而导致私人经济部门投资以及个人消费减少的现象。

【2010年多选题】财政政策稳定功能所表现的主要特征是(　　)。

A. 持续性　　　　　B. 无偿性

C. 强制性　　　　　D. 补偿性

E. 反周期性

【答案】DE

【解析】财政政策稳定功能的主要特征是反周期性和补偿性。

【例题 单选题】弥补财政赤字的主要经济来源应是(　　)。

A. 税收　　　　　　B. 向银行借款

C. 向银行透支　　　D. 举债

【答案】D

【解析】通过举债方式弥补软赤字，虽然没有向社会投放过多的货币购买力，但必须要注意债务负担的规模。

【例题 单选题】目前，世界上大多数国家统计本国财政赤字时的计算口径为(　　)。

A. 硬赤字　　　　　B. 软赤字

C. 历年赤字　　　　D. 周期赤字

【答案】B

【解析】所谓软赤字是指未经债务收入弥补的赤字，其计算口径是：经常收入-经常支出=财政赤字。其中经常收入中不包括债务收入，可通过举债方式弥补软赤字。西方经济学家将这一赤字弥补方法称为"赤字债务化"。目前世界上多数国家都采用软赤字的计算口径来统计本国的财政赤字。

第二节　财政政策

所谓财政政策，是指国家为了实现一定的宏观经济目标，而调整财务收支规模与财政收支平衡的基本原则及措施的总称。具体来说，就是国家利用财政收入与财政支出同总需求波动、总需求与总供给关系的内在联系，调整财政收入规模与财政支出规模，使财政收入与财政支出形成一定的对比关系，并通过这种对比关系调节总需求变动及总需求与总供给之间的平衡。财政政策是国家最重要的经济政策之一，是国家经济政策体系的重要组成部分，同时，它本身也是一个独立的政策体系。

 思维导图

该节涉及多个知识点和概念，如图13-3所示。

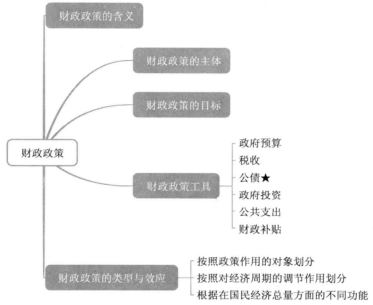

图13-3　财政政策

知识点测试

【2014年单选题】政府财政资源配置职能的主要内容不包括(　　)。
A. 调节资源在地区之间的配置
B. 调节资源在产业部门之间的配置
C. 调节资源在个人之间的配置
D. 调节资源在政府部门和非政府部门之间的配置
【答案】C
【解析】调节资源在个人之间的配置不属于政府财政资源配置职能的主要内容。

【2014年单选题】最终能够形成各种类型固定资产的财政政策工具是(　　)。
A. 税收　　　　B. 政府预算
C. 公债　　　　D. 政府投资
【答案】D
【解析】政府投资是指财政用于资本项目的建设支出，最终形成各种类型的固定资产。

【2013年单选题】关于社会保障制度的说法，错误的是(　　)。
A. 社会保障制度可以弥补市场经济的缺陷
B. 社会保障制度是"相机抉择"的调控手段
C. 社会保障制度与税收共同调节社会成员的收入水平
D. 社会保障制度可以弥补商业保险的局限
【答案】B
【解析】所谓自动稳定的财政政策，是指某些能够根据经济波动情况自动发挥稳定作用的政策，无须借助外力即可直接产生调控作用。包括累进税制和转移支付制度，转移性支出包括社会保障、补贴、救济和福利支出等。

【2012年单选题】在各种财政政策手段中居于核心地位的是(　　)。
A. 税收政策　　　　B. 公债政策
C. 支出政策　　　　D. 预算政策

【答案】D

【解析】政府预算作为一种控制财政收支及其差额的机制，在各种财政政策手段中居于核心地位，它能系统地、明显地反映政府财政政策的意图和目标，具有综合性、计划性和法律性等特点。

【2012年多选题】为控制通货膨胀可采取的财政政策有(　　)。

A.减少公共支出　　　B.增加公共投资

C.增加税收　　　　　D.减少税收

E.提高法定存款准备金率

【答案】AC

【解析】为控制通货膨胀可采取的财政政策有减少公共支出和增加税收。

【2010年单选题】作为财政政策手段，财政补贴最主要的优点在于(　　)。

A.刚性和普遍性　　　B.刚性和针对性

C.灵活性和针对性　　D.灵活性和普遍性

【答案】C

【解析】财政补贴作为财政政策手段的最主要优点，就是其灵活性和针对性，这是其他财政政策手段所不具有或不完全具有的。

【2010年单选题】通过财政分配活动减少和抑制社会总需求的财政政策，属于(　　)。

A.扩张性财政政策

B.紧缩性财政政策

C.平衡性财政政策

D.综合财政政策

【答案】B

【解析】所谓紧缩性财政政策，是指通过财政分配活动来减少和抑制总需求。

第三节　财政政策与货币政策的配合

货币政策，是指一国政府为实现一定的宏观经济目标所制定的关于调整货币供应的基本方针及相应措施的总称，是国家最重要的经济政策之一。一个国家的货币政策是由该国的中央银行制定的。货币政策主要包括政策目标、政策工具和政策传导等内容。

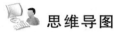 思维导图

该节涉及多个知识点和概念，如图13-4所示。

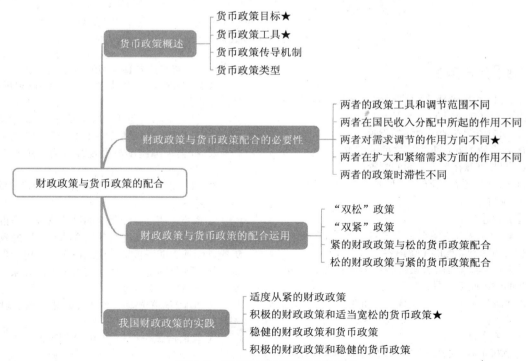

图13-4　财政政策与货币政策的配合

知识点测试

【2014年单选题】下列(　　)不属于货币政策的类型。

A. 扩张性货币政策

B. 稳定性货币政策

C. 紧缩性货币政策

D. 中性货币政策

【答案】B

【解析】从总量调节出发，货币政策可以分为：扩张性货币政策、紧缩性货币政策和中性货币政策。

【2011年单选题】下列货币政策中，属于直接信用控制的政策手段是(　　)。

A. 调整法定存款准备金率

B. 信用配额

C. 调整再贴现率

D. 公开市场业务

【答案】B

【解析】直接信用控制是指从质和量两个方面以行政命令或其他方式，直接对金融机构尤其是商业银行的信用活动所进行的控制。其手段包括利率最高限、信用配额、流动比率和直接干预。

考题预测及强化训练

一、单项选择题

1. (　　)的财政政策，是指那些无须借助外力即可根据经济波动状况而自动发挥调控效果，起到稳定经济作用的政策。

A. 相机抉择　　　　　　B. 自动稳定

C. 政府预算　　　　　　D. 财政补贴

2. (　　)是指用债务收入弥补收支差额以后仍然存在的赤字。

A. 主动赤字　　　　　　B. 硬赤字

C. 软赤字　　　　　　　D. 被动赤字

3. 财政收支矛盾的客观性，决定了财政收支运动的基本形态是(　　)。

A. 收支平衡　　　　　　B. 收支不平衡

C. 收入大于支出　　　　D. 支出大于收入

4. (　　)是指由于财政赤字的弥补而导致私人经济部门投资以及个人消费减少的现象。

A. 平衡性财政政策

B. 紧缩性财政政策

C. 财政赤字的排挤效应

D. 通货膨胀

5. 下列关于财政赤字的分类说法不正确的是(　　)。

A. 按照财政赤字的起因不同，财政赤字可分为主动赤字和被动赤字

B. 按照赤字在财政年度出现时间的早晚，财政赤字可分为预算赤字和决算赤字

C. 按照赤字的出现和经济周期的关系，财政赤字可分为周期性赤字和充分就业赤字

D. 按照影响财政收支的因素来源不同，财政赤字可分为国内赤字和国外赤字

6. (　　)是指政府为实现一定的宏观经济目标，而调整财政收支规模与财政收支平衡的基本原则及措施的总称。

A. 政府预算　　　　　　B. 财政政策

C. 税收政策　　　　　　D. 财政补贴

7. 政府进行宏观经济调控的首要目标是(　　)。

A. 物价基本稳定　　　　B. 收入合理分配

C. 充分就业　　　　　　D. 国际收支平衡

8. (　　)是指财政用于资本项目的建设支出，最终形成各种类型的固定资产。

A. 政府投资　　　　　　B. 政府预算

C. 公共支出　　　　　　D. 财政补贴

9. 财政政策目标作为一种期望值，其取值不仅取决于社会、政治、经济、文化及政府行为的影响，同时也取决于(　　)。

A. 政府的偏好　　　　　B. 公务员的偏好

C. 公众的偏好　　　　　D. 政治家的偏好

10. 货币供应量超过经济过程对货币的实际需要量，其功能是刺激社会总需求的增长，属于(　　)。

A. 适度从紧的财政政策

B. 中性货币政策

C. 紧缩性货币政策

D. 扩张性货币政策

11. 下列说法错误的是(　　)。

A. 为避免通货膨胀，政府应通过行政手段使物价保持固定不变

B. 物价基本稳定始终是一个国家政府不断追求的经济目标

C. 经济体制转换时期，我国的就业压力是很大的

D. 应通过税收及建立社会保障制度来实现收入合理分配的目标

12. 当社会的总需求明显大于社会的总供给时，为尽快抑制社会总需求的增加，应当采取的政策组合是(　　)。

A. 松的财政政策与紧的货币政策

B. 松的财政政策与松的货币政策

C. 紧的财政政策与紧的货币政策

D. 紧的财政政策与松的货币政策

13. 中观财政政策以( )为调整对象。

A. 国民收入

B. 企业经济效益

C. 个人收入水平

D. 国民经济产业结构

14. 当政府利用国家财力有意识地调节社会总供求时，所采取的是( )。

A. 自动稳定的财政政策

B. 相机抉择的财政政策

C. 扩张性财政政策

D. 微观财政政策

15. 能够根据经济波动情况自动发挥稳定作用的财政政策是( )。

A. 自动稳定财政政策

B. 相机抉择财政政策

C. 微观调节财政政策

D. 短期调节财政政策

16. 为增加社会总需求，政府应采取的财政政策是( )。

A. 自动稳定的财政政策

B. 扩张性财政政策

C. 紧缩性财政政策

D. 中性财政政策

17. 西方市场经济国家运用最多的货币政策手段是( )。

A. 公开市场业务

B. 贴现率

C. 法定存款准备金率

D. 信贷计划

18. 下列不属于货币政策的类型有( )。

A. 扩张性货币政策

B. 稳定性货币政策

C. 紧缩性货币政策

D. 中性货币政策

19. ( )是财政收支不平衡的最主要原因。

A. 对财政支出需要的无限性与财政收入可能的有限性之间的矛盾

B. 社会分配不公

C. 资源有限性

D. 社会制度

20. 在财政赤字管理中，用债务收入弥补收支差额后仍然存在的赤字通常被称为( )。

A. 实赤字

B. 虚赤字

C. 硬赤字

D. 软赤字

21. 按照赤字的起因不同，可将赤字分为( )。

A. 主动赤字和被动赤字

B. 硬赤字和软赤字

C. 周期性赤字和充分就业赤字

D. 预算赤字和决算赤字

22. 2008年年末，为应对国际金融危机，我国政府施行积极的财政政策，制定了4万亿元投资刺激经济计划。这里的积极财政政策，实质上就是( )。

A. 紧缩性财政政策

B. 扩张性财政政策

C. 中性财政政策

D. 相机抉择的财政政策

23. 宏观财政政策以( )为调整对象。

A. 需求和总供给

B. 企业经济效益

C. 个人收入水平

D. 国民经济产业结构

24. 中央银行运用货币政策手段影响中介目标进而实现最终目标的途径和机能就是( )。

A. 货币政策目标

B. 货币政策工具

C. 货币政策影响力

D. 货币政策传导机制

二、多项选择题

1. 一般性货币政策的三大手段是( )。

A. 公开市场业务

B. 法定存款准备金率

C. 再贴现率

D. 信贷计划

E. 窗口指导

2. 税收在实现收入分配公平中的作用主要体现在( )。

A. 调节产业结构

B. 调节企业的利润水平

C. 调节居民个人的收入水平

D. 调节资源在政府部门和非政府部门之间的配置

E. 调节资源在积累和消费之间的分配

3. 按照赤字的起因不同，可分为( )。

A. 主动赤字

B. 硬赤字

C. 软赤字

D. 被动赤字

E. 预算赤字

4. 造成财政收支不平衡的主要原因是(　　)。
　　A. 财政支出需要的无限性与财政收入可能的有限性之间的矛盾
　　B. 财政决策的失误
　　C. 生产力发展水平与经济管理水平造成的收支矛盾
　　D. 财政收入的均衡性和部分财政支出的集中性矛盾
　　E. 国家宏观调控
5. 下列项目属于财政赤字的弥补方式的有(　　)。
　　A. 增收减支
　　B. 动用结余
　　C. 向中央银行透支或借款
　　D. 稳定物价
　　E. 充分就业
6. 财政政策作为政府的经济管理手段，主要功能包括(　　)。
　　A. 导向功能　　　　B. 充分就业功能
　　C. 协调功能　　　　D. 控制功能
　　E. 稳定功能
7. 税收的调节作用主要通过(　　)体现出来。
　　A. 税收优惠　　　　B. 税收主体
　　C. 课税对象　　　　D. 税收惩罚
　　E. 纳税人
8. 自动稳定的财政政策是指无须借助外力即可自动对经济产生调节作用的财政政策，主要包括(　　)。
　　A. 比例税率制度　　B. 累进税制度
　　C. 转移支付制度　　D. 定额税率制度
　　E. 财政贴息制度
9. 税收在资源配置中的作用主要表现在(　　)。
　　A. 调节资源在积累和消费之间的分配
　　B. 调节资源在产业之间的配置
　　C. 调节资源在政府部门和非政府部门(企业和居民)之间的配置
　　D. 调节社会体制结构
　　E. 以上都正确
10. 在我国，货币政策的目标是(　　)。
　　A. 保持币值稳定　　B. 促进经济增长
　　C. 公平收入分配　　D. 缩小贫富差距
　　E. 促进企业公平竞争
11. 财政政策与货币政策在消费和投资需求的形成方面不同，主要表现在(　　)。
　　A. 二者在国民收入分配中所起的作用不同
　　B. 二者在对需求调节的作用方向上不同
　　C. 二者在扩大和紧缩需求方面的作用不同
　　D. 二者的政策时滞性不同
　　E. 二者在增加居民收入上的作用不同

12. 下列属于"紧"的政策措施的有(　　)。
　　A. 增加税收
　　B. 增加政府支出
　　C. 降低利率
　　D. 提高法定存款准备金率
　　E. 提高再贴现率
13. 下列属于"松"的政策措施的有(　　)。
　　A. 增加税收
　　B. 增加政府支出
　　C. 降低利率
　　D. 提高法定存款准备金率
　　E. 提高再贴现率
14. 在市场经济体制下，构成财政政策体系的是(　　)。
　　A. 税收政策　　　　B. 支出政策
　　C. 预算平衡政策　　D. 国债政策
　　E. 信贷政策
15. 下列各项中，属于财政政策工具的是(　　)。
　　A. 政府预算　　　　B. 税收
　　C. 公债　　　　　　D. 财政补贴
　　E. 政府投资
16. 通常弥补赤字的方法有(　　)。
　　A. 增收减支
　　B. 动用结余
　　C. 向中央银行透支或借款
　　D. 发行公债
　　E. 降低社会保障水平

参考答案及解析

一、单项选择题
1.【答案】B
【解析】自动稳定的财政政策，是指某些能够根据经济波动情况自动发挥稳定作用的政策，无须借助外力即可直接产生调控作用。
2.【答案】B
【解析】所谓硬赤字是指用债务收入弥补收支差额以后仍然存在的赤字，其计算口径是：硬赤字=(经常收入+债务收入)-(经常支出+债务支出)。
3.【答案】B
【解析】财政收支矛盾的客观性，决定了收支不平衡是财政收支运动的基本形态。
4.【答案】C
【解析】财政赤字的排挤效应是指由于财政赤字的弥补而导致私人经济部门投资以及个人消费减

少的现象。

5.【答案】D

【解析】财政赤字总共有四种分类方式：按照财政赤字的起因不同，可分为主动赤字和被动赤字。按照财政收支统计口径不同，财政赤字可分为硬赤字和软赤字。按照赤字在财政年度出现时间的早晚，可分为预算赤字和决算赤字。按照赤字的出现和经济周期的关系，可分为周期性赤字和充分就业赤字。

6.【答案】B

【解析】财政政策是指政府为实现一定的宏观经济目标，而调整财政收支规模与财政收支平衡的基本原则及措施的总称。

7.【答案】C

【解析】充分就业是政府进行宏观经济调控的首要目标。所谓充分就业是指凡是有能力并自愿参加工作者都能找到较适当的工作。失业率的高低是衡量一个社会经济活动的综合指标。

8.【答案】A

【解析】政府投资是指财政用于资本项目的建设支出，最终形成各种类型的固定资产。

9.【答案】C

【解析】财政政策作为一种期望值，其取值受社会政治、经济、文化等环境和条件的影响，同时也取决于公众的偏好与政府的行为。

10.【答案】D

【解析】扩张性货币政策是指货币供应量超过经济过程对货币的实际需要量，其功能就是刺激社会总需求的增长。

11.【答案】A

【解析】我们所说的物价基本稳定并不是要求物价固定不动，而是说应把物价总水平控制在社会经济稳定发展可以容纳的限度内，以避免和抑制通货膨胀，这里只能做到相对稳定。因此A选项的说法是错误的，同时运用行政手段是很难让物价稳定的。

12.【答案】C

【解析】当社会的总需求明显大于社会的总供给时，为尽快抑制社会总需求的增加，应采用"双紧"政策。

13.【答案】D

【解析】所谓中观财政政策，是指以产业结构为调节对象，努力实现产业结构合理化的财政政策。

14.【答案】B

【解析】相机抉择的财政政策，是指政府有意识地运用财政政策来调节社会总供求。

15.【答案】A

【解析】所谓自动稳定的财政政策，是指某些能够根据经济波动情况自动发挥稳定作用的政策，无须借助外力即可直接产生调控作用。

16.【答案】B

【解析】所谓扩张性财政政策，是指通过财政分配活动来增加和刺激社会的总需求。在国民经济存在总需求不足时，通过扩张性财政政策使总需求与总供给的差距缩小乃至平衡。

17.【答案】A

【解析】在金融市场比较发达的国家，中央银行更多的是公开市场业务。目前，公开市场业务已成为不少西方国家中央银行最经常使用、最为灵活、最为有效的调节货币供应量的重要手段。

18.【答案】B

【解析】从总量调节出发，货币政策可以分为：扩张性货币政策、紧缩性货币政策和中性货币政策。

19.【答案】A

【解析】对财政支出需要的无限性与财政收入可能的有限性之间的矛盾，是财政收支不平衡的最主要原因。

20.【答案】C

【解析】硬赤字是用债务收入弥补收支差额以后仍存在的赤字。

21.【答案】A

【解析】按照赤字的起因不同，可将赤字分为主动赤字和被动赤字。

22.【答案】B

【解析】2008年年末，为应对国际金融危机，我国政府施行积极的财政政策，制定了4万亿元投资刺激经济计划。这里的积极财政政策，实质上就是扩张性财政政策。

23.【答案】A

【解析】宏观财政政策是指通过对经济总量发挥作用，来调节总需求和总供给的财政政策，也称为经济稳定政策。

24.【答案】D

【解析】中央银行运用货币政策手段影响中介目标进而实现最终目标的途径和机能就是货币政策传导机制。

二、多项选择题

1.【答案】ABC

【解析】一般性政策工具是中央银行运用最多的

传统工具,具体包括:法定存款准备金率、再贴现率和公开市场业务。

2.【答案】BC

【解析】税收在实现收入公平分配中的作用主要是通过调节企业的利润水平和居民的个人收入水平来实现的。

3.【答案】AD

【解析】按照赤字的起因不同,可分为主动赤字和被动赤字。

4.【答案】ABCD

【解析】造成财政收支不平衡的主要原因包括:

第一,随着经济社会的快速发展,对财政支出需要的无限性与财政收入可能的有限性之间的矛盾,是财政收入不平衡的最主要原因;

第二,财政决策的失误、计划与实际的不一致也会引起财政收支的矛盾;

第三,生产力发展水平与经济管理水平会对财政收支计划的执行产生影响,从而造成收支矛盾;

第四,由于财政收入的均衡性和部分财政支出的集中性,往往会导致财政收支在时间上的不一致;

第五,某些意外事故,如遇到严重自然灾害、政局不稳定或临时发生战争等情况。

因此,在制定和实施具体的财政政策过程中,应坚持"收支平衡,略有结余"。

5.【答案】ABC

【解析】财政赤字的弥补方式:

(1) 增收减支;

(2) 动用结余;

(3) 向中央银行透支或借款。

6.【答案】ACDE

【解析】财政政策作为政府的经济管理手段,主要功能包括:导向功能、协调功能、控制功能和稳定功能。

7.【答案】AD

【解析】税收的调节作用主要通过税率确定、税负分配、税收优惠和税收惩罚等体现出来。

8.【答案】BC

【解析】自动稳定的财政政策主要是累进税制度

和转移支付制度,它们被称为"自动稳定器"或"内在稳定器"。

9.【答案】ABC

【解析】税收在资源配置中的作用主要表现在:

(1) 调节资源在积累和消费之间的分配;

(2) 调节资源在产业之间的配置;

(3) 调节资源在政府部门和非政府部门(企业和居民)之间的配置。

10.【答案】AB

【解析】我国的《中华人民共和国中国人民银行法》规定,货币政策的基本目标是保持货币币值的稳定,并以此促进经济增长。

11.【答案】ABCD

【解析】财政政策和货币政策虽然都能对社会的总需求和总供给进行调节,但二者在消费需求和投资需求形成中的作用却是不同的,而且这种作用是互相不可替代的。财政政策与货币政策的不同点是:两者的政策工具和调节范围不同;两者在国民收入分配中所起的作用不同;两者在对需求调节的作用方向上不同;两者在扩大和紧缩需求方面的作用不同;两者的政策时滞性不同。

12.【答案】AD

【解析】紧的政策措施:增税,减少财政支出,提高准备金率,压缩信贷支出。

13.【答案】BC

【解析】松的政策措施:减税,增加政府支出,降低准备金率与利息率,扩大信贷支出。

14.【答案】ABCD

【解析】财政政策就是由税收政策、支出政策、预算平衡政策、国债政策等构成的一个完整的政策体系。

15.【答案】ABCDE

【解析】财政政策工具包括:政府预算、税收、公债、政府投资和财政补贴等。

16.【答案】ABCD

【解析】弥补赤字的方式包括:(1)增收减支;(2)动用结余;(3)向中央银行透支或借款;(4)发行公债。